戦争が遺したもの

鶴見俊輔に戦後世代が聞く

鶴見俊輔・上野千鶴子・小熊英二

新曜社

戦争が遺したもの——目次

三日目

装幀――難波園子

まえがき

本書は鶴見俊輔氏に、戦中から戦後にかけての経験をお聞きしたものである。

周知のように、鶴見氏は日本にプラグマティズムを紹介した哲学者であるばかりでなく、『思想の科学』の編集や『転向』の共同研究の中核を担った。また丸山眞男・竹内好・吉本隆明など著名な知識人とも交流が深く、六〇年安保闘争やべ平連にもかかわった。さらに戦中には、海軍軍属として軍の慰安所設置に関係し、九〇年代には「従軍慰安婦」への補償を行なう「女性のためのアジア平和国民基金」（以下「国民基金」と略記）へも参加している。

こうした鶴見氏の経験は、それじたいが戦争と戦後の時代における、一つの歴史ともいえる。筆者（小熊）は、鶴見氏と面識はなかったが、戦後思想を検証した『〈民主〉と〈愛国〉』（新曜社）を書いたあと、こうした鶴見氏の経験をお聞きすることを思い立った。

まず筆者は、上野千鶴子氏に、共同で鶴見氏に聞き取りを行なう案を持ちかけた。上野氏は鶴見氏と面識があるばかりでなく、フェミニズムの立場から、国民基金や「慰安婦」問題への発言も多い。またいわゆる「全共闘世代」である上野氏は、世代的に鶴見氏と筆者の中間にあたり、「戦後」の問い直しについて独自のこだわりがある。こうした理由から、筆者単独よりも、上野氏と共同で鶴見氏にお話をうかがうほうが、実り多いのではないかと考えたのである。

上野氏の快諾を得たあと、筆者は鶴見氏に手紙を書き、京都で面会して企画進行の打合せを行なった。三者の日程調整と連絡役は筆者が担い、座談会場となる京大会館の手配は鶴見氏が引き受けた。そして二〇〇三年四月十一日から十三日にかけて、三日間にわたり座談を行なった。その成果を新曜社に持ち込んだのが、本書である。

結果としてこのプランは、予期以上に成功した。鶴見氏は当初から、悲惨な戦争体験をはじめとした自己史を、きわめて率直に語ってくれた。ここには、鶴見氏のこれまでの著作や対談では語られたことのない貴重な歴史的証言や、数多くの秘話が披露されている。

また上野氏に参加していただいたことも、プラスに作用した。筆者の思惑どおり、「慰安婦」問題や国民基金にかんする議論は、上野氏の参加によって、妥協のないものとなった。また鶴見氏の重い戦争体験や戦後体験を、筆者単独で受けとめきることは、おそらく困難であった。世代や関心の異なる二人で質問を重ねるという形態が、成功したといえる。

三日間のあいだ、座談は京大会館での朝から夕刻までばかりでなく、場を移した昼食や夕食の場でも続き、録音の総計は三十時間近くにおよんだ。この録音は、筆者の知己である学部学生および大学院生（松井隆志・貴戸理恵・小山田守忠）の三名が、格安のアルバイト代で起こしてくれた。またべ平連関係の記述については、べ平連の事務局長だった吉川勇一氏にチェックをお願いし、事実関係についてアドバイスをいただいた。上記の方々に、感謝を申し上げたい。

インタビューや対談などを整理した経験のある方ならおわかりと思うが、座談の記録はそのままでは記事にならない。テープ起こしされた座談を読みやすく整理し再編集する作業は、二〇〇三年の夏に筆者が行なった。筆者の行なった整理および編集作業によって、鶴見氏や上野氏の闊達な発言を損なったのではないかと恐れるが、座談の場の雰囲気をなんとか紙面に活かし直そうと努めた。

なお文献類の出典や、時事問題などの注記は、最低限にとどめた。読者が座談を味わうさいの流れを、損ないたくなかったからである。鶴見氏の著作をはじめとして、筆者の発言部分で言及している文献の出典を知りたい方は、前掲の『〈民主〉と〈愛国〉』（とくに第16章）を参照していただきたい。

書名である「戦争が遺したもの――鶴見俊輔に戦後世代が聞く」は、上野氏の提案によるものである。当初、筆者は「戦後世代が聞く」という言葉に、違和感があった。文字通りの「戦後（敗戦直後）生まれ」である上野氏とは異なり、筆者は敗戦後二〇年近くたって生まれている。一九九〇年代生まれの青少年に向かって、「あなたは戦後世代ですね」と言っても、けげんな顔をされるだけだろう。筆者もまた、「戦後世代」に含められても、リアリティが湧かなかったのである。

しかし、現代を指す言葉として、「戦後」はいまだに使われている。それはおそらく、現代を言い表わすのに適切な言葉がほかにないという理由だけではない。対米関係や対アジア関係をはじめとした国際秩序や、さまざまな国内秩序が、戦争の余波のなかで「戦後」につくられた枠組みの範疇にとどまっているからでもあるだろう。

その意味では、私たちはいまも、「戦争が遺したもの」に束縛されているといえる。そうであればこそ、現代はいまだに「戦後」なのであり、どれほど当人にリアリティがないとしても、現代に生まれている人間はいまだに「戦後世代」でしかないともいえる。

考えてみれば、かれこれ六〇年も「戦後」が続くというのは、奇妙なことだ。しかし「戦後」を相対化するためには、「戦争が遺したもの」と向きあい、「戦後」を理解するべく努めることしかないであろう。いまだに「戦後世代」でしかありえない私たちは、いまだに「戦後」でしかありえない時代を生きてゆくなかで、そうした努力を迫られざるをえない。そうした意味で、鶴見氏の戦争体験と戦後体験をお聞きすることは意義を持つものであり、「戦争が遺したもの――鶴見俊輔に戦後世代が聞く」という書名も適切なものであると考えた。

このような企画が実行できたことは、幸運なことだった。本書の読者が、鶴見俊輔という一人の知識人の足跡について、また戦争と戦後の歴史について、知り、考え、そして座談の場の知的高揚を共有していただければ幸いである。

二〇〇四年一月

小熊英二

鶴見俊輔

一日目

原点としての生立ち

近代日本の「一番病」

小熊　今回の企画では、鶴見さんに歩みを語っていただきます。青年期のアメリカ留学時代については、『期待と回想』（晶文社）などでかなりお話しされていますから、今回は戦争体験から戦後に重点を置いていただきたいと思うんですね。鶴見さんの戦争体験、戦後体験には、「従軍慰安婦」問題から戦争責任、多くの戦後知識人との交流、そして六〇年安保からベトナム反戦と、多くのトピックが含まれていますから、そのまま貴重な戦後史になると思うんです。

鶴見　今回は、完全に三日間を空けてありますから。もう私も八十歳だから、余命から計算したら大した時間ですよ（笑）。聞いていただければ、なんでもお答えします。

上野　私たちを信頼して、そうおっしゃって下さってうれしいです。

鶴見　だけど戦争体験の話に行く前に、やはり私の生立ちについて話しておきたいんだ。これは私の思想や行動の、方法以前の方法につながるものなんだ。原点というか、制約といってもいい。戦争や戦後の話をするにしても、そのときそのときに、なぜ私がその方法を選んだかを説明する前提になる。それを自覚しておいたほうがいいと思う。

とくに今日の相手になるお二人は、私と非常に年が離れているでしょう。同時代体験も違う。だから自分の方法が、こういうふうに価値前提が違うとか、こういうふうに変わらざるをえないという話が、初めにあった方がいいような気がする。

小熊 それでは、鶴見さんに全部お話しいただく手間をはぶくために、すでに公表されている履歴書的なことは、読者のためにまず私が述べてしまいましょう。

鶴見 どうぞ（笑）。

小熊 鶴見さんは一九二二年東京生まれ。たいへんなエリート一家の生まれで、お姉さんの鶴見和子さんは社会学者、従兄弟の鶴見良行さんはアジア研究で知られています。

母方の祖父は、台湾総督府民政長官や満鉄総裁、東京市長などを歴任した、明治の有力政治家である後藤新平。その娘である鶴見さんのお母さんは、長男である俊輔さんに、たいへん厳しい姿勢で臨まれた。鶴見さんはこのお母さんに反発して、小さいときから不良少年になった。

またお父さんの鶴見祐輔さんは、戦前の第一高等学校から東京帝大政治学科を一番で卒業。戦前によく知られたベストセラー作家であり、衆議院議員にもなった。自由主義者の親米派として知られていたが、戦中は戦争支持に転向して大政翼賛会総務になった。戦後は占領軍に追放されたものの、追放解除のあと、やはり追放解除で返り咲いた鳩山一郎の内閣で厚生大臣になる。こうしたお父さんの転向ぶりに接したことが、戦後の転向研究の原点になった。

だいたいこんなところが、これまで公表されている事実ですが。

鶴見　だいたい正しいんだけれどね。一つ事実とちがうところがある。親父は東大を一番で卒業したんじゃないんだ。一高に在籍していたときは一番だったんだけど、東大卒業のときは「銀時計」（主席卒業者に銀時計が贈られた）じゃない。高文（文官高等試験）合格は二番だった。息子が当時の官報を読んでいたら、出ていたんだ。

上野　官報に高文席次が出る時代なんですね。

小熊　官庁だったら高文試験の成績や東京帝大の席次、陸海軍だったら陸軍大学や海軍大学の卒業席次で、その後にどこまで出世できるかがぜんぶ決まってしまう時代ですからね。いまも官庁なんかは、あまり変わっていないともいわれる。

鶴見　そう。東京帝大を一番で出れば、だいたい次官か大臣までは行ける。だけど親父は、自分は一高で一番だったとは言っていたけれども、高文は二番だったなんて、言わなかった。気の小さい人なんだ。

そもそも親父は、勉強だけでのし上がってきた人だったんだ。貧しい生まれで、一生懸命に勉強して、一高で一番になるところまではきた。それで後藤新平の娘と結婚したんだ。そうやって勉強で一番になってきた人だから、一番になる以外の価値観をもっていない。そういう一番病の知識人が、政治家や官僚になって、日本を動かしてきたんだ。

明治から日本の近代が始まったとすれば、知識人というものはそれ以後、特権的な地位になったんです。私にいわせれば、同時代のイギリスあるいはアメリカ、ロシア、ドイツなどに、近代日本みた

父方の親戚と（1927年。伯父・廣田理太郎の賀宴。中列，父・祐輔の前に俊輔，理太郎夫妻の前に姉・和子）

いな知識人の特権はありません。あちらの知識人というのは、権力をとるような存在じゃない。チェーホフの『桜の園』に出てくる万年学生みたいな、そういうものですよ。

ところが明治以後の日本では、知識人というのは欧米の知識の体系を身につけた人間でなくちゃならない、そういう人間が指導者になって国を近代化しなきゃいけない、そういう人間は一高や東京帝大を出た人間だ、という回路ができてしまった。そういう合意のもとに、人材を大量に促成栽培した。それで、学校に試験で入って一番で出て、欧米の知識を並べて話せる人間が、権力の座につけるという仕組みができた。

そうすると、みんな知識人になろうとして、試験で模範答案を書こうとする。だから自由主義が流行れば自由主義の模範答案を書き、軍国主義が流行れば軍国主義の模範答案を書くような人間が指導者になった。そういう知識人がどんなにくだらないかということが、私が戦争で学んだ大きなことだった。

私はこういう仕組みは、日露戦争の終わった、一九〇五年ごろにできたと思う。そこで人間のタイプが変わったような気がしてしょうがないんだ。それ以前の、明治の最初に出てきた知識人というのは、そういう人じゃないんです。若槻礼次郎とかね。若槻という人はもとは捨て子なんですよ。私は敗戦直後に『思想の科学』でインタビューに行きましたが、いばりもしないし見栄も張らない。「自分は捨て子でした」とか、「戦争中は酒が飲めなくて困りました」とか平気で言うんだ。ここには、親父なんかとは全然ちがう種類の人間がいると思って感激した。

上野　鶴見さんがおっしゃる「知識人」というのは、学校エリートのことですか。

鶴見　そうです。つまりそれは、学校制度そのものから出てくるものだと思うんです。小学校一年生より二年生がよくできて、二年生より三年生ができて、正しい答えは頂点である先生が知っているという制度です。

もし、私なんかよりもっとえらい不良少年がいたら、一年生のとき「この問題がわかる人は手を挙げて」と言われたとき、「先生、その問題は自分で考えたんですか」って言うと思うんだよ（笑）。それから、「先生、その問題の答えは、一つだけだと思いますか」とね。私は小学校のとき、そこまでいっていなかったんだけれども。

小熊　なるほど。

鶴見　そういう質問をしたら、ほとんどの先生は答えられない。殴るか、零点をつけるだけだと思うんだよ。そういう制度のなかで百点をとるのは、先生が思っているとおりの答えをうまく察して、

「はいはいっ」て手を挙げて答えた奴だ。そういう優等生は、中学生になっても、高校生になっても、大学生になっても、常に違う先生に対して手を挙げる。自由主義の先生にも、軍国主義の先生にもね。そういう肉体の習慣が、学校のなかでできちゃっているんだよ。

上野　私は東京大学で教えていますけど、確かにそういう学生が多いですね。

鶴見　そういう人間が集まった例が、東大新人会なんだ。新人会は大正デモクラシーの時代に、吉野作造の民本主義を支持してできたんだ。だけどその後にマルクス主義が流行ったら、民本主義なんかなまぬるい、これからはマルクス主義だというわけで、「吉野のデモ作」とか悪口を言って、共産主義にのりかえちゃった。ところがその連中が、一九三〇年代に弾圧を受けて転向すると、こんどは社会主義なんか古臭い、これからは高度国防国家だとかいって、早々にのりかえるんだよ。

学者だって同じだよ。ヨーロッパやアメリカにモデルがあって、右顧左眄しながら、その学習をいちはやくこなす。そういう肉体の習慣を持っている人が、一番病なんです。一番であっても一番病でないという人間が、わずかにいるという例外は認めますけど、そんなにたくさんいるわけない。だから学界でも論壇でも、そのときの動向で一番をとれるような、細かい仕事しか出てこない。

いったんこの一番病の学校システムができると、知識人の集団転向なんて現象は、当然でてきます。転向したことを意識していない転向なんだから。つねに一番でいたいと思っているだけなんだ。

上野　はい。

鶴見　これは、これから話す歴史の見方でも、重要なんだ。一番病の人は、歴史の評価でも、はっきりした基準があると思っている。歴史の進歩があるとか、民本主義より社会主義が偉いとか、そういったものがね。そういう基準で、「これこれの点がこの人物の限界であった」とかいって、歴史上のできごとや人物を、今の立場から採点しちゃうんだよ。

そういうふうにならないためには、日付のある判断というのが、かえって重要だと思うんです。明治五年なら明治五年で、このときはこういうふうに、ここまで自力で考えた、とみなすんです。ある進歩の基準があって、いまからみればこれが当時の限界だ、とかいうんじゃなくてね。一年生より二年生のほうが偉いとかいう発想じゃなくて、それぞれの時点でどんなふうに考えたか、ということなんだ。

そういう日付のある判断が、かえって未来を開くという逆説的な関係があるんだ。日付のある判断というのは、これが当時の限界だったと評価するんじゃなくて、ここでこれだけ考えられたのか、と考える。そうしたら今度は、その後に進んだのとは別の可能性や方向があったんじゃないか、と考えられるわけでしょう。その後に実現した一つのものが、進歩とは限らないわけで、もっと別の可能性があったということがわかる。そうでなきゃ、思想史と言えないんだよね。私が丸山眞男さんに感心するのは、そういうことがわかっている人だったからだ。

日本のいろんな学問は、歴史学でもなんでも、そういうことがわかっていないと思う。年が進むごとに進歩しているという、前提を持っている。

小熊　最近は、「進歩史観はもう古い、進歩史観を批判するのが新しいんだ」とかいう学者さんもいますけれど、鶴見さんのおっしゃるのはそういう意味の「進歩主義批判」ではないですよね。

鶴見　そうやって、どんどん卒業してのりかえちゃうのが、一番病なんだ。前の時代にやっていたことは古くてだめだ、という考え方だ。

だから私は、歴史をみるうえでも、進歩と退行を、一緒に考えていきたいんだよね。ある時代の思想を、いまの基準から裁断するんじゃなくて、当時のところまで退行してみて、そこにもどって考える。そうすることで、可能性がみえてくるんだ。

たとえば日露戦争の前には、いろんな非戦論が出てくる。内村鑑三のようなキリスト教のものとか、アナーキズムとか、マルクス主義とか、まだ共産党がないから多元的に出てくる。一枚岩に固定していない。だけどその後の東大新人会は、一九〇四年の非戦論と、自分たちのマルクス主義の反戦運動を比較してみて、問題にならないほど自分たちの方が進歩していると思った。そうとばかりはいえないんだよ。

私が戦争体験から得たことというのは、一つはこういう考え方なんだ。大学を出ている人が簡単に転向して、学歴のない奴のほうに自分で考える人がいる。渡辺清とか、加太こうじとか、小学校しか出ていないような人のほうに、自分で思想をつくっていった人がいる。

こういう考え方は、親父とずっとつき合ってきた経験からでもあるんだ(笑)。親父はまさに、一九〇五年以後の人なんだよ。小学校からいつでも一番で来て、一高英法科の一番だったから、人間を成績ではかっちゃうんだ。だから、一高より二高のほうが下、東大より京大が下だと思っていたんだ。

こういう人間は、「つくられた人」なんだ。自分で「つくる人」じゃないんだよ。スピノザが「つくられた自然」と「つくる自然」という区分を『エチカ』で言っているんだけど、それとおんなじなんだ。明治維新から一九〇四年までは、自分で明治国家をつくる人たちがいた。だけどその後は、明治国家でできた体制によって、つくられた人たちばかりになった。
つくられた人たちは、自分で考える力はないんだけど、学習がうまいんだよ。近代化するには、こういう人間を養成することが必要だったんだ。だけど学習がうまいと、脇が甘くなっちゃうんだ。教わっていないこととか、試験に出ない範囲のことが出てきたら、そのまま溺れちゃうね。

小熊　私が戦後思想を調べておもしろかったのは、一時的にせよそれまでの国家のしくみが全部だめになってしまって、自分で考える人たちがでてきたという点でしたね。

鶴見　そういうことを期待はしていたんだ。けれども結局のところ敗戦は、ちょっとひび割れをつくった程度だなっていう感じがする。マッカーサーの占領と日本の復興が、またひび割れを直してしまったという気がするんですよ。

だいたいマッカーサー自身が、学校秀才なんだよね。士官学校始まって以来の、ものすごく高い点を取って、お母さんに付き添われて卒業式に行った人なんだ。士官学校の卒業式に、お母さんに付き添われて行くってのはすさまじいね。日本でもなかったと思うけど（笑）。だからマッカーサーは頭がいいんで、天皇と文部省と東大という、明治国家の三つの根本をそのままにして、指導者養成の方法は変えなかった。それは非常に、統治や経済のうえでは、効率がよかった。

小熊　私の『〈民主〉と〈愛国〉』の序章で引用したことですけれど、小田実さんがいうには、敗戦直後には東大出は人気がなかった。お役所も大企業も人気がなくて、東大に行って大会社に行くよりも、学校なんか早く辞めて闇屋になった方がいい、とまでいわれた時代だった。だけど一九六〇年代くらいになると、もうそういう時代は、過去の一時の混乱にすぎなかったとされていった。闇屋の時代のほうが幸福なのかどうかはわからないけれど、制度は安定していったということですね。

鶴見　そういうことです。

小熊　というわけで、鶴見さんに戦争から戦後の話をうかがって、自分の頭で考える糧にしようというわけです（笑）。

鶴見　はい（笑）。

厳格な母のもとで

小熊　鶴見さんとお父さんの関係が、鶴見さんの物の見方に影響していることはよくわかったんですが、お母さんとの関係も、「私の母」という論考などで言及なさっています。たいへん厳しくて、嘘を許さない方だったと。

鶴見　おふくろは、私が十五歳でアメリカ留学に行かされるまで、私を折檻するだけだったんだ。二つか三つのときから折檻なんだ。これは子どもにとっては、ものすごく痛くてつらい。

少し大きくなっても小遣いはくれないし、小学校でもちょっとでも道草すると、もう折檻されるんだ。三つくらいのときに、ゴーフルっていう、甘くて大きな焼き菓子があるんだけど、あれを自宅の棚からくすねて食べたら、ものすごく折檻されて、「こんな悪い子が生まれたのは私のせいだから、刺し違えて死ぬ」とか言うんだからね。もう毎日毎日、「お前は悪い子だ」の連続なんだよ。

小熊　それに反抗して、家に帰りたくなくて、不良行為をくりかえしたとお書きになられていますね。

鶴見　そう。本の万引きから始まってね。お小遣いをくれないから、それを売って小遣いにするんだよ。それでまた折檻される。もう悪循環だよね。

だけど一方で、動物的な勘というか、兄弟四人のなかで、俺だけが愛されているというのはわかるんだよ。だからこんなに、ひっぱたかれたり、縛られたりするんだってね。そうすると、おふくろを憎むことはできない。だから、あんなに折檻されたのに、私の方からおふくろに手を上げたことは、一度もなかったんだ。要するに、自罰的になるわけだよ。

小熊　それで、「私は悪人だ」という鶴見さんの基本認識ができたわけですね。

鶴見　もう毎日、「あなたは悪い子だ」って注ぎ込まれるんだから。だから、私の「俺は悪人だ」というのは、親鸞とかから学んだんじゃないんだよ（笑）。おふくろから入っちゃっているんだ。

母親というのは、子どもにとって内心の先住民族であり、圧政者なんだよ。スターリン以上かもしれない（笑）。母親がどれだけ子どもを圧迫しているか、世の母親は知らないんだ。リブもフェミニズムも、それを知らないのが欠点なんだよ。

上野　最近のフェミニズムでは、女の加害性が自覚されるようになってきましたけれど。

鶴見　それでねえ、おふくろは私に二つのことを教えてくれたんだ。これはいまでも私のなかに、残っている。一つは、「愛されることは辛いことだ」ということ。

上野　はあ（笑）……。

鶴見　私は愛されたくないんだ。恐ろしいから。だって、兄弟が四人いるのに、私だけが愛されて、ひっぱたかれたり、縛られたり。

母方の親戚と（1925年，後藤新平の家で。右隅が母・愛子，新平に抱かれているのが俊輔）

小熊　そういうお母さんから逃れるため、カフェなどに出入りして女性と関係を持ったり、自殺未遂をくりかえした、とお書きになられていますが。

鶴見　そう。もう十二歳か十三歳ぐらいになったら、カフェ街に出入りした。いまでも渋谷に行くと思い出すんだけれどね。それであのころの私の理想は、あそこでカルモチン（睡眠薬）を致死量まで飲んで、ぶっ倒れて死んで、死体をおふくろに突きつけてやりたいということだったんだ。それが、十四歳までの私の理想だったね。自殺未遂を五回くらいやったな。

そういう状態をみかねて、十五歳のときに、親父がアメリカ留学に送り出してくれた。それでアメリカに行ったら、もうカルモチンを飲んでぶっ倒れてもしょうがないでしょう（笑）。

上野　自罰的ですね。外に対する攻撃性が、自己処罰に向かうんですね。

鶴見　おふくろに手を上げられないからなんだ。だからある意味で、いまの若い人は進歩していると思うんだ。おふくろを金属バットで殺しちゃったりするでしょう。もちろん殺すのはよくないけど、母親に抵抗できるようになったのは、一種の進歩だな（笑）。

上野　そうできないで自傷行為に向かう人も、いまでもたくさんいます。母親というのは、それがわからない。「こんなに愛しているのに」としか思えない。

鶴見　たとえば、なぜ私が小学校であれだけ成績が悪かったのかということを、おふくろはついに理解できなかったと思う。母親は子どもを二十四時間支配しているんだ。だからもう、夜寝ていても、おふくろは別の部屋で寝ているんだけど、おふくろに寝息をはかられているような気がしてね。苦しくて仕方なかった。それで布団を持って、地下室まで行って、ボイラー室の横に布団を置いて、ようやく安心できて寝たことがあるよ。こりゃもう、ノイローゼだね。そんな状態で、小学校に行って、勉強できるわけがないでしょう（笑）。そのうえ、小学校から万引きや女性関係なんだから。

小熊　しかし一方で、子どものときからめちゃくちゃな読書家で、小学校のあいだにアナーキズムの本をはじめとして、一万冊は読んだとのことですが。

鶴見　アナーキズムという言葉を覚えたのは、小学校五年生のとき野村芳兵衛の文章を読んでからだった。たしかにクロポトキンとかも読んだけど、講談本とか、おふくろにはとても見せられないような猥褻本が多かったんだ。だけど本を読んでいるという気位だけは高くて、周りの生徒を見下して、試験になると白紙で出すんだ（笑）。私がいまでもペダントに点が辛いのは、自分がペダントだったからだ。

だから、小学校でもビリにはなれない。ビリよりちょっと上。情けないんだ。

上野　ははは（笑）。

鶴見　小学校の最後の六年生のときの、試験の成績が、ビリから六番だったのを覚えている。だけどそこまで下がる理由を、おふくろはわからないんだよ。その頃の精神医学だと、子どもに鬱病はないってことになっていたんだ。だけど、私は明らかに鬱病だった。

上野　鬱病というのは、高すぎる理想や期待に追いつけないことから起こる、自己処罰の症状ですよね。自分を責めてしまうという。

鶴見　それで小学校は出たけれど、七年制の高校の尋常科を一年で放校になって、編入試験で当時の府立五中に入ったけれど、これも二学期だけで首になる。学校には行かないで女性関係と自殺未遂をくりかえすから、精神病院に入れられたこともあるんだ。だけどその病院にもおふくろが一緒にくっついてきて、おふくろが一緒に寝ているんだから、治りっこないんだよ（笑）。

上野　子どもにとって家庭は強制収容所だ、とも言われています（笑）。

鶴見　私がおふくろに対して実行した親孝行は、一つしかない。完全に自殺を実行しなかったってことだ。カルモチンを一二〇粒なら一二〇粒飲むんだけ

不良少年（1937年５月，東京で）

れども、カフェ街でぶっ倒れていると、お巡りさんに引っ張られて交番まで連れて行かれて、薬を吐かされるわけだ。そうして生き残る。

上野　鶴見さん、自殺を完遂なさらなかったことは、ほんとに親孝行でしたね。

鶴見　たしかにね。ほんとうに死んでいたら、おふくろは、再起不能だったと思う。だけどおふくろは、なぜ私がそうするのか、全然わかっていなかったんだ。

上野　さきほど、お母さまから学んだことが二つあるとおっしゃいましたよね。一つは、愛されることが辛いということ。もう一つは何ですか。

鶴見　もう一つは、「俺は悪い人間だ。だけど悪をする自由だけは保ちたい」ってことだ。

上野　はあ（笑）。

鶴見　その「悪」のかたちが変わってくる。二歳か三歳で折檻されたときには、ゴーフルを食べるっていうのが、すごい放蕩体験みたいに感じられたんだ。

上野　それで折檻されると。

鶴見　ゴーフルを盗み食いしているのをおふくろが嗅ぎつけて、捕まって折檻されて、「あなたは悪い子だから、ご先祖様に申し訳ない。あなたを殺して私も死にます」って言うんだ（笑）。

これで学んだのは、正義というのは迷惑だ、ということだ。全身全霊正義の人がいたら、はた迷惑だってことだよ。私が戦後に共産党に入らなかったのも、一つはそれなんだよ。私は悪人なんだから、正義の側になんかいたくないんだ。スターリンなんていうのは、権力と正義を二つながら手に持つという状態だからね。

小熊　それはさきほどお話しになった、評価を一つの価値観から行なわないという問題にもかかわってきますね。

鶴見　そうそう。たまらないんだよ。一つの絶対正義があると。

小熊　しかし一方で、鶴見さんは「私の母」という論考では、お母さまが断じて嘘を許さない人だったと書いたうえで、「誠意があれば、何ごとも究極的には許されるというのは、必ずしも十分な思想とは思っていないが、私にとっては精神の故郷である」と述べておられますよね。そして、転向研究などでも、嘘をついて転向した人に厳しい評価をしておられる。

鶴見　それはそうなんだけどねえ。とにかく私のおふくろは、そういう人なんだよ。もうむちゃくちゃだけど、とにかく一本筋が通っていたんだ。だけど筋が通っていることを期待されると、生きていくことがほんとうに苦しい（笑）。生まれたときからそうなんだ。

父と鶴見家の人びと

小熊　お母さんの期待が過大だったのはよくわかりましたが、お父さんの期待も大きかったわけですか。

鶴見　そう。だって名前が俊輔っていうのも、日本の初代総理大臣の名前なんだよ。

小熊　そうすると、伊藤博文が「博文」に改名する前の、「伊藤俊輔」からとった名前ですか。

鶴見　親父が一番病で、総理大臣になりたい人だったんだから。

小熊　鶴見さんは自分の哲学的立場を、名前と実体を混同させない「徹底的唯名論」だとおっしゃっていますよね。一九六二年の「ドグラ・マグラの世界」では、「名前は社会からあたえられる。しかし、それは便宜的なものだ。名前をまだつけられていない状態の自分から、つねにあらたに考えてゆかねばならない」と述べておられる。あれは、アメリカで学ばれたプラグマティズムや言語論の認識論に影響されたというのもあるけれど、そういう名前を与えられたご自分の立場から……。

鶴見　そう。そうだと思うね。

だいたい日本では、名前がそのまま実体だと思う傾向が強すぎるんだよ。戦争中にある小学校に電話をかけたら、「そんな学校はありません」と言うんだ。何回も言い直させた上で、「こちらは××国民学校です」って言うんだよ（笑）。看板をかけかえたら、もう実体も変わったと思っているんだ。

小熊　いまどきの省庁改革みたいですね。省の名前を変えたら、改革が行なわれたみたいな。

鶴見　だから戦後の改革にしても、看板を民主主義にとりかえたら、中味も変わったような気がしているんだ。共産党にしたって、「トロツキスト」とかいうレッテルを貼りつけたら、もう「トロツキスト」っていう人間やら団体やらがあると思っている人が多いんだからね。

小熊　思想というのは、家庭から始まるものなんですね（笑）。そういう名前をつけられて育つというのは、どういうものなんでしょうか。

鶴見　だいたい私は、ほんとに小さいころ、二歳か三歳までは、自分がえらいと思っていたんだよ。これはじつは、二年ほど前に姉の和子が電話で教えてくれた最新情報なんだけれども、私の家の事情がからんでいるんだ。

私が五つぐらいのときに、突然にそれまで住んでいた家から離れて、谷間の向こうの、蕎麦屋の隣の小さい二間の家に移ったんだ。だけど子どもだから、二間の家でもけっこう広いし、隣に紙芝居が来る。そこで加太こうじのつくった、黄金バットの紙芝居なんかを初めて見ているんだ（笑）。そして数年経ったら、また元の家に戻ったんだ。なぜああいうことが起こったのかわからなかった。

その理由を和子が教えてくれたんだけれど、家内騒動があったんだ。おふくろの親父の後藤新平は、若い妾を家に入れていたんだ。それで彼は、自分の跡取り息子と喧嘩になって、その跡取り息子が親父を張り倒しちゃったんだね。それで後藤新平はたいへんに怒って、その息子をもう廃嫡にすると言った。

小熊　勘当というか、「親子の縁を切る」というわけですか。

鶴見　そう。ところがそのときに、私のおふくろが、私に対して怒るのとおんなじ仕方で、自分の親父に対してめちゃくちゃに腹を立てたんだよ。おふくろはとにかく、もう真っ直ぐな人だからね。さすがに自分の父親を殴りはしないんだけれども、とにかくすごい剣幕で「そういうことはなりません！」と言ったらしいんだね。それで、ついに後藤新平は諦めて、廃嫡をやめたんだ。

だけどそういう経緯があって、その跡取り息子は後藤の家にはいられなくって、一時は谷を越えた小さな家に逼塞していたんだ。そのうちに、後藤新平の癇癪が静まってきて、その一家が新平邸内にもどったとき、その逼塞していた谷向こうの家を私たちの住んでいた新平邸内の家と交換した。その結果、私たちの家の方は、谷間の向こうの蕎麦屋の隣に行ったわけだね。

そういうことがあったんで、後藤の家を継いだ跡取りの息子の一家は、私のおふくろと私の一家に感謝していた。それで私や和子は、子どものときから、なぜか後藤の家に行くと、優遇されたんだよ。だけど子どもだから事情がわからなくて、私は当然だと思って、いつもいばっていたんだ。それで、自分は偉いんだとか思いこんでしまった。

だけど、ちょっと年をとってくると、変だと思うんだよね。後藤新平は伯爵で、後藤の家は華族だけど、私の家は平民なんだ。でもその伯爵家に行くと、私がいばっているんだ。その理由が、つい二年ほど前の和子の電話で、わかったんだ。

小熊　伯爵家より偉い子どもですか……。

鶴見　それはそう。だから私は、非常に早くから、罪の意識を持っているんですよ。子どものときは、お祖父さんのおかげで偉いように見られて、世間からは優遇されていたわけです。それが、自分の力みたいに感じていたんだ。そのことが逆転して、非常に申し訳ないという気持が、ずっと残っているんだ。

上野　それが、お母さまから与えられた「お前は悪人だ」という意識と結びつくわけですか。

鶴見　そうですね。

上野　そういう罪人の意識と、正義と権力が一つになる状態ということでは、マルクス主義だけでなく、キリスト教も同じですね。

鶴見　おふくろが後にキリスト教徒になるんだ。それは、私が不良少年で放蕩ばかりするものだから、悩んだあげくに私を教会に連れていって、自分が入信しちゃったんだ。だけど私は入信しなかったんだ。親父と妹も弟もキリスト教なんだけど、私は入らない。だって私は悪人なんだから。

上野　そこで仏教に行くという道はなかったんですか。

鶴見　既成宗教に入ったことはありませんね。マルクス主義も私にとっては一つの宗教なので、入ったことがないんですよ。

だけどマルクスそのものは偉大だし、細かい配慮もしているんです。たとえば『資本論』のなかに、使用価値というものは重要な問題なんだけど、ここでは価値という言葉は交換価値だけに限定するという註があるんだ。あれには感心したね。使用価値は、人それぞれに違うわけだけど、それは尊重して普遍的な議論からはずすわけでしょう。マルクスは非常に偉大な哲学者だということを証明する註なんですよ。マルクスはそうなんだけど、マルクス主義は宗教の一つだと思う。

小熊　でも鶴見さんは、宗教的なものには、一貫して関心を持たれていますよね。敗戦後からピタゴラスを論じ、六〇年代には新宗教に関心を持たれているし、七〇年頃には人類学者のカルロス・カスタネダがメキシコの呪術師のもとで修業した記録を論じている。

鶴見　そういえば、昔の私の家があったところは、いまはモスレム教会になっているんですよ（笑）。昔の後藤の家の敷地にあった離れだったのをもらったのが、私たちの家だったんだ。だけど後藤の家の敷地は一九三〇年代には満州国大使館になった。それが戦後はレバノン大使館からサウジアラビア大使館になって、そのあとモスレム教会になったんだ。おもしろいもんだよね。

上野　さきほど仏教と申し上げたのは、私が仏教に入れこんだ体験からなんです。じつはわたくし、ヤソ教徒の家庭で育ったものですから。

鶴見　そうですか！　驚いたなあ。

上野　はい。両親ともに日本基督教団の、ヤソ教徒でございました（笑）。わたくしがキリスト教徒にならなかった理由は、たった一つ、両親がキリスト教徒だったからです。子ども心に、親に対抗しようと思いましたけれど、向こうはただの個人じゃなくて、教理を背負っている。ですから、教理に対しては別の教理を持ってくるしかないと思いつめまして、仏教に走ったんです。

仏教は、是非善悪を超越したところがあります。原始仏教も、鎌倉仏教もおもしろい。鶴見さんがそういう方向に行かれても不思議はないような気がしたんですが。禅なんかも、身体性と精神性の結びつきで、信仰とは言えませんし。

鶴見　私は宗教の問題には関心はありますけど、勉強してみたら、中世のスコラ哲学ですでに私の問いに対する答えは出ているんですよ。パラケルスス〔中世哲学の一人で医学者・神学者〕という学者がいたんですけど、彼によれば、完全なキリスト教の信仰を持っている者は、善行をすることができないんです。なぜかというと、信仰を持っている者は何が善行か知っているわけですから、善行をやったら必ず天国で報酬があることを期待しているわけでしょう。そうなれば報酬目当てになるから、善行にならない。そういうパラドックスがキリスト教信仰のなかにあることを説いた。

だからそうなると、善行というのは、神を信じていない人間が、偶然に何となく良い行ないをするときにしかありえない。だから、無神論者の偶然の行為の方が、完全なキリスト教者の行為よりも、善行に近いんです。

小熊　つまり、「俺は正義の側にいる」と思いながら善行をすることはできない。「俺は悪人だ」と思いながら、偶然の出会いに期待するしかないと。

鶴見　そうです。教義とか進歩とかがあって、必然があるんじゃない。これも私の歴史の見方につながっています。それから、大切なものは明確な教義にあるんじゃない。大切なものは、あいまいな、ぼんやりしたものだ。そういう考えがありますね。これは私にとって、方法以前の方法なんですよ。

小熊　それでタヌキがお好きなわけですか。

鶴見　タヌキは信仰していますよ（笑）。それは戦争中に、『歌う狸御殿』という宝塚の映画を観てからですね。がちがちな戦争の重苦しさとは関係なく、楽しくやっている。もう、すっごく面白くて。

小熊　キリストやマルクスに、タヌキで対抗したいと述べておられますよね。

鶴見　キツネだと、人をだまして、だましおおせるっていう感じがあるでしょう。だけどタヌキは、最後にばれるんだよね（笑）。それが面白いんですよ。

上野　ご自身でも、自分はタヌキだっておっしゃっていますよね（笑）。

鶴見　京都の近くに信楽《しがらき》というところがあって、そこに町内会の旅行で行ったときに、信楽焼きのタヌキを一つ買ってきてね。自宅の玄関に置いてあるんですよ。タヌキは私の神です（笑）。

小熊　「純粋真っすぐ」に対するお守りですか（笑）。

鶴見　そうねえ。だからおふくろが私に何をくれたかっていうと、私の生き方の種をくれたの（笑）。これは私にとっての哲学のモデルは、自分の家族関係であり、私の親父やおふくろとの関係なんだ。これはもう、私の学問の根なんですよ。それをお話ししておきたかった。

小熊　わかりました。それでは、いよいよ戦争中のことをお聞きします。

ジャワでの捕虜殺害

アメリカから帰国へ

小熊　そうして一九三八年にアメリカに留学なさって、毎日五〇個の英単語暗記を日課とした猛勉強のあと、ハーヴァード大学に入学なさる。一緒の時期に留学なさっていたお姉さんの和子さんによると、俊輔さんの下宿を訪ねてみたら、ご自分への訓戒を書いた張り紙が壁一面に貼りつけてあったのに驚いて、「張紙の戒律は、母の訓戒の内面化であったかもしれない」とのことですが。

鶴見　まあとにかく、よく勉強したことは事実だね（笑）。だって小学校しか出ていないのに、いきなり大学だからね。

小熊　そしてハーヴァードでは言語学や哲学を学ばれる。和子さんのほか、留学仲間には都留重人さんなどもいらした。

鶴見　都留さんは、私にとって生涯唯一の先生なんだ。ずいぶんいろいろ教えてもらった。なにせこっちが十五歳のときに、都留さんは二十六歳で、しかもとんでもなく優秀な人なんだから。

小熊　そして猛勉強の無理がたたって、肺結核の症状が出始める。そのあと日米が開戦して、連邦警察に逮捕され、留置場に送られる。逮捕の理由は、鶴見さんが日頃からアナーキズムの本を読んでいたということでしたが、ちょうど西海岸では日系人が収容所に送られる動きが出はじめていた時期だった。このあと、交換船に乗って日本に帰られるわけです。

このアメリカ時代のことは、『期待と回想』をはじめとしてかなり語られているので、ここでは戦争に入ってからのことをおうかがいしたいと思います。まずうかがいたいのは、なぜ負けるとわかっている日本に帰る道を選んだかということです。

これまでのご著作によると、自由主義者だったはずのお父さまが戦争支持に傾いていくのに反発していたし、日本の戦争目的も信じていなかった。ただ、「敗北を日本人のあいだにあって受けたい」と思った。しかしアナーキズムの本を読んでいたから、日本国家に同一化する気はなかったという。これはどういうことでしょうか。

鶴見　はっきりした理由はないんだよ。ぼんやりしているんだ。人間を動かすのは明確なものじゃなくて、ぼんやりした信念なんだ。ぼんやりしているけど、確かなものなんだ。

小熊　とはいっても、もう少しお話しいただけますか。

鶴見　私が留置場に入れられたときに、姉の和子がわざわざ会いに来てくれた。そのときに彼女は、自分は帰らないと言ったんですよ。和子はアメリカにいるあいだにマルクス主義を学んで、それにかなり深入りしていたから、とうてい日本の戦争なんか支持できない。それに留学していたら、日本がアメリカに勝てないのはわかりきっているしね。

だけど彼女は、最後には交換船に乗ったんですよ。彼女の動機は、「親父がかわいそうだ」という、それだけだった。自分がこのまま日本へ帰ってこなかったら、非国民の親ということで、親父が迫害されるだろう。彼女の動機はそれだけです。彼女は私とちがって、父の娘なんですよ。

上野 和子さんはともかく、俊輔さんはそういう可能性をお考えになりました？

鶴見 親父が迫害されるってことは考えなかった。

上野 もし帰国なさらなかったら、お父さまにとって致命的だったでしょうか。

鶴見 相当なるでしょうねえ。親父は議員で、大政翼賛会の総務でしたから。だけど親父ももう大人で、ある程度の地位を占めたんだから、自分で自分にけりをつけなきゃいけないという考えが私にはあったんですよ。だけど和子のほうは、親父が総理大臣になったら、ああとにかくなれた、嬉しいと思って喜ぶタイプだな。

小熊 しかしそうなら、なぜ帰国なさったんですか。

鶴見 よくわからないんです。ただ、交換船が出るが、乗るか乗らないかって聞かれたときに、私は乗るって答えたんです。日本はもう、すぐにも負けると思った。そして負けるときに、負ける側にいたいっていう、何かぼんやりした考えですね。というか、勝つ側にいたくないと思ったんだ。この戦争については、アメリカのほうがいくらかでも正しいと思ったんだけど、勝ったアメリカにくっついて、英語を話して日本に帰ってくる自分なんて耐えられないと思ったんだ。

小熊 つまり「正義の側」にいたくないと？

鶴見 めちゃくちゃなんだけどね（笑）。論理的な判断じゃないんだよ。

小熊　アメリカで無実の罪で収監された怒りはなかったんですか。

鶴見　もちろん、アメリカ国家に対しては、反感を持ちましたよ。だけどアメリカでの牢獄体験そのものは、むしろ面白かったんです。一つはね、個人的なことだけれども、留置場に入ると、勉強しなくて済むんですよ。

小熊　はあ？

鶴見　私は小学校しか卒業しなくて、ハーヴァード大学に入った。それからもう、自分の勉強で評価されるのが嬉しくてね。日本にいると、後藤新平の孫、鶴見祐輔の息子って見られちゃうでしょう。だけどアメリカなら、そういうことがなかった。

それでめちゃくちゃに勉強して、優等賞をとったんだ。だけど一所懸命にやらなくちゃならなくて、毎日が苦痛も苦痛、たいへんな苦痛だったんですよ。それにくらべたら、監獄に入っていれば、もう勉強しなくていいじゃない（笑）。

上野　相当、優等生病ですね（笑）。

鶴見　大学生活から離れたんだから、もう毎日が日曜日。それにアメリカの留置場は当時の日本の食糧事情にくらべたら飯もうまいし、愉快なんですよ。

上野　ははは（笑）。

鶴見　そのうえ、入っている人がおもしろかった。人殺しなんかで入っている奴がいて、話をすると、ほんとにドストエフスキーの『死の家の記録』みたいなんですよ。人殺しって、案外と人間はいいんだ。殺人をしちゃった拳闘の選手がいて、「俺の盛りのときに、世界チャンピオンのシュメリングと闘いたかったなあ」って繰り返し言うんだよ（笑）。そういう人に会う体験を、留置場でもった。だけど一方では不安もあった。これでもう人生のコースも終わりかなと思っていたんだ。そうしたら、ハーヴァード大学が教授会の投票で、卒業させてくれたわけ。私が留置場の便器の上で書いた卒論を受け入れてくれてね。

交換船に乗ったときに、都留重人が外の社会からまっすぐに乗っていてね。それで彼が、「大丈夫だよ、今朝の『ボストン・グローブ』に出ていたよ。君は卒業してる」と言ったの。それで初めて、ああそうかと思った。まさかと思っていたからね。牢獄で拷問されたこともないし、それで、ここには民主主義があると思った。

小熊　日本の大学は、政治犯として国家につかまった人間を、そういうふうに処遇してくれなかっただろう、と書いてらっしゃいますよね。

鶴見　それで交換船に乗って、大西洋周りでアフリカのモザンビークで日本の船に乗り換えた。そうして日本の軍人が乗ってきて、戦時の心得を話すわけだ。そのあとは、雰囲気ががらっと変わった。

小熊　帰国子女たちが、「戦時中の日本人」に変わってしまったという転向に、ショックを受けたと書かれていますね。

鶴見　それで日本に帰ってきたら、日本の社会がすっかり変わっていて、戦前の自由主義者とか社会主義者が、みんな転向して戦争に協力するようなことを書いているわけだ。しかも戦争を批判するような発言をしたら、もういつ誰に密告されるかわからない。自分の家でさえ安心できないんだ。吉田茂なんか、自分の家の書生に密告されて、憲兵隊につかまっちゃったんだからね。だから、「ここが

アメリカ留学時代（1939年，ケンブリッジの藤代博士邸で。後列の背の高いのが東郷文彦，左下隅・鶴見，その隣・都留重人）

アメリカ留学時代（1940年，ポキプシー・ヴァッサー大学近くで。右からルース・マリー，東郷文彦，鶴見，東郷の自動車）

敵の国だ、アメリカが敵じゃなかったんだ」と思ったんだ。それで帰ってきて五日目に、もう徴兵検査でしょう。

小熊　徴兵検査に合格してから、実際に派遣されるまで、どんなお気持でしたか。

鶴見　恐ろしかったです。そもそも、アメリカで日本へ帰ると決断したときに、徴兵されると予測していなかった。

というのも、アメリカにいた最後の年は、結核がひどくなってたびたび喀血していたんです。カリエスの異常突起も出ていて、とても痛かった。だけど病院に行くと、学校へ行くのを止められるでしょう。そうしたら留学した努力が中断されると思って、それが怖かったから病院に行かなかったというだけなんです。

だから、こういう状態で日本に帰っても、まさか徴兵検査に合格するとは思っていなかった。日本が戦争に負けて、爆弾が降るなかで死ぬとかいった事態は覚悟していたんですがね。そもそも、日本があんなに戦争でねばるなんて、予想していなかったんだ。

それに私は、日本のファシズムというものを見誤っていた。あの国粋主義とか、欧米文化排撃というのは、西洋文化を享受している都市の金持への反感があって支持されたんです。だから私費留学で、親の金で敵の国に行っていた奴なんていうのは、再教育して「真の国民」にしなきゃいけないとなる。だからもう、帰国してすぐ徴兵検査を受けたら、病気だろうが何だろうが合格にされちゃうわけ。それで、「しまった」と思いました。

上野　目算がはずれたわけですね。

鶴見　アメリカに残っていたら、戦争で手を汚さないで済んだはずだったんだ。逮捕されたといっても、もともと誤認逮捕だから、戦争中でも釈放してくれると思っていた。それにアメリカの監獄は、戦争中の日本より食事もいいですから、釈放されなかったとしても日本にいるよりましだったと思う(笑)。

だけど帰ってきて、徴兵検査も合格した。それからはもう、毎日ご飯を食べてから、自宅近くの駅までマラソンすることを日課にしたんだ。そうしたら喀血して、兵隊にならなくて済むだろうと思った。ところが幸か不幸か、喀血しないんだよ。結局は、南方に行かされてから、結核菌が体中に回って悪化することになったけどね。それで困って、陸軍よりは海軍の方がいくらか文明的だろうと思って、海軍の軍属に志願したんだ。

小熊　当時は「一に軍人、二に軍馬、三が軍鳩、四に軍属」といって、軍属は最下級の扱いですよね。

鶴見　だいぶあとで、ジャワで病気がひどくなってから海軍病院に患者として入れられたときなんか、上等水兵あたりが直接の上司でね。志願で入ってきた上等水兵で、ものすごく戦争を信じていたのがいて、上官に敬礼しなかったとか何とか言ってすぐ殴るんですよ。しまいに彼の手が痛くなってくると、お互いで殴らせる。

それでそういうときに、その上等水兵とかが、一応自分で訓示をするわけ。まず勅語か何かから言葉を取ってきて、「畏《かしこ》くも」とかやって、それから殴るわけね。それを聞いていて考えたことを、戦後に記号論をまじえて書いたのが、一九四六年の『思想の科学』の創刊号に載せた「言葉のお守り的使用法について」という論文です。

小熊　戦中は「皇国」とか「大東亜」が、敗戦後は「進駐軍」とか「民主主義」が、権威づけなどの「お守り言葉」として使用されるのを批判した論文ですね。戦争体験を、アメリカで学んだ言語理論で肉付けした論文ともいえる。

鶴見　そうそう。

小熊　しかし海軍の軍属を志願したといっても、徴兵を避けるわけですから、よく通りましたね。

鶴見　どうして私のような者の軍属志願が通ったかというと、海軍は通訳が必要だったんだ。情報収集とか、それから日本とドイツが連絡をとるのに通訳がいった。

当時、日本はドイツの軍事技術を輸入しようとしていたけれど、中間航路の制海権は連合軍が握っていて、ほとんど連絡がとれなかった。強行突破の方法としては、一つは潜水艦で、その基地がジャワにあった。もう一つはブロッケード・ランナー（封鎖突破船）という、快速貨物船に機関銃を積んで武装した船で、私はこれに乗せられたんだ。

小熊　それはそれで、けっこう危険な任務でしょう。ドイツと往復する潜水艦なんか、ずいぶん沈められていますよね。

鶴見　こういう任務の軍属で、死んだ人も多いんだよ。たとえば中井英夫のお兄さん。中井英夫は小学校の同級生で、一年生のときから友人だったんだけど、彼のお兄さんは三菱商事の社員だった。そして軍属にされて、潜水艦でドイツの飛行機の設計図か何かを運ぶ任務に就かされていたんだ。ところがその潜水艦が、インド洋で連合軍に沈められてしまった。それで中井英夫は、その関係資料を何とかして三菱商事に見せてもらって、お兄さんのことを中心に小説を書くつもりだったんだ。結局、中井はそれが実現する前に死んでしまったけれどね。

小熊　その封鎖突破船に乗って、ジャワに行ったわけですね。

鶴見　そう。一九四三年二月にそのブロッケード・ランナーに乗せられて、潜水艦の基地があるジャワに行かされた。そこから先のインド洋を通ってドイツまでのルートは、もう潜水艦でないと行けない。そこで私は降ろされて、バタビア（日本軍が占領中の四二年にジャカルタに改称）にあった海軍武官府に入った。その船はやがて南方沖で沈んだ。

私はそのとき二十歳だった。突破船には私のほかに日本人が三人いたけれど、ドイツ語ができるのは私だけだから、その人たちの運命を預かったかたちだったね。

小熊　英語がお得意なのは知っていましたが、ドイツ語もできたんですか。

鶴見　アメリカの大学にいれば、英語以外の外国語を学ばなくちゃならないでしょう。それでドイツ語を勉強したんです。だけど実際に使ったのは、その船に乗っていたときと、ジャワの潜水艦基地でドイツの潜水艦乗組員や将校と接触したときだけですね。

話をしたドイツ人のなかでは、突破船のコックが印象に残っているな。「こんな戦争なんかくだらない」と言っていてね。ライプツィヒだったかで、一家でレストランをやっていたのに、狩り出されたそうだ。ほんとうにいやだと言っていた。

海軍武官府で

小熊　それでジャワのジャカルタ海軍武官府で働くことになるわけですね。そこで印象に残っている方はいますか。

鶴見　ジャカルタ海軍武官府の武官は前田精という大佐で、この人はやがて少将になります。なんというか、なかなか複雑な人で、戦争中もずっとインドネシアの独立運動の指導者と接触があった。タンマラッカという、昔はコミンテルンの委員までやったジャワ人とも接触していたようです。そういう人ですから、戦争に負けたという情報が入ったらすぐ、独立運動の指導者たちに自分の官邸の地下室を公開したそうです。だけど自分は表に出ない。節度がありますね。

いわば、日本が負けても大東亜解放という理念を信じていた人なんです。私は日本の戦争目的なんて信じていなかったし、いまでも日本政府がそんなことをまじめに考えていたとは思わないけれども、それをほんとうに信じていた人もまれにいたんです。

小熊　なかなか位置付けがむずかしいですが、鶴見さんはそういうタイプの人がお好きですよね。

鶴見　その武官が私に与えた任務というのは、「敵が読むのと同じ新聞をつくってくれ」ということだった。つまり、大本営発表を信じていたら、戦争ができないわけですよ、大本営海軍部の発表で「撃沈した」となっている船が、現に攻めてきたりする情勢だったわけですから。だから敵の通信を傍受して、敵の戦果や被害の発表とか、何が補給されてどう食べているとか、兵隊の気分がどうなっているかとかをまとめて、敵のと同じ新聞を日本語でつくってくれという。

それで私は、自分にあてがわれた官舎の部屋で、夜は敵側の短波放送を聞いていた。毎日の日課としては、夜のうちにメモをつくって、少し寝てから出勤して、その日の「新聞」を書いていた。私は非常に悪筆なんだけど、女性のタイピストが二人ついて、和文タイプで打ってくれるわけ。

小熊 ジャワにはほかにそういう仕事の部署はあったんですか。

鶴見 ジャワの陸軍は陸軍で、もっと大きな情報組織を持っていたんです。陸軍と海軍は仲が悪くて、同じようなことをやっていても別組織にするからね。

だけど陸軍のほうは言葉ができる人がいなくて、捕虜に電波を傍受させていた。それで英文の資料を、形だけはたくさんつくっていたけれど、読み手がいなかったと思う。だから結果としては、私が毎日つくっていたタイプ五～六枚の新聞のほうが、ジャワの陸軍の情報より充実していたともいえるだろうね。

小熊 どこの放送を傍受していたんですか。

鶴見 ロイターとかUPとか、あとはインドのニューデリーのBBC放送ですね。インドはイギリスの植民地で、極東の拠点だったから、イギリス側の放送局があった。ところがそのインドの放送が、図抜けて内容がよかったんですよ。時事解説でもなんでも、教養がとても感じられてね。当時は知らなかったんだけど、あとでわかったのは、インドの放送はジョージ・オーウェルが番組をつくっていたんだ。

小熊 鶴見さんのお祖父さんの後藤新平などもそうですが、植民地や占領地には本土の非主流派の人が派遣されたりするから、ときどき有能な異才がいたりする現象がありますね。

上野 そういう場所で有能さを発揮してもらっても困ります（笑）。

鶴見 それで夜に放送を傍受して、午前中に新聞をつくって、昼飯までで仕事は終わるんです。だけど徹夜で疲れているし、それに私は反戦思想を持っているでしょう。それを周囲に悟られたら、どうなるかわからない。内地でもちょっとした厭戦気分を話しただけで、憲兵に密告されてしまう時代ですから。だから緊張しどおしで、よけいなことは一切しゃべらないようにしていた。

それで恐ろしくて、ますます一人で部屋にこもる。そして宗教書を読んだり、インドの放送とかを聞いて少し心を慰めたりしながら、どんどん徹夜の仕事をしてしまう。もう悪循環ですよね。あんなに仕事をしたことはありませんよ。仕事が終わって昼飯を食べようとすると、疲れと緊張で箸を持つ手がぶるぶる震えるようなありさまだった。それでしまいには、結核がひどくなって内地に送還されることになった。

上野 それほど恐怖が大きかったんですか。ほかの人は英語がわからないわけですから、その気になればサボタージュもできたわけですよね。

鶴見 十五歳から十九歳までアメリカにいて、戦争は必ず負けると思っていたし、日本は正義の側に立っていないと思っていた。だけど周りの人はみんな「鬼畜米英を殺せ」とか言って、日本が勝つと思っている。そのあいだに一人置かれると、ものすごい恐怖なんだ。日本人そのものが怖い。

だから当時は、上官と話していると、私としては自分の内面を一生懸命にごまかしているから、チックみたいな症状が起こって、手をズボンにこすりつけるのがやまないんだ。白い服を着ていると、汚れて黒くなるんだよ。もう、たいへんな恐怖だった。

小熊 日本兵のなかでも、いくらかでも心の休まる相手はいなかったんですか。たしかご著作では、若くてまじめで戦争目的を信じているような水兵からはよく殴られたけれど、やや年輩でひげを生やしているような兵隊は、そうでもなかったと書いておられましたが。

鶴見 そうそう。ひげを生やしている兵隊はだいたい、厭戦的なんだ。これはねえ、一種の暗号というか、通信なんですよ。

上野 ひげが不服従のシンボルなんですね。

鶴見 そう。こんな戦争なんてくだらねえなあって思っている奴が、ひげを生やしている。それはやっぱり三十代くらいの老兵で、出世しない万年一等兵とかでね。

そういう人のなかで、すごいのがいたねえ。彼はかつて中国戦線に行っていたんだが、中隊長に嫌われて、前線まで偵察してこいと命じられた。そういう任務は危険だから、上司に嫌われているのが行かされるんだ。だけど彼は、なんとか無事に帰ってきたの。そうしたら中隊長が、その報告をそのまた上司にしなきゃならないとかぶつぶつ言った。そのとき、「報告なら俺がするよ」と言って、その中隊長をぶん殴っちゃったんですよ。

小熊 それは下手をすれば銃殺……。

鶴見 重営倉ですんだらしいけれどね。そのあとは昇進なんかなくて、万年一等兵。

小熊 まあそういう兵隊というのは、その部隊のなかで問題が出たということになると上司の責任問題にもなるから、問題ない範囲で適当に泳がしておけ、という処遇をされる場合もあったようですね。

鶴見　そのぐらい無頼になると、強いんだ。そういう連中がひげを生やしてた。だけど私にはその度胸はなかった。まだ二十歳だったからね。だからもう、ただひたすらに働いていた。

小熊　それだけ働く能力があったのに、反戦の方向の努力は何もできなかったことが悔恨になっている、とのちに書いておられますね。

鶴見　ええ……。日本政府の掲げた戦争目的が信じられないというのは、アメリカで教育を受けたというのもあるけど、ジャワで周りを見ていれば、日本人の心中にある「東亜解放」の実態は、すぐわかるわけですよ。

たとえば、捕虜を試し切りしたことを自慢している兵隊がいる。あとで話すように、実際に捕虜虐殺も身近でありましたし、慰安所の問題もありました。それから、明らかに日本軍は麻薬の商売をしていた。

中国戦線でのアヘン売買は研究も出ていて有名ですが、ジャワの武官府にもアヘンはそこらじゅうにあった。武官府の将校や兵隊なんて、タバコにアヘンを混ぜて飲んでいたんだよ。私は新聞をつくっているわけですが、他の連中は毎日することがないんだ。だからアヘンを吸ったり、遊びに行ったりしている。

上野　頽廃ですね。

鶴見　ジャワは前線といっても、そういう腐敗が可能だったけれど、私は敵の放送を聞いているから、最前線が近づいてくる状況を知っている。アッツ島とか、タラワ島とかで日本軍が「玉砕」して、生存者がほんのわずかしかいないという情報が入ってくる。

それで私は、「玉砕計算」というメモをつくっていた。予言みたいなもので、敵がジャワまで来たときに、どのくらい生存者が出るだろうかという計算です。そして、そのときに自分のポジションはどうなのか、ということを考える。

ほかにも、「敵の国」と「滝壺近く」という長い草稿みたいなものを書いていた。これはのちに改稿して「戦争のくれた字引き」という題名で公表した文章のもとになったものです。「敵の国」というのは、「敵国」のはずのアメリカにいるあいだに戦争になってしまったけれど、日本に帰ってきたら、実は日本が自分にとって「敵の国」だったという話。それから「滝壺近く」は、もうすぐ日本が負けてみんな死んでしまう、そういう滝壺に向かって流されている状況のなかで、自分はどうなるのかという問題ですね。

海軍嘱託時代（1942年２月，ジャワ島ジャカルタの海軍武官府に勤める。後列右より２人目が鶴見）

上野　ご自分については、どう考えておられたんですか。

鶴見　そういうなかで、自分がすべき最後の決断を考えた。ついに敵が来て銃を与えられたら、どうするか。日本の戦争目的を信じていないんだから、敵と戦って殺人をするということはしたくない。だから残る選択肢は、上官に向かって銃を向けて反抗するか、自分に向けて自殺するか、そのどっちかしかないと考えた。だけど結局、私が選んだのは後者だった。上官に鉄砲を向けるだけの気力はなかったね。

上野　自殺するというと、銃でですか。

鶴見　軍属はふだんは銃を持っていないし、銃は軍が管理しているから、自由になりません。兵隊たちが遊びに行っていなくなったとき、アヘンを少しずつくすねて、小ビンに入れていたんだ。いざとなったら、人を殺す立場になる前に、それを飲んで自殺しようと思った。

武官府というのは、植民地時代にオランダがつくった洋式のビルディングを接収したものだったんだ。だから戦闘になったら、便所の中に入ってカギを閉めて、そこでアヘンを飲んでしまおうと。困ったのは、どのぐらいの量のアヘンを飲んだら死ねるのかわからないことだったけれど、とにかくそうしようと思っていた。

それであとは、自分が与えられた仕事は、直接に殺人をする仕事じゃないから、仕事に打ち込んでいた。それをやりすぎて病気になったけれども、どうだってかまわなかったんだ。戦争中に私は、生き残りたいと思ったことはない。殺したくない。ただそれだけだった。

小熊　のちにべ平連の活動をなさったとき、一九六六年の講演で、『殺人をさける』というのが私の反戦の根本原理だ」と述べておられますね。

鶴見　そう。でもこの問題は、戦後もずっと悩んでいた。だってあのとき、自分に「敵を殺せ」という命令が下ったら、どうしていただろうと考えるわけです。命令を断わって一思いに自殺したと思いたいんだけれども、戦争中はもう毎日が恐ろしくて暮らしているわけだから、その恐怖に屈して、命令を聞いてしまったかもしれない。

上野　そういう恐れをお持ちだったわけですね。

鶴見　だから戦後に私が考えたのは、「自分は人を殺した。人を殺すのは悪い」と、一息で言えるような人間になろう、ということだった。それが自分としての最高の理想で、それ以上の理想は、自分に対して立てないし、他人に対しても要求しない。

和歌でいえば、上の句と下の句との間に隙間ができることを、「腰折れ」というんですが、「一息で言える」というのは、「腰折れ」にならないこと。どんな恐怖にも、理屈にも迷わされないで、一息でバッと「自分は人を殺した。人を殺すのは悪い」と言えるようになる。そこまでくるのに、戦後ずいぶん時間がかかりました。べ平連のときだって、完全に自信を持てていたわけじゃない。自分のなかで哲学的に解決がついたのは、今から一〇年ぐらい前ですよ。

捕虜の虐殺

小熊　しかしそうしたなかで、捕虜の殺害事件に遭遇するわけですね。

鶴見　そうです。ジャカルタに第二〇水雷戦隊という艦隊司令部がきて、そこにも私がつくった新聞を送っていた。ところがその部隊が、インド洋でオーストラリアの貨物船を拿捕したんだ。自分たちの艦隊の姿を見たから、軍の秘密を知ったというわけで、乗船者たちを生かしておけないという。

それで、私たちがいた官舎の馬小屋を改造して、捕らえた乗船者たちをそこに押し込んだ。そのなかには、いろんな人がいたんだけれども、あるオーストラリアの女性なんか、自分たちが殺されるなんて思っていないんですよ。国際法の規定からいえば、捕らえた民間人を殺したら犯罪なんだからね。ところが日本軍は、そういうことに無知だった。

そのオーストラリア人については、その後どうなったかわからない。私が殺害を知ったのは、インドのポルトガル領地だったゴアの黒人のケースだった。ポルトガル領ゴアっていうのは、日本史に出てくるフランシスコ・ザビエルがいたところですね。ポルトガルは中立国だったから、その領地のゴアの人なんて、まったく戦争と関係がない。たまたま日本の水雷戦隊に拿捕されてしまったわけです。

小熊　そのインド人が殺害されたと。

鶴見　そう。収容しているうちに、その黒人が病気になった。そのことを軍医に伝えたら、日本の軍人さえ薬が不足しているのに、そんな奴にやる薬はないっていうんだ。それで殺せということになって、毒薬が支給された。そういう命令を、官舎で私の隣の部屋にいた軍属が受領したんだ。

殺害の様子は、あとからその軍属に聞いた。彼は毒薬とピストルを持たされて、指定された場所にその黒人を連れて行った。そこに海軍の兵隊がいて、死体を埋める穴を掘って待っていたという。黒人のほうは、自分が殺されるなんて予想してなくて、病院に移させてくれると思って、感謝して連れられていったというんだよね。

そうして毒薬を飲ませたんだが、死なないんだ。それで生きたまま、穴に入れて土をかけたんだが、まだ死ななくて、グウグウ言ってうめいていた。それからピストルを乱射して、土の中でうめくのが止まったから、ようやく帰ってきたと言っていた。

小熊　それが戦後に戦犯裁判の対象になったわけですね。

鶴見　戦争に関係のない中立国の民間人を殺したわけだから、国際法からいえば完全な犯罪です。戦後にBC級の戦争裁判があって、水雷戦隊の司令長官は絞首刑になった。だけどその命令は、たまたま私に下らなかっただけなんですよ。命令を受けた軍属は、私の隣の部屋にいたんだからね。運次第では、どうなっていたかわからないんだ。

小熊　ちょっと事実関係を確認しておきたいんですが、鶴見さんは一九五六年の「戦争責任の問題」という論文で、BC級裁判刑死者たちの遺稿集である『世紀の遺書』を読んで、ある刑死者が「私の証言の結果、死刑になったのではないことに、ほっとした」と書いておられます。戦犯裁判では証言をなさったんですか。

鶴見　私は戦争裁判に対して、なにも証言をしていません。戦争裁判は勝者の裁きで、不当だと思っていたから。水雷戦隊の司令官は処刑されて、その遺稿が『世紀の遺書』に載っているけれど、私は証言していません。同僚の軍属を告発するようなことはもちろんしなかったから、彼も刑罰を受けていません。

小熊　それから、やはり一九五六年の回想記「戦争のくれた字引き」には、ジャワでの捕虜殺害事件は、鶴見さんが傍受した敵側の通信情報がもとになってスパイ狩りが行なわれ、無実の民間人が殺されたというふうに書いてありましたが。

鶴見　申し訳ないけど、あの部分はフィクションなんだ。「戦争のくれた字引き」は、さっき述べた戦争中のメモをもとにして、戦後に何度か書き直したものなんだけど、公表するまでにその部分はフィクションを入れてしまった。ＢＣ級戦犯裁判が一九五五年で一応ひととおり終わってから、「戦争責任の問題」と「戦争のくれた字引き」を公表したんだけど、まだ記述次第では迷惑がおよぶ人が出ないともかぎらない時期だったからね。

小熊　そうですか。それじゃ、私が「戦争のくれた字引き」をもとにして書いた『〈民主〉と〈愛国〉』の記述は、少し訂正しなくてはいけませんね（二〇〇三年九月の増刷で訂正）。

鶴見　でも訂正する必要があるのは、そこだけですよ。大部分は事実だから。

小熊　それでは、「戦争のくれた字引き」に書いてある慰安所関係の記述は？

鶴見　あれは事実です。

小熊　では、それについておうかがいします。

「従軍慰安婦」との関わり

慰安所の運営

上野　慰安所の話について、つっこんでお聞きしてもいいですか。

鶴見　ええ、どうぞ。もう今日は、なんでも答えます。

上野　「戦争のくれた字引き」では、慰安所を開設するのに奔走したと書いていらっしゃるんですが、女の人たちの国籍はどうでしたか。

鶴見　軍の施設としての慰安所は、階級別に分かれているんですよ。兵士の行く慰安所、下士官の行く慰安所、士官の行く慰安所、それからもっと上の将官クラスの慰安所。私が関わったのは、ジャワにシンガポールなどの海軍将校たちが来たときのための、士官クラブの設営です。そのほか、ドイツの潜水艦隊の基地もジャワにあるわけでしょう。そのドイツ人の将校の相手をする慰安所もあった。

私が関係したのは、まずその士官クラブの場所を決めに行ったことです。ジャワで指折りの中国人の女性の金持が、広大な土地を持っていたんです。そこの敷地を接収しに行ったんです。

それから、将官クラスの人間がジャワにきて官舎に泊めるときに、女性を世話しなければいけない役目を負っていた。そういうことに応じる女性を探しに、街に出ていった。

小熊 しかし鶴見さんの本務は、通訳とか通信傍受でしょう?

鶴見 本来の役目はそうなんだけど、所属しているのが渉外課なものだから、そういう仕事が回ってくるんです。敵の短波を聞くのも、慰安所用に土地を接収するのも、遠くから来る将官に女性を連れてくるのも、ぜんぶ「渉外」。

小熊 土地の接収は「士官クラブ」という名目だったそうですが、慰安所として使われるのはご存じだったんですか。

鶴見 知っていました。

小熊 土地の接収とか女性の手配のさい、支払ったのは軍票ですか。

鶴見 私のケースでは、当時のジャワで流通していたギルダーの軍票です。

小熊 その費用はどこから出ているんですか。

鶴見 もとは全部、機密費です。私は会計もやっていたからわかるんですが、機密費は、金庫を開けて、機密費のなかからいくらとったかだけを書いておけばいいんです。何に使ったかは書かなくていい。それで、議会の予算審議まで「機密費」で通ってしまうんですから。

上野 いまとおんなじですね。知られるとまずい使い道とか、接待とかは全部「機密費」。

鶴見 普通の予算、たとえば文房具を買ったとかいうのは、全部使い道を書かなきゃいけないんですよ。でも機密費は使い放題。

小熊　「戦争のくれた字引き」では、現地で「スパイ要員」が数百人募集されたけれど、面接を通過したのはほとんど女性で、ほとんどは慰安所に送りこまれたり、高級将校慰安のための別邸非常要員にされたと書いてありましたが。

鶴見　それも機密費を使ってやったんです。私は出納をみていたから、わかった。

小熊　それでは、先ほど話が出た麻薬の購入も……。

鶴見　機密費です。まったくいい加減だったと思うね。とくに十五年戦争に入ってからは、どういうふうに使われたかわかったものじゃない。

上野　それで連れてこられた女性は、どんな人たちでした？

鶴見　日本の軍人は、白人の女性が好きでした。ジャワはオランダの植民地でしたが、オランダ人は収容所に入れられていたんです。だけどハーフ・キャストという、白人と現地人との混血の人びとは街にいて、そのなかにそういうサーヴィスに応じる集団がいくらかあったんです。

上野　「戦争のくれた字引き」では、鶴見さんの当時の同僚が如才のない方で、慰安所の女性を「調達」してきたと書いてありますが、これは実は鶴見さんご本人のことでしょうか。

鶴見　いや、私はそれほど現地の事情に通じていなかった。さっき言ったように、新聞をつくるのが主な仕事でしたから。そういう情報網がある同僚に、どこに行けばそういう女性がいるといったことを案内してもらった。

上野　そういう女の人たちは、もともと地元の娼館の女性たちですか。それとも、日本の戦後の「パンパン」のように、戦時下で生活に窮した素人の地元女性でしたか。

鶴見　主には地元の、いわゆる素人の女性たちですね。ただハーフ・キャストの場合には、日常からそういう仕事に就いていた人たちもいたと思います。

上野　「慰安婦」にされた人びとの状況というのは、地域によってかなり差があるので、一概に言えないのですが、鶴見さんが接触されたハーフ・キャストの女の人たちは、日本占領下で生きる一つの道として自分で選んで来ていたということでしょうか。

鶴見　そう思います。だから、日本軍による強姦から始まったというフィリピンなんかのケースとは、少し違いますね。田んぼで働いていたのを捕まえてきたとか、そういうのは私の周囲にはありませんでした。

上野　それは地域によって、また場合によって状況が違いますから、鶴見さんの出会ったケースも一般化できません。インドネシアの場合では、オランダ人の女性が収容所で強制売春をさせられて、賠償要求の対象になっています。

　こういう問題は、「オランダ人」というときに、どこに線を引くかという問題でもあります。混血がたくさんいる地域だと、グレーゾーンが広い。一般的な傾向として、混血の女性は、オランダ人が日本軍の敵国民として収容所に入れられていたのに対して、収容の対象にならなかった。一方で白人からは蔑視され、他方で現地の人びとからは猜疑の目で見られていた存在でしたから、孤立した被差別集団であったと同時に、ローカルな規範から自由な集団でもあったのでしょうか。

鶴見　そういえるでしょうね。白人から蔑視されているからこそ、自由を許されたんでしょう。

上野　「戦争のくれた字引き」を読むと、鶴見さんがそういう女性に向ける視線が冷たいなと感じました。「将校の命令で酒食の用意をする私たちと、原住民のボーイとを、女性たちは、将校の立場に立って見ていた」という記述がありますね。

鶴見 とまどっていたわけですよ。そういう女性たちは、私のような下級の者には傲岸だったわけです。そして彼女たちを連れて来て、慰安所に使っていた官舎の一部に泊めると、いろいろ言われる。夜中に呼び出されて「サックを持ってこい」とか、朝にベルが鳴って「朝飯を用意しろ」とか。そんなの、私にとっては、生まれてはじめての体験だから。もう何ていうのか、いままでにない身分に自分がいるんだなあと思ったわけです。とにかく、「人を殺す仕事よりはましだ」と思ってやっていました。

上野 ハーフ・キャストで肌が白い女性たちには、日本人に対する侮蔑感があって、将校に向けられない敵意を、立場が下の日本人に向けていたということでしょうか。

鶴見 そうですね。そういう感じで接された記憶があります。私が自分で見知った二年足らずのジャワの状況でいえば、ハーフ・キャストの人たちは、それまで純粋な白人から受けた差別を、支配者が交代した機会に取り戻そうとしたと思う。その手段として、日本の高級軍人が自分たちを手に入れようとしていくらか優遇したことを、利用したということでしょう。

上野 日本軍の将校が、白人女性を要求したというのも、やはりレイシズム（人種主義）ですね。

鶴見 そう。だいたい、日本の大アジア主義というのも、ひっくり返された白人崇拝なんだ。ジャワでも、現地人より日本人の方が色が白いとか、そういう馬鹿らしいことを自慢する連中が多かった。

上野 お客の士官はどういう人たちなんですか。

鶴見　将官から佐官までですね。そういう高級将校を官舎に泊める。尉官だともっと別の公設クラブに行っているでしょう。

上野　そこにはどういう女性がいらっしゃるんですか。

鶴見　士官専用クラブには、やっぱりハーフ・キャストの人たちを連れて来てましたね。オランダ人とのハーフ・キャストは、かなりの人数がいたんです。

上野　日本人の「慰安婦」はいらっしゃいましたか。

鶴見　士官クラブにいたのはハーフ・キャストで、日本人の「慰安婦」は別のところです。それは兵隊向けの慰安所と、それからもう一つは、料亭の芸者。芸者という扱いで、三味線くらいは弾ける人たちだったと思いますが、士官と寝るわけです。大阪の方の、「赤玉」とかいう組織から来ていた人がいたようです。料亭は士官だけで、下士官と兵隊はまた別の慰安所ですね。台湾人と朝鮮人の女性は、そこに引っ張られて来ていたんじゃないですか。

小熊　白人支配を打倒して大東亜共栄圏を築くという触込みなのに、日本軍のつくった女性のランクは、みごとにそれを裏切っていますね。

鶴見　ジャワでも、私が直接に接触したハーフ・キャストの人びとのようなケースだけじゃないですね。軍そのものが、朝鮮人や台湾人の「慰安婦」を集めた場所を別につくっていたと思います。ジャワで、そういう慰安所がどこにどう分布していたかは、私は掌握していませんが。

上野　ドイツ人将校向けの慰安所には、どういう女性がいたんですか。

鶴見　そちらは私はよく知らないけれども、おそらくハーフ・キャストでしょう。彼女たちはオランダ語をいくらか知っていますから。オランダ語で喋れば、ドイツ人には通用するんです。

上野　彼女たちがふだん使っていた言葉は何語ですか。

鶴見　マライ語です。

上野　日本の将校はマライ語を使えたんですか。

鶴見　将校は使えませんが、慰安所で言葉はいらないでしょう。

上野　朝鮮人の「慰安婦」の方々とは、接触はありませんでしたか。

鶴見　ジャワでは、基本的にありません。のちに私の結核がひどくなってカリエスになり、ジャワからシンガポールへ移されたあとで、日本行きの貨物船に一緒に乗せられていた朝鮮人の「慰安婦」の女性たちに会いました。アメリカの潜水艦に輸送船がどんどん沈められている時期だったから、護衛の船がついて船団が組めるまで、船底でずいぶん長いあいだ一緒に待たされていた。

もし私が取材自由だったら、どこから来たのかとか、どうして来たのかって、聞きただしたかった。貨物船の船底にいたときは、そこそこ友好関係までいっていたんだけども、聞けなかったですね。

小熊　友好関係が持てたのですか。

鶴見　お互いに友好的だったんですよ。つまり、なんて言うのかなあ、お互いに動物的な勘でわかるんですよ。私は彼女たちに対して軽蔑的じゃなかったし、彼女たちは反戦思想を持っている人間を密告するようなことはないです。それに船底に一緒にいる人間というのは、魚雷をくらえば一緒に死ぬわけだから、そういう意味でも好意的な関係というのは自然にできるんです。もちろん理解に限界はあるわけですが、わりあいに、いい関係になっていましたね。

上野　その方たちは日本名を名乗っていらっしゃいましたか。服装は和服ですか。
鶴見　やはり日本名が付けられていましたね。でも服装は洋服でした。料亭にいた日本の芸者のほうは、和服でしたけれど。
私はそのあと、別の船に乗せられて日本に帰れたんですが、彼女たちはどうなったでしょうね。おそらく当時の状況としては、魚雷をうけて沈んだ可能性が高いと思います。

女性との関係

上野　いま鶴見さんがお話しになった朝鮮の女性への共感は、先ほどのハーフ・キャストの女性たちへの感情とは、対照的ですね。私は鶴見さんの「戦争のくれた字引き」を読んで、そこに出てくる女性が顔を持たないというか、個人として描かれていないという印象を受けました。
鶴見　それは、性的な交渉がなかったからですよ。私は不良少年で、早くから男女関係を持っていた。それでアメリカに留学したあと、鬱病は治ったんだけど、その後はアメリカでも戦争中でも、女性関係をいっさい持たなかった。そういうふうに自分をつくっちゃったんだよ。
上野　つくった、といいますと？
鶴見　つまり、肉体的な反応として、女性に対していっさい反応しないような人間として、自分をつくってしまえるんだ。だから都留さんなんて、アメリカでそういう私しか知らないものだから、「君ねえ、勉強ばかりしていないで、少しはダイヴァージョンがなくちゃいかんよ」とか言っていたんだよ。「ぼくは大リーグの打率ベストテンは一通り言えるんだぜ」とか言ってね。彼は私が不良少年だったことを知らなかったんだ。戦争中の同僚たちも同じだね。

小熊 鶴見さんは、慰安所もいっさい利用しなかったと書かれていますね。毎晩宿舎で宗教書を読んで、自分を抑えこんでいたと。

鶴見 軍属でジャワにいたときには、毎月サックの配給があるくらいなんですから、ふつう行っていたんだ。でも私は、少年時代にあれだけのことをやったんだから、いまさら国家のお仕着せで女性と交渉するなんていうのは、不良少年としてのプライドを傷つけるような気がした。

小熊 しかし軍隊で慰安所に行かないというのは、「変わったやつ」と見られるような環境でしょう。

鶴見 そう。「つき合いが悪い」と。それである日、官舎でみんながくすくす笑いながら、何かつくっている。官舎には一〇〇人くらいいたんだが、そのなかで「童貞番付」というのをつくっていたんだよ。それで、私の名前が「横綱」のところに出ているんだ。

上野 それは、軍隊のなかでは侮蔑の番付けですね。

鶴見 軽蔑されているわけ。童貞だから、恐ろしくて女を買いに行けないんだろうって。

上野 そういう侮蔑に対して、弁明はいっさいなさらなかったんですか。

鶴見 自分は結核持ちで、健康によくないから慰安所には行かないとか、そういうことを言っていたな。

上野 女性に対する視線が冷たいという印象は、単に性交渉がないという理由だけではないように思います。

鶴見さんの「戦争のくれた字引き」には、一人だけ、顔を持って登場する現地の女性がいますね。その女の子の後を追いかけて、軍隊を脱走するのが夢だった、という。あの女性は、鶴見さんと性交渉はなかったかもしれないけれど、顔があります。

鶴見　それはロオムでしょう。官舎の下働きの少女。

上野　なぜ彼女だけが……。

鶴見　それはわからない……。とにかく、あの恐怖の状況から逃げ出したいという思いはあったんですよ。上野さんのいう、顔を持っている女性と一緒に暮らしたいという、そういうものはありました。日本人が恐ろしかったし、現地人の女性と一緒に暮らして、日本に帰らないのもいいという感じだったんです。

上野　しかしそれを実行はしなかったと。

鶴見　一つには、脱走兵として憲兵に捕まって、重営倉に入れられるのが恐ろしかった。ジャワで私が脱走したら、陸軍の憲兵に捕まります。それに日本の軍律では、脱走兵を見つけたら射殺したっていいんだからね。

上野　その恐怖が主な理由ですか。

鶴見　だけどそれだけじゃないです。私のなかに、女性に対してストイックな秩序があって、女性と暮らすというかたちに踏み切れなかった。そういうこともあって、温かく女性を描けないんです。

たとえばね、黒田三郎という人がいて、ジャワで一緒に暮らした現地妻の話とか、非常に温かい感じで書いているんですよ。そういう人は現に私の周りにいましたし、私も別にロオムでも誰でも、軍属として働きながら特定の女性と暮らしてもよかったんです。でも、それはやりたくなかった。現地妻を持つのに十分なお金は、軍属の給料としてもらっていましたが、そのうち三分の二は実家に送金していたんです。

小熊 しかし鶴見さんのご実家は名門ですから、送金なんか必要ないでしょう。

鶴見 経済的な必要じゃないんですよ。おふくろを安心させるためなんです。

というのも、私は日本では中学校を放校になりましたから、アメリカのハーヴァード大学は卒業していても、戦時中の日本では小学校出の軍属という扱いなんです。だから給料がそんなに多いわけがない。それはおふくろも承知している。そのなかからこれだけ送金してきたら、不良少年時代のような放蕩暮らしをしていないということを、母は確信できるんです。その証文として送っていたんですよ。

上野 それほど、お母さまとの関係が重要だったんですか。

鶴見 おふくろは、それを全部貯金していたんです。戦後に私に返してくれた。だから戦争が終わってから、親父からお金をもらわないで書くことだけで暮らした。そのお金のおかげなんですよ。

小熊 鶴見さんは、お父さまの転向をみて批判的になって、家に経済的に頼りたくなかったと書いていらっしゃいましたよね。

鶴見 そう。その貯金が、敗戦の時点で五千円以上あったと思いますよ。戦前だったら家が一軒建てられます。戦後はインフレになったけれど、それでもけっこうな金額だった。

小熊 給与の三分の二は送金して、残りの三分の一のお金は、どうしていたんですか。

鶴見　三食と住居は軍属として出ている。だからあとのお金は、本を買うのに使いました。ジャカルタはオランダの植民地時代からの都市だから、ヨーロッパの書籍があったんです。ドイツ語のカント全集とか、ショーペンハウアー全集とか、そのときに買って読んだ。

上野　話をもどしますが、その下働きの少女にそういうファンタジーをもたれたのは想像に難くないんですが、私がこだわっているのは、その少女を例外として、他の女性の描き方に顔がないのはどうしてかということです。なぜそんなに、女性を冷たい目で見ておられたのか。

鶴見　いや、女性と一緒に脱走したいと思っていたくらいなんだから、けっして冷たいばかりじゃないです。

上野　では高級将校と関係を持っていた女性たちを鶴見さんが回想するさいに、顔や個性が感じられないのはどうしてでしょう。

鶴見　いやあ、上野さん、そう理論的に、仮面をかぶって追いかけられても（笑）。

上野　理論じゃなくて感覚ですよ（笑）。

小熊　私が思うには、そういう極限的な環境にいたら、いちいち顔や個性を認識して相手を見ていては、神経がもたないと思いますが……。

上野　ちょっと話が飛ぶようですが、敗戦直後の日本にも、占領軍の兵士と交際していた日本の女の人たちがいましたね。その方たちに対しても、同じような見方をしておられましたか。これは鶴見さんがご自分の文章のなかで引用なさっていたエピソードですが、占領軍の兵士と一緒になった日本の女が、ぼろぼろの格好をした復員兵である著者に「敗残兵！」という言葉を投げつけた。そのときに、その復員兵はほんとうに怒りに燃えたという……。

小熊　鶴見さんの「知識人の戦争責任」に引用されていた、猪狩正男の文章ですね。

上野　つまり支配者の側にすり寄ってゆく女性、ジャワの場合はそれが混血の女性だったわけですが、彼女たちは一方では支配やレイシズムの犠牲者でもあるけども、同時により下位の男たちには、傲慢さを示す存在でもあるわけですね。そういう女性に対する反感が、女性の描き方の冷たさに反映しているとは言えませんか。

鶴見　それはたしかに、あのハーフ・キャストの女性たちに傲慢さを感じたことはありますが、じゃあそのときに、自分が海軍少将待遇か何かになって、その女性と一緒に寝たいなどとは思わなかったね。自分が軍の行政機構でもっと上にあがって、混血女性から侮蔑を受けないようになりたいとは、全然思わなかった。

むしろ私の同僚たちが私に向けるまなざしというのは、私は英語ができるんだから、ハーフ・キャストのいるバーか何かに行ったら、もててもっと愉快に暮らせるだろうにっていうものだった。でも私は、英語を使いたくなかった。短波放送を聞いているというのは、これは命令でしょうがない。だけど、愉快げに英語を使って、混血児集団のなかで暮らそうとは思っていなかった。さっきも話したように、彼らは現地人からもオランダ人からも差別されていたけれど、だからこそ彼らにはある種の自由があったんですよ。

小熊　アメリカから日本に帰国を決意されたさいに、日本が戦争に負けるとはわかっていたけれど、勝ったアメリカ軍にくっついて、英語をしゃべって、のこのこ日本に帰ってくる自分が耐えられないと思ったと述べておられますよね。英語を使って愉快げに暮らしたくなかったというのは、そうした感情ですか。

鶴見　そうですね。

上野　そういう両方から差別されて孤立した混血集団の女性たちが、自分たちの生存戦略のために、新しい権力者にすり寄って自分の体を提供するということを、同情をもってごらんになったことはないのですか。あえてこだわりますけれど。

鶴見　それは、なるべくそういう人たちと、接触したくなかった。引き寄せられたくなかったから。

上野　引き寄せられたくないというのは。

鶴見　つまり私は、その期間は一三年間の男女断交のなかにいたからです。アメリカに渡ってから、一九五一年まで、女性との交渉はいっさい断っていた。

それでその、禁欲っていうのはねえ、女性に対する態度を冷たくさせるんです。禁欲は冷酷な人間をつくるんです。異常にぴりぴりした、接触恐怖。女性と交渉すると、自分の秩序が崩れるという警戒心だった。その一三年間は、私は非常に冷酷な人間だったと思う。いまはちがいますけれどね。だから、上野さんがさっきからいう冷たさというのも、そういうところからきていると思いますよ。そこを追及されると逃げ場はない。

慰安所に「愛」は存在したか

小熊　話をちょっと別のところに移しますが、女性に対する見方はそうだとして、慰安所に通っていく日本の男性に対してはどのように見ておられたんですか。

鶴見　まあ高級将校は別として、少年兵に対しては同情していました。海軍は、十八歳ぐらいから志願できるんですよ。志願で来るような若い子はまじめなのが多くて、それまで日本で私のような放蕩的な暮らしをしたことがないんです。それが、もう日本に帰れないかも知れない戦地に来て、初めてお金もいくらかもらって、女性と交渉を持てるようになるわけです。

そういう少年たちに、私はどう思ったかといえば、「若いんだからもっと真面目にやれよ」なんて、そういうことを言えた義理じゃないわけですよ。私は生まれついての不良少年なんだから。だけど彼らのほうは、私は年は食っているけれども童貞だと思っている。でも私は、そういう誤解を解かない方がいいと思っていた。

小熊　つまり、ろくな経験もしないで死んでいくであろう若者を相手に、経験を自慢するようなことは残酷だというわけですか。

鶴見　まあそうです。それで、そういう日本にもう帰れない少年が慰安所に行くと、慰安所の女性から愛されていた。明らかに。女性のほうとしては、いろんな客が来るんだけど、十八や十九の少年がお客になったときは、やっぱり優しい感情をもつというか、優遇するんですよ。

上野　その女性はどこの方たちです？

鶴見　日本ですね。芸者のいる料亭は士官以上でないと行けないけれど、日本の女性がいる兵隊向けの慰安施設もあったんです。

上野　その方々は、台湾や朝鮮の女性たちと同じ施設にいらっしゃいましたか。

鶴見　お互いに差別をするので、別々の構内に置かれていたと思いますね。だけどそういう兵隊向けの慰安所にいる日本の女性は、たいてい年配なんですよ。彼女たちは、おそらくかなり長いあいだ接待婦をやってきて、それからジャワまで来たんでしょうね。

小熊　『期待と回想』の末尾で、鶴見さんはそうした少年兵と女性のことについて触れられましたね。「十八歳ぐらいのものすごいまじめな少年が、戦地から日本に帰れないことがわかり、現地で四十歳の慰安婦を抱いて、わずか一時間でも慰めてもらう。そのことにすごく感謝している。そういうことは実際にあったんです」、「私はそれを愛だと思う」と。

あの表現は、当時は批判も受けましたよね。そのご意見は、いまも変わりませんか。

鶴見　あそこでも述べたように、慰安所が日本国家による女性に対する凌辱の場だったということを、認めます。ただ私は、愛というものを、特別に純粋培養されるものと思っていない。どういう状況でも仕方でも、愛は生まれると思う。

だから相手が慰安所の女性であっても、ありうると思う。もし私が、放蕩少年の経歴がなくて、まっすぐに戦争に志願して行って、現地の状況に幻滅してほんとうに戦争は嫌だと思ったときに、慰安所に行って誰か私に注目して慰めてくれる人がいたら、その女性を愛することはありうると思う。

上野　少年の方が抱いた感情を「愛」とみなすというのは、戦争の極限状況を考えれば、まだ受け入れられるかもしれません。でも女性の側はどうでしょう。否応なくやってくる数多い客のなかで、少年に対する待遇がよかったというのは、ありえることだとは思いますが、それを女性の「愛」と言っていいのかなと思いますけれど。

鶴見　私は十四、十五歳のときに、さまざまな放蕩体験を持った。そうして遊郭などで、私は女性からよく受け入れられたと思うんですよ。だけどアメリカに行ったのをきっかけに、これは自分の家が金持で、階級的な背景から受け入れられたにすぎなかったのだから、すべて屈辱だったと理解した。つまり女性から受け入れられて交情をもった経験を、自分のなかで切ってしまった。そこから、さっき言った一三年間の女性との断絶が始まった。

だけどそういう理解の仕方をしたのは、理屈の上でです。感性じゃなくて。そういう切り方を離れて考えてみると、彼女たちは私が裕福な家の子であっても、不幸な人間でもあるってことは、直感でわかってくれていたと思うんです。十四歳の子どもがそんな放蕩なんかしていて、幸福な人間であるわけがない。その不幸にたいする直感というか共感があって、何かとあしらってくれたんだと思いますね。それは、愛の一種だと思うんです。

だから慰安所という状況でも、それはありうると思います。十八歳で志願して戦争に来たけれど、日本に帰れないとわかって絶望を抱えている人間が、特定の相方を決めて、その女性からよく待遇されるっていうのは、あるはずだと思う。厳密に実証的には、向こうの意見を聞かなければわからないといわれれば、それはそうでしょうが。

上野　そういう場でも、「愛」がありえたことを私も疑いません。実際に「慰安婦」の女性で、日本軍の下級兵士と恋愛した方もいらっしゃる。また戦争のどたんばに追いつめられて、日本兵と心中なさった方もいらっしゃる。限られた選択肢のなかで、純な少年兵が自分を求めてきてくれたら、それは女性にとってもうれしいでしょう。
けれどもやっぱり、それは権力関係のなかでの出来事です。女性たちがその状況を自分で選んだとは、とうてい言えない。彼女たちが自分は被害者だったとおっしゃることにも、理由はあると思うんです。

鶴見 そうですね。それはそうですよ。

上野 それはお認めになるわけですね。

鶴見 それはもちろん認めます。だけど同時にね、人間の交情には、いろんなケースがあるんですよ。たとえば坪内逍遙は、娼婦を妻として生涯を全うしたんです。すごいと思いますよ。また馬場恒吾も、やっぱり娼婦を妻として生涯を全うしたんです。私は彼ら夫婦のあいだには、愛があったと思う。そういう愛の可能性はある。
私の経験でいえば、不良少年時代につき合ってくれた女性たちに対して、落ちこぼれの俺をよく受け入れてくれた、という感謝がある。金持だから受け入れられたという屈辱もあるけれど、いまでも感謝の気持は残っている。愛がなければ、感謝の気持が残るわけがない。

小熊 お話をうかがっていると、あの物議をかもした「私はそれは愛だと思う」という表現は、「少年」というものに対する鶴見さんの愛情の現われだな、という気がしてきました。

鶴見 そう、それがほんとうのところでしょうね。
もう一つ、エピソードを話しましょう。東中野にカフェがあった。そのカフェの女給と、不良少年時代の私に、ある関係が生じた。それで、私がほんとうに本気でいろいろ考えていることを証明するために、私は姉を使者に立てようとしたんだ。そして、和子はその女性のところにほんとうに行ってくれたんだよ。私は感謝しています。

上野 ずいぶんお姉さんを信頼しておられたんですね。

鶴見 いまから考えると無茶だよねえ。それで彼女は、学校を放校になって無籍者だった私に代わって、東中野の場末のカフェまで行って話をしてくれたんだ。そういう関係もあったことを考えると、私は、向こう側に全然愛がなくて、金が目当てだったなんて考えられないんだ。

小熊 鶴見さんは、女性と交情を断っていたとおっしゃいますが、むしろ人一倍に女性に対する信頼は深い方なんじゃないですか。

鶴見 信頼もあるけど、警戒心もあるんですよ。人生の始まりに、おふくろに対する警戒心がありますから。

だけど、私は女性が好きです。だから、「女なんか」とかいうセリフは、どう胸を断ち切られても、私のなかから出てくるセリフじゃないね。女性に対して冷たいと言われればそうだったかもしれないけど、女性への軽蔑を隠しているということはない。

上野 いまの一連のお話はどれも実感がこもっていて、とてもよくわかるんですが、さきほど挙げられた坪内逍遙などのお話にしても、「男の側からみれば純愛物語だろうが、女の方は当人に聞いてみるまではわからない」と私は思ってしまいます。女の側からいうと、愛もあったかもしれないが、権力関係もあった。その両方だと思います。

鶴見 いやそれは、AかBか、とは私も思いませんよ。愛と被害が、両方とも成り立つと思います。

だけど同時に、そこに愛があるという譲れない線が私にはある。

国民基金の評価

小熊　ここで少し話を変えて、「女性のためのアジア平和国民基金」(以下「国民基金」と略記)のことについてうかがいたいと思うんです。

一九九一年に金学順《キムハクスン》さんの告発があり、一九九三年に日本政府が慰安所開設に対する日本軍の関与を認めて、一九九五年に戦後五十年の国会決議がなされた。それと並行して、「慰安婦」への「日本国民による償い」という名目で、政府のバックアップによる国民基金が設立された。

この国民基金には、国際法学者の大沼保昭さんや、ロシア史研究者の和田春樹さん、朝鮮史研究者の高崎宗司さんなど、日本で長いあいだ韓国や北朝鮮との友好や民主化運動支援、さらに在日の権利問題などに取り組んでこられた方々が参加された。しかし同時に、国民基金は日本政府が公式の補償と謝罪を行なわないために設けたものだという批判を日本国内でも受けましたし、元「慰安婦」の女性たちからも支給金の受取りを拒否されるという事態を招きました。そうして国民基金の呼びかけ人から三木睦子さんが脱退されたり、和田さんのような日韓親善に尽くしてこられた方が批判にさらされたりという事態も起きたわけです。

鶴見さんはこの国民基金の呼びかけに最初から関わられましたし、先ほどの「愛だと思う」という表現が批判されたのも、そうした経緯があったからです。この問題をいまどう考えておられるのか、ぜひ聞いておきたいのですが。

鶴見 私個人の感情からいえば、できれば日本の国家がはっきり関与を認めて賠償すべきだと思います。だからそうした国家賠償をできるところまで、あの基金の設立からずっと慎重に押していくべきだったでしょうね。

上野 その場合、賠償すべきだということは、「愛」があったかなかったかということとは、関係のないことですよね。

鶴見 関係ないです。場所や状況によって違うんですから。フィリピンでは、まったく強姦から始まって、慰安所まで女性が追い込まれたっていいますしね。

上野 ちょっと話を蒸し返しますけど、鶴見さんが接触したジャワのハーフ・キャストの女性たちから、「私は支配者に蹂躙された」と言って賠償を要求されたら、彼女たちにその資格があるとお思いですか。

鶴見 個人的な感情からいえば、朝鮮や台湾から引っ張ってこられた人たちの方に、優先的に賠償すべきだと思います。だけど、そこでことを細かく詮索して、補償を拒絶すべきだとは思いませんね。だいたい権力者の側は、大東亜戦争をはじめとして、いつもたいへんに無謀なことをやっているんです。だから、少しばかり勇み足で補償を出しすぎたとしたって、別にいいじゃないかというのが私の考えです。

ただ国民基金のことでいえば、お金を集めることはできたけれど、渡す段階で受取り拒否が出てしまった。渡すことのむずかしさを、和田も大沼も、私も予測していなかった。それは誤算だった。

上野　初めてお聞きしました。「誤算だった」というお言葉は。

鶴見　女性のほうで、どうしても日本国家からの賠償でなければ受け取らないという方がいた場合には、私はそれはそれで認めて、他の方に渡していけばいいんじゃないかと思っていたんです。だけど、あそこまで拒否が広がって、問題がこじれるとは予測していなかった。

上野　それを予測していなかったというのは、この問題に関わる日韓の運動の状況を、あまりご存じなかったからではないでしょうか。被害者がそんな金は受け取れないということは、運動のなかでは予想されていました。私たちはあの国民基金の構想が出る前に、政府のさしがねではない、ほんとうに手作りの民間基金を立ち上げようとして水面下で検討したことがあるんです。しかしいろいろな状況をシミュレーションしてみると、あまりの困難が予測されるので、挫折しました。

鶴見　一つにはね、その前のサハリンが、うまくいきすぎたんですよ。戦前に日本領だったサハリンに連れてこられて、敗戦後に残留させられることになった朝鮮人の引揚げが、冷戦の終結によって可能になった。そのとき大沼保昭と原文兵衛さんが動いて、日本政府と韓国政府の調整をうまくやれたんです。国民基金のときに、私に声をかけてきたのは和田と大沼だったんですが、サハリンのケースと同様に行けると思った。

上野　私はいま、国民基金の歴史的評価に関心を持っています。国民基金は時限付きの事業でしたから、事業の終結にあたって自己評価を行なおうとしています。国民基金は、運動関係者のあいだでは、一種の踏絵に近い状態になりました。だからその評価に関わること自体、火中の栗を拾うような行為なんですが、和田さんや鶴見さんへの敬意からあえてお引き受けしました。

それでおうかがいしたいのは、いま「誤算だった」とおっしゃいましたよね。政治的な行為が誤算だとわかったときには、「結果は思わしくなかったが誠意はあった」という心情倫理ではなくて、結果に対する責任倫理が問われます。誤算とわかったときに、なぜ修正するなり引き返すなりという、政治的な選択ができなかったのでしょうか。

鶴見　私に誤算があったということは、これまでにも公表しています。ほかにも、途中から誤算に気づいた人は、国民基金の内部にもいたと思う。

上野　誤算だったとわかったとき、二つの選択がありますね。まず、個人的に責任をとって、呼びかけ人を辞任する。三木睦子さんは辞任されました。もう一つは、誤算だったとわかったときに、国民基金の方針を政治的に変えるように努力する。しかしそういうことを、基金の方たちはやっておられませんね。それどころか、誤算が引き起こした被害者の混乱や運動の分裂を、批判することまでなさいました。

鶴見　いや、「全然しなかった」と断言はできないですよ。いちばんいいやり方は、よりよい方法で補償をする人びとにバトンを渡し、それに合流することだった。私は、和田春樹の考え方はそれに近かったと思うんです。彼は国民基金に対して、批判やカウンター・アクションが出てきたときに、こういうものが出てくれてよかったと言ってたから。

上野　それは、やはり心情倫理ですね。誤算があって、そのために運動の混乱や分裂が起きて、二次被害が出てしまったことにどう責任をとられるのでしょうか。鶴見さんは、国民基金が残したものは何だったと総括なさいますか。

鶴見　私は少なくとも、それまで日本政府が公式には認めてこなかった慰安施設が存在したということを公開して、記録に残し、世の中にも広く知らせる火をつけたということ、それはできたと思います。国民基金が最低限できたことは、それ一点だと思いますね。

上野　でも最初に火をつけたのは、日本政府じゃなくて、告発した女性たちのほうですよ。日本政府は火をつけられた方です。

鶴見　それはそうですが、国民基金もその効果を担ったでしょう。

上野　いまおっしゃった「火をつけたという意味で、国民基金はなかったよりはあった方がよかった」というのは、誰にとってよかったということでしょうか。私には、日本にとってよかった、日本人にとってよかったというふうに聞こえます。「日本人にとってよかった」というだけだったら、別の言葉でいうと、「自己満足」といいますよね。被害者の方にとってよかったかどうかは、どなたがどう判定なさるんでしょう。

鶴見　「日本人にとって」なのかな。ああいう事実があったということを明らかにし、戦争というものを把握することは、アジアの人びと全体にとって必要だったんじゃないですか。被害者個々人にとっても、インタビューや記録などをきちんととられる機会になったと思いますよ。

もちろんそうした記録の作業などが積み重ねられて、それがもとになって私が関わったことへの批判が起きることは、甘受します。

上野　鶴見さんは、「自分は叩かれつづけるサンドバッグになる」という覚悟を述べておられます。それは鶴見さんの心情倫理としてはよいとしても、そのサンドバッグを、叩きつづけなければならない立場に立たされる方にとってはどうでしょうか。

たとえば韓国の元「慰安婦」の女性たちが中心になった日本大使館前の水曜定例デモは、一〇年以上前から始まって、いまでも続いています。その一〇年の間に、彼女たちも年をとって、亡くなった方もおられる。あの方たちも、きちんと日本政府に謝罪と賠償をしてもらって、もう許したいと願ってらっしゃると思うんです。そういう方々にしてみれば、鶴見さんに「私はサンドバッグになります」と言われても……。

鶴見　いや、それはそうです。

小熊　上野さん、まあそのあたりでちょっと……。

ジャワからの生還

小熊　鶴見さんにお聞きしたいんですが、国民基金を立ち上げたときに、被害者の人びとがどのような形態の賠償を希望しているかというような議論は、国民基金の内部でなされたんでしょうか。当時はもう日本政府への賠償要求の告訴はありましたけれど、そういう形態ではない「償い」を受け取ってもいいという方もいらっしゃるはずだという判断は、それはありえてもよいとは思います。けれどもそもそも、そういうことを議論なさったのでしょうか。

鶴見　いやじつは、私は一度も会合に出たことがないんですよ。大沼と和田から入ってくれっていわれて、何がしかのお金は寄付した。でも内部でどういう議論があったかは詳しくは知らないんです。

だけど、彼らはあれほどの困難は予測していなかったと思います。

上野　困難が多いだろうということは、日本でも運動家のあいだでは予期されていたことです。けっして予想外ではありませんでした。被害者や運動を分裂させることになるというのも、最初からの批判でした。それが予想外だったというのは、批判が耳に届いてなかったということでしょうか。

小熊　私は国民基金が出てきたときに、最初に思ったのは、「これは日本政府の常套手段だな」ということだったんです。私が研究した歴史の範囲でみても、明治いらい日本政府が、汚れ仕事や面倒ごとは外郭団体や民間団体にやらせるということは、しばしばあるわけです。成功したら手柄は国家のもの、失敗したらトカゲの尻尾切りで、外郭団体なり民間団体に責任や批判を押しつける。慰安所の設営だって、実際には軍が施設や輸送の手配をしているのに、「あれは委託された民間業者がやったことです」というかたちで言い逃れようとしたわけでしょう。

だから国民基金にしても、「やっぱり外郭団体にやらせるかたちにしたか」というのが、関係して努力した方には申し訳ないですが、最初に思ったことでした。そのへんのことを、国民基金に参加なさった方がたはどう考えておられたのでしょうか。

上野　そこが、和田さんや大沼さんの、日本の保守政治の現実に対するリアリズムですよ。政府の公式賠償という形態は、とうてい望みえない。たとえ汚れ仕事を外郭団体にやらせるという形態ではあっても、これが保守政権下で引き出せる最大限の成果だろうと。それから九五年当時は、名目的とはいえ社会党首相の村山政権でしたから、政権が交代して自民党政権になったら、それすらもできなくなるという予測がありました。

その種の政治リアリズムを、和田さんたちは持っておられたと思います。いまになって振りかえってみると、彼らの政治状況判断は正しかったと結論せざるをえません。なぜなら、その後ただちに保守連立政権へ復帰し、それが今日まで続いていますから。

小熊　それは、日本の国内政治のリアリズムとしては理解できます。しかしこの問題は、韓国その他、国際政治もからむわけです。韓国でこの問題が大きく注目されて、国民基金が被害者の方々だけからではなくて、韓国のナショナリズムに火をつけるかたちで批判を浴びたことについては、政治リアリズムから予測できなかったのでしょうか。

上野　国民基金をつくったときの状況判断が、国内政治のリアリズムであって、国際政治までは射程に入ってなかったということではないでしょうか。

小熊　私が思うに、個々の被害者は、いろんな意見があると思うんです。ご自分の老後の心配とか、一族にお金を残したいとかいうこともあるでしょうし、そもそも日本の敗戦から朝鮮戦争、さらにはその後も経済的な面もふくめてたいへん苦労してきた方々ですから、お金を欲しいと思っていらっしゃる方がいるのは無理もないことだと思う。

上野　はい。そのとおりです。

小熊　おそらく和田さんなどは、そうした被害者に少しでも償い金を渡そうということから、国民基金を始められたんだと思います。また被害者のなかにも、国民基金でもいいじゃないかと思う方もいるかもしれない。だけど、韓国内の政治状況が展開したら、個々の被害者の判断で受けとれる雰囲気ではなくなってしまうでしょう。

これはもちろん、日本政府が正式に賠償すればそもそも発生しなかった問題ですから、韓国政治の展開を批判したいわけではない。しかしここで言いたいのは、そういう予測が、国民基金をつくったときにできなかったのだろうかということです。

上野 そういう展開を、日韓交流の面では日本で随一の専門家である和田さんが誤算したとなると、はたして誰に適切な判断ができたでしょうね。和田さんにしても、おそらく韓国の女性運動の現場まではよくご存知なかったということでしょうか。

小熊 私が思うには、冷戦終結後の、九〇年代の展開が急激すぎたというのもあるのではないかと思います。そもそも八八年の韓国の民主化までは、日本への戦後補償要求の運動は、民主化運動などと一緒に、韓国政府によって弾圧されていたわけです。元「慰安婦」の女性に対する注目も、けっして高くなかったし、生活に苦しんでいた人も多かったわけです。

それが八八年の民主化と、九一年のソ連崩壊と並行して、九一年に金学順さんの告発が出てきた。それから数年のうちに、韓国内でこの問題が注目を集めるようになって、韓国政府が被害者に生活保障支援を行なうまでになった。和田さんは長らく日韓関係に携わってきたわけですが、九〇年代になって、それ以前では考えられなかったような展開がどんどん起きてくるなかで、予測がうまくいかないところもあったのかなとも思うわけです。これは、和田さんなどにお聞きしてみなければわからないことですが。

鶴見 いまから考えれば、韓国なりフィリピンなり、地域ごとに事情を判断して展開していければよかったと思います。韓国の場合でいえば、せっかく和田が七〇年代から金大中の人権問題に取り組んだり、長年にわたって日韓交流に努力してきたんだから、韓国政治の文脈でも別の通路をつくれたはずだった。

上野　そうですね。各地の文脈ごとに判断すべきでした。私は和田さんを見ているとおかわいそうで、あれだけ長年にわたって日韓交流に努めてきた方なのに、日本でも韓国でも批判を浴びてしまった。和田さんに対する尊敬と同情から、国民基金への関わりを引き受けたようなものです。

鶴見　いや実をいえば、私が国民基金を脱会しなかった理由も、それだけなんですよ。途中で誤算だったとはわかったし、三木睦子さんみたいに脱会すれば、問題はなかったんだけど。和田や大沼とはべ平連と戦争裁判批判以来の関係で、それから日韓問題でもずっと一緒にやってきたんだから、ここで自分が引き上げてしまったら私としての「ヤクザの仁義」に反する。

上野　戦後日本の、いわば最上の知性というか、良心的存在の一人である方が、これほど批判されて苦しまれなければならない事業とは、いったい何だったんだろうかという思いがぬぐいきれません。

小熊　国民基金が行き詰まれば、批判が和田さんなどに向かってしまうという事態は、日本政府としては予測できたことではないですか。直接の担当官などには、まじめな人もいたかもしれないけれど、組織としてはそういう論理で動いたとみなされても仕方がないと思います。

鶴見　私は放蕩少年の出身だけあって、和田や大沼よりもう少し、悪知恵があるんだけどなあ。彼らは村山政権のあいだに基金が実現すればチャンスだと思ったろうけど、政治の素人はそういうチャンスを活かせると思って、ミイラ取りがミイラになるんですよ。

上野　和田さんや大沼さんを政治の素人とおっしゃるんですか。

鶴見 だって彼らは、私みたいに政治家の家の四代目として生まれた人間じゃないでしょう（笑）。
上野 はあ（笑）。
小熊 それを言っちゃあ、おしまいですね（笑）。
鶴見 母方の家系でいうと、私は政治家の四代目なんですよ。だから政治家は大嫌いなんだ。あいつらは、何をやってもまず裏を読むことから考えるからね。
上野 でも鶴見さんは国民基金に関わりをもつにいたったご自身のお考えを、これまで説明してこられませんでしたね。川本隆史さんが鶴見さんを批判したときも、反論を書かれませんでした。その後に、藤田省三さんが「自分は断固として鶴見を支持する」と書かれた文章は読まれましたか。
鶴見 ああ、とんでもないことをやるね、藤田は。彼もヤクザだからな（笑）。
上野 でも、鶴見さんご自身は沈黙しておられましたよね。
鶴見 ……悪人は自己弁護の文章なんて、書きにくいもんです。
上野 「書きにくい」のは別にしても、抗弁したい気持はおありですか。
鶴見 その応酬が新しい文体をつくって、それが発火点になっていろんなことが起こってくるめどがあるかっていうことだよね。そういうものはないと思った。
上野 結果的に、そういう方向には展開しませんでした。
鶴見 確かにこちらに予測不能の不備があったから、ミスがあったことは認めるんですよ。だけど、そういうことを言ったところで、それが一つのターニング・ポイントになってどんどん発展するようなことは考えられないから、黙っているのがいいと思った。私はヤクザの仁義として、和田春樹を見捨てられないよ。べ平連から三八年、一緒にやってきたんだから。だから一緒に泥をかぶる。それだけですよ。

上野　それはよくわかりました。

小熊　これはこの機会におうかがいしておきたいんですが、さきほど慰安所の設営とか、女性の手配のお仕事に関わったお話をしていただきましたよね。そういうご体験を、和田さんや大沼さんに、お話しなさったということはなかったんですか。

鶴見　いいえ。さっきも言ったように、和田や大沼とは、べ平連から日韓問題まで、非常に長いつき合いなんです。だから、そういう話はいちいちしませんでした。

小熊　またこの機会におうかがいしますが、慰安所関係のお仕事をなさっておられたその当時に、罪悪感はもたれていたんでしょうか。

鶴見　まあ、「人殺しよりはましか」という感覚でした。

小熊　そうですか。

鶴見　でもね……。そうですね、いまでもこれだけ印象に残っているところをみると、やっぱり相当、鮮烈な体験だったということですね。

夜中に女性の手配に街まで行く道の途中で、ジャワの田んぼの上を、蛍が飛んでいたのを覚えています。道案内をしてくれる現地の人がね、「ほたる、ほたる」って言うんだよ。蛍っていう日本語を知っているんだ。自分が戦争のなかで、こんなところでこんな仕事をしていて、そこにきれいな蛍が飛んで……。その妙な感覚は、いまでも印象に残っています。

小熊　ええ……。

鶴見　そういうときに、自分のなかにこう、刷り込まれていく思いっていうのは、「俺は日本人の女性とはけっして結婚したくないなあ」ということだった。むしろこういう状況から逃げて、この田んぼのむこうのどこかにかくれて、ジャワの女性と暮らして、日本に帰って来ないで一生を終わりたい、と思った。女性に対する罪悪感とか、日本人に対する恐怖や侮蔑感が、入り混じっていたんだと思う。

上野　それほど当時の日本軍のなかで、孤立しておられたということですか。

小熊　そういう緊張状態のなかで、病状が悪化して送還されたわけですね。

鶴見　もともとカリエスで、押すと痛いような軟骨の異常があったところが、くさってきて穴が空いたんですよ。それで、チキニの海軍病院に回されて、手術を二度、受けたんです。

そのときにね、おふくろにひっぱたかれた経験が役に立ったなって思った。二歳のときから折檻されて、子どもにとってはものすごく痛いんですが、とにかくがまんした。それで慣れていたのか、麻酔をほとんどかけないで手術されたんだけど、じーっと耐えていたんで、軍医に褒められましたよ。そのときに、「ああ、おふくろにひっぱたかれたことがいま役に立ったな」と思った。

それでも治らなくて、ついに一九四四年末には内地送還の員数に入ったわけですね。それでとうとう、日本に戻ることになったわけだ。

小熊　その後、鶴見さんはジャワや東南アジアには、行かれていないんですか。

鶴見　行ったことはありません。自分にとって嫌な体験だったからです。でもインドネシア人は好きです。

上野　それは意図的に避けておられるんですね。

鶴見　そうです。

小熊　それでは、これは聞かずもがなの質問だと思いますけれども、国民基金の呼びかけ人を引き受けられたのは、ご自分に加害責任があると思ってらっしゃったからという部分はあったのですか。

鶴見　そうです。そうでなければ、こんな泥をかぶる仕事は引き受けませんよ。もちろん、和田や大沼に対する仁義もありますけれどね。

小熊　いや、これはほんとうに、聞かずもがなの質問でしたか。

上野　今日はここで終わりにしましょう。

雑談1　一日目夜

上野と鶴見の初対面

上野　フォアグラ丼というのは、フォアグラを焼いて醤油をかけるんです。これはもう日本の発明品ですよね。

鶴見　私は「昔風コロッケ」にします。

上野　こういう機会だから、ちょっと昔の思い出話をさせて下さい。私ね、十八歳のときに、鶴見さんに会いに行ったんですよ。もちろんご存じないでしょうが。

鶴見　いえ、知りません。

上野　一九六七年に京都大学に入って、京都に出てきたときに、五月の連休明けくらいに鶴見さんが当時勤めていらした同志社大学の研究室に行ったんです。

鶴見　へえー。

上野　私は高校生のときから『思想の科学』を読んでいて、鶴見先生が同志社にいらっしゃることは知っていました。だけど十八歳で、知恵がないものだから、とりあえず研究室に行くってことしか知恵が回らないんですよ。それで、同志社の研究室まで行って、部屋に「鶴見俊輔」って表札がかかっているのを探し出した。そのドアの前に立つと、心臓が早鐘のように打って（笑）。

鶴見　ははは（笑）。

上野　それで、意を決してね、ノックしたんです。コンコン、て。だけど、しーんとして、返事が返ってこないんですよ。お留守だったんです。それで、もうテンションが上がりきっているのが、がっくりきてね（笑）。それから私は、一〇年間鶴見さんに会えなかったんです。

鶴見　そうですか。ほんとの初対面は、たしか私が多田道太郎と一緒にやっていた現代風俗研究会でしょう。そこに来たあなたが立ち上がって、「私は京大社会学のオーバー・ドクターです」って自己紹介されたのを覚えていますよ。『女性学年報』という雑誌を、中心になって出していたでしょう。

上野　はい。覚えてらっしゃるんですか。

鶴見　そうそう。まだ女性学なんてやる人が多くなくて、非常に共感をもちましたね。

上野　ええ。ですから六七年に私の方で勝手にお会いしそこねてから、一〇年後に初めてお会いしたんです。それからしばらくのあいだ、私が京都におりましたときには接触がありましたけど、東京に移ってからはお目にかかる機会が減りました。今回はもう一回、出会いなおしができるような気持で、たいへんうれしい思いです。

小熊　私は出版社にいたときに、遠くで鶴見さんを見たことがあるくらいで、今回の座談企画が事実上の初対面です。鶴見さんはたしか、十八歳のときに柳宗悦《やなぎむねよし》を訪ねたんでしょう？

鶴見　そうそう。アメリカから一時帰国したとき、一九四〇年でしたね。当時としてはたいへんうまいお菓子を出してくれた。美食家ですね。

上野　そういうことはよく覚えておられる（笑）。

小熊　そりゃあだって、戦争でお菓子なんかない時代ですから。

鶴見　そうそう。私が柳さんの本を初めて読んだのは、小学校を出たときだったんですよ。私が読んだのは、彼の宗教的著作ばっかりで、民芸とかそれ以外のことを知らなかった。彼は初期はブレイクの研究者で、キリスト教神秘主義の引用をしていたから。

だけど会いにいって質問をすると、その質問を全部、仏教の経典から答えたんです。キリスト教から仏教に変わったっていうわけじゃないんだろうけれども、神秘主義っていうのは、言い難い体験というものがあるので、教理からぜんぜん別ものに移動できるものなんですよ。

小熊　柳も初期はキリスト教から始めたけれど、西洋文化一辺倒の風潮に反発して、神秘的なものを朝鮮や日本の芸術品に求めていった人だと思いますね。

上野　鶴見さんは、宗教的な関心から柳の本を読まれたんですか。

鶴見　宗教にはずっと関心を持っていたんですね。つまり、悪人、罪人としてですよ。だから、宗教関係の本は非常に読んでいたんです。そしてハーヴァードに行って、そこの付属美術館に行ったら、部屋に柳宗悦っていう名札がかかっているんですね。それで、司書にここに柳がいたのかって聞いたら、そうだって言うんだ。一度だけ柳が海外で講義しているんですが、その一年間そこにいたんですね。それでたいへんに不思議な縁だと思ったのでハーヴァードの夏休みで日本に帰って来たときに、柳を訪ねたんです。

小熊　小学校卒業までに一万冊読まれたということですが、白樺派はお好きだったんですか。

鶴見　わりあいによく読んでいましたね。だけど、武者小路実篤とかは戦争中に旗を振っちゃって、ものすごくがっかりしました。私は帰国してから新聞を読んでチェックしていたんですけど、白樺派で戦争ばんざいって書かなかったのは、柳と里見弴だけなんですよ。だから、非常にその二人に好意を持ちましてね。

小熊　吉野作造とかも評価なさっていますが、読まれていたんですか。

鶴見　吉野作造は、ちょっと時代が違うんです。明治末から大正初めですから。だけど吉野の民本主義は、面白いですよ。つまり世界のどこに行っても、南洋の島であっても、そこの土地の民主主義がありうる。その伝統のなかでの、民衆の尊重がありうるっていうんだよ。優れた見解だと思うんですね。翻って日本の政治のなかで、民本主義ってことはありうるっていうふうにして、陣地をつくろうとしたでしょう。満州事変に対しても反対していますし、終わりまできちんとしているんですよ。それを東大新人会みたいに、マルクス主義の立場から日本を「遅れた段階」とか見ることは、私はしないんです。

小熊　私なんかは、昔から発展段階説を一度もとったことがないので、むしろそんなに段階説が支配的だったのかと思いますが。

上野　小熊さんの世代は、もはやマルクス主義が地に落ちた後に知的自己形成をされたと思いますが、まだ私たちの世代にとっては、マルクス主義がよきにつけあしきにつけ対抗的な自己形成をやらなきゃいけない最大の壁でした。

鶴見　丸山眞男も、マルクス主義が歴史を書く上での対抗相手でしたからね。晩年になって、山崎闇斎学派について書いた論文があるでしょう。あれはすごいと思うね。

小熊　丸山さんは、文章を改めて読んでみて、ずいぶん平明で密度の高い文章を書く人だなと思いました。

上野　改めて読むと、丸山さんの日本語は見事ですね。それから今回鶴見さんが昔お書きになったものをまとめて読んで、こんなに平明な日本語を書く方かとあらためて感じ入りました。

日本語を身につける

鶴見　私は日本語の文章は、すごく下手だったんです。日本では小学校しか出ていないし、十五歳で日本を離れて、あとは英語で勉強してしまっていますしね。戦争中に書いた『哲学の反省』なんて、ひどい文章だし。

小熊　一九四六年に出された鶴見さんのデビュー著作ですね。一種の帰国子女状態だから、子どものときから使っていた日常語はともかく、日本語で文章を書くのは習いなおさなければならない。

鶴見　一九四九年に、桑原武夫さんの引きで、京都大学の助教授になったんだけど、日本語はそれからがたいへんだった。

だけど桑原さんがものすごく親切な人でね。桑原さんは私をみていて、志賀直哉に相談した。自分のところに、早くに英語になっちゃって、日本語が回復できなくなった人間がいるって。そうしたら志賀直哉は、「その人は日本語の名文をお手本にして勉強してはいけない」と言った。つまり、当時でいえば、名文は志賀直哉の文章そのものなんだ。「その人は、英語と日本語との間の溝に落ちて、もがくべきだ。もがきつづけることによって、自分の文体ができる」って言ったそうなんだよ。すごいと思うね。

上野　「私の文章を読ませなさい」と言ったんじゃ

ないんだ（笑）。

鶴見　桑原さんは私にそれを伝えたんだ。それは、私の目標にはなったね。とにかく、私が日本で初めて大学ってところに来て、上司が桑原さんだったっていうのは、まったくの恩恵ですよ。

小熊　それで英語と日本語のあいだで葛藤なさって、「大体これで書けるようになってきた」と思ったのは何年ぐらいからですか。

鶴見　さあ、いつから書けるようになったんでしょうか。英語ができなくなってきたら、そのぶん日本語がよくなったってわけでもないんですけどね（笑）。

上野　読んでみると、ずいぶん以前から、鶴見さんの文体はずっと一貫してますね。そんなに変化しておられない。早い時期から、こんな平明な日本語を、意識して書いておられたのかと思いました。いまお聞きすると、それも努力して編み出された文体のようですけれど。

鶴見　こないだね、ドナルド・キーンから葉書をもらったんですよ。それを読んでいると、日本語なんだけど、全然わからないんですよ。その日に眠るときになって、あっとわかったんです。つまり、主語と目的語が省略されているんだ。主語と目的語を入れてしまえば、ぱっとわかった。源氏物語みたいな文章になっているんだ（笑）。

上野　キーンさんは、日本人以上に日本語らしい文章を書いておられるわけですね（笑）。

鶴見　驚いたね。まあ、ああいう名文は、私には書けない（笑）。ああいうのを目標にしていたら、いまの文体にはならなかったでしょうね。

上野　鶴見さんは、戦後文学者のなかで共感した人はいますか。

鶴見　『近代文学』の人たちとかには、共感がありました。でもつき合いはなかったね。もちろんほかにもいい作品だと思ったり、いい作家だと思った人はいるけれどね。

小熊　『近代文学』の人たちは、鶴見さんよりは年長で、戦前の左翼運動に参加して幻滅した世代ですよね。鶴見さんは世代的には吉本隆明とか三島由紀夫あたりの戦中派ですが、彼らのように一途な皇国青年が降伏で裏切られたといったメンタリティはない。共感する同世代の人はいますか。

鶴見　強いていえば、中井英夫。彼は永井道雄や嶋中鵬二とならんで、私の小学校一年からの同級生だけど、彼の政治的な立場には、私はとても共感できる。

小熊　中井さんの立場というのは、どういうものだったんですか。

鶴見　彼は戦争中に、三宅坂の参謀本部にいたんだよ。召集されて、暗号兵をやっていたんだ。そのときに彼が書いている日記が『彼方より』(潮出版社)っていう記録になっているんだけれども、まったく戦争憎悪の日記なんだ。あれはすごいね。私だって遠慮して、あれほどは書いていないのに。ああいう反戦思想を、三宅坂の参謀本部の暗号兵の部屋で、日記に書きつづけていたんだから、命がけだよ。

私はあれは、彼の親父に対する憎しみだと思う。彼の親父は東大教授で、ヨーロッパに行って植物分類学のリンネの原本を持ち帰ったような人なんだけど、戦争中は陸軍司政長官になってジャワにいたんだ。それで中井英夫には、あの野郎は軍刀なんか吊ってバカヤロウという感情があって、その憎悪が戦争憎悪と結びついていたんだと思う。彼は親父から金をもらうのが嫌だからって、東大を中退しちゃったんだ。

このあたりの感情は、私と近いものがあるね。私は彼に戦後に会ったときに、「君の親父は君の言うほど悪い奴じゃないよ」って言ったんだけれども、私がそんなことを言ったって全然説得力がないんだ(笑)。ただ中井は、敗戦後には共産党に一時入ったけれども、そこは私とはちがう。彼の思想的経歴からいえば入る必然性はないんだけど、戦争への憎悪がそうさせたんだろうね。

小熊　ところで鶴見さんは、「ヤクザの仁義」ということをしばしばおっしゃるわけですけれども、あれはどこからきた言葉ですか。鶴見さんは不良少年として過ごされていたときもずっと一人だったわけですよね。

鶴見　一人です。まったく一人。

小熊　じゃあ、「ヤクザの仁義」というのはいったいどこで身に付けたわけですか。

鶴見　小学生のときから学校をさぼって、ヤクザ映画とかを見ていたから。阪妻とか市川右太衛門、嵐寛寿郎とか。私にとっての人生の理想だね。

上野　小熊さん、鶴見さんの「ヤクザの仁義」っていうのはメタファーですよ。鶴見さんの「ヤクザの仁義」は、日本的な集団性の論理じゃないですよ。

鶴見　現実のヤクザ的な親分とか子分とかの関係は、小学生のときからない。だけど、一人でヤクザのような気分で生きていたっていうのは確か。

どうしてそんなヤクザ文化が私のなかに入ってきたかっていうと、私のおふくろはお金をくれないんだよ。小遣いがゼロなんだ。「必要なものはつけで買って来い」って言うんだよ（笑）。それは、きわめて貴族的な文化であると同時に、子どもにとっては過酷なんだ。何を買ったか、親にぜんぶお見通しなんだから。

小熊　貨幣経済というのは、匿名性の世界ですからね。

鶴見　それで私はまず、新本屋から万引きをして、それを転売して金をつくった。私は非常に不器用なんだけど、よくあれがやれたなあって思うんだけどね。それで金をつくって、その五円とか十円とかを門柱の横に自分で穴を掘って埋めて、自分個人の銀行をつくっていたんだよ。考えてみると、これはきわめてアナーキスト的なんだ。プルードンの人民銀行なんだよね（笑）。

それで、今日は学校に行きたくないと思うと、そこからその五円とか十円を掘り出して、映画館が始まる十時まで待っている。そしてそのあとは、その映画館から動かないんだ。それで、暗くなるまで同じ映画を三回くらい見ていくんだよね。三本立ての三回だから、九時間くらいそこにいるんだよ。弁当もそこで食っちゃうんだ。そして帰りたくないけど、家へ帰っていく。帰ると折檻される。そういう暮らしなんだよね。小学校三年生以降、ずっとそうだった。

上野　孤独な子どもだったんですね。

鶴見　そうそう。だから、それで「ヤクザの仁義」とか身に付けちゃったんだよ。ヤクザ映画と講談本だよね。だけど親分とか子分とかはいなくて、まったく一人なんだ。

小熊　なるほど。

鶴見　だから欠席日数がものすごく多いんだよね。成績だって、まあビリから数えた方が早い。だけどビリには生涯なったことはない。その点、私は久野収さんを尊敬しているんだよ。私の知合いの知識人のなかでは、彼はビリだったんだ。

上野　そうですか（笑）。

鶴見　彼は熊本の第五高等学校に入るんだけど、当時は成績順に並ぶんだよ。自分の後ろに一人いるんで「君は何だ？」って言ったら、「僕は補欠だ」って答えられたんだって。だから久野収がビリなんだよ（笑）。ビリの器量っていうのは、久野収のなかに生きているね。一番病の奴は、時流に合わせて乗り換えて、その場その場で一番になる。だけど久野さんは、あるグループが敗軍になったとき、必ず一人で最後の決済なんかをやる。それはもう、戦前の滝川事件のときからずっとそうなんだよ。

小熊　「負ける側にいなければいけない」という鶴見さんのこだわりは、そことつながりがありますか？

鶴見　つながりがあるね。だから久野さんを尊敬しているんだよ。私はビリに近いけれど、ビリにはなれなかったんだ（笑）。

久野さんはたいへん私によくしてくれた。大正時代からの膨大なゴシップを、彼は自分のなかに持っているんだよ。ビリにしかわからないようなゴシップをね。それにくらべると、親父が私に伝えたゴシップっていうのは、たとえば自分の上の年の英法科の主席は阿部次郎だったとか、そういう話ばっかりなんだよ（笑）。ビリの人のゴシップと違うんだよね。そんなことだから、大勢に合わせて翼賛議会とかで旗を振るんだよ。

イラク戦争とアメリカ

上野　翼賛体制といえば、アメリカのイラク攻撃のとき、アメリカでは民主党支持者も含めてブッシュの支持が国民の七割を超しましたね。

鶴見　日本の翼賛議会と同じですよ。私の親父は昭和十七年の翼賛選挙に当選して翼賛会総務になったでしょう。「粛軍演説」で有名な斎藤隆夫は、あのとき非翼賛で選挙に打って出て当選して、戦争が終わったときも議会に坐っていたんです。だけど彼の「粛軍演説」とよばれている演説は、議事録からも抹殺されて、どんな演説だったかわからないというありさまだ。

上野　ソ連崩壊後のポスト冷戦時代のアメリカ一極構造は、予想の範囲内でしたか。

鶴見　それはわからないでもなかった。だけど、アメリカが全体主義になるってことまでは、計算していなかった。いまは明らかに全体主義ですよ。

上野　ですねえ。私は、国民の八割近くが権力者を支持するような国はファシズムだって言って、アメリカ人の友達を怒らせました。

小熊　私の場合は、ソ連が崩壊した後もアメリカが軍事力を強化して、世界中に軍事介入するっていうことは考えなかったですね。

上野　そうですね。ポスト冷戦のいまこそ軍縮だっていう機運が一時期ありましたからね。産官軍体制ができてしまっているからもう止まれない、っていう構造はあるでしょうね。

小熊　でも、あんなイラク戦争みたいなことをしょっちゅうやっていたら国が破産しますよ。

上野　どうでしょうか。戦費を世界中からかき集めればいいわけですから。それに戦争は最大の景気刺激策でもありますからね。破壊して再建するっていうのは、スクラップ・アンド・ビルドの、いちばんわかりやすいやり方じゃないですか。

小熊　それが成立したのは、第二次大戦だけでしょう。アメリカ以外はみな戦災で、アメリカ製品の独占市場になれたという。

鶴見　ブッシュというのは、裕福な家の坊ちゃんだね。英語を聞いているとわかるんだ（笑）。だけどイエール大学を出たっていうけど、あれは卒業生九〇〇人のうちで、まあ七〇〇番くらいだな。

小熊　ベ平連をやられたときは、やっぱり「アメリカの戦い」ということはかなり強く意識しておられたんですか。

鶴見　結果としてはそうなったでしょう。でも反戦の世論がアメリカにもあるっていう期待をもっていたという意味では、「アメリカとの戦い」とはいえない。最終的には、アメリカのなかでそれがフィフティ・フィフティまでいって、ベトナム戦争は終わったんだ。だけど今度のイラク戦争なんかをみていると、その教訓がずっと長く定着しなかったね。

小熊 でも三〇年はもったともいえますよ。ベトナム戦争以前のアメリカの行動と比較すれば、ずいぶん慎重だった。ベトナム反戦運動の影響で、二〇年や三〇年はアメリカ国家の横暴さを止めたというだけでも、偉大だったと思いますよ。日本の敗戦が日本のあり方にひびを入れた程度よりは少ないかもしれませんが、ベトナムの敗戦はアメリカにもちょっとひびを入れたんだと思います。

鶴見 まあそうだ。私は戦後の日本が、戦前とそんなに根本的に変わったとは思わないけれど、最近は何か事件が起きると、テレビで高級官僚が頭を下げて謝っている場面がよく映るよね。あれは戦前には考えられなかったことだ。これは変化と認めてもいい（笑）。

負けて叩かれて、それを受けとめて立ち上がってくる力が大切なんですよ。アメリカがあまり負けたことがないというのは、不幸なことだと思うね。

上野 日本もバブルのころは、ジャパン・アズ・ナンバーワンとか浮かれていましたが、鶴見さんは、それよりはいまの日本の「負け」の空気のほうが好きですか。

鶴見 そうね。そのほうがいいと思う。ここから何が出てくるかだね。

上野 鶴見さんは、アメリカのイラク攻撃についてどう思っておられます？

鶴見 ブッシュがあんなことやったっていうのは、ものすごく長いあいだアメリカ史自身に響くだろうし、下手をすると、アメリカの軍事力からいえば人類を巻き添えにしかねないと思う。もちろんフセインがいいって言うんじゃないですよ。だけどブッシュに言いたいのは、"You can fool some of the people some of the time, you can fool all the people some of the time, but you cannot fool all the people all the time."（「おまえはある人びとをある期間騙すことはできる。すべての人びとをある期間騙すこともできるだろう。しかしすべての人びとをずっと騙すことはできない」リンカーン）っていうことだよ。そのスパンは長くかかるかもしれないけど、騙しおおせないときがくる。そのときに、どういうふうにアメリカ史が処理するかだね。

だけどいまのアメリカの全体主義的な状態を、いますぐにひっくり返す希望はもてない。私はチョムスキーみたいに楽観的な気分じゃない。

小熊　ドキュメンタリー映画の『チョムスキー』を見ると、チョムスキーは五〇年代のマッカーシズムの「赤狩り」があったあとの六〇年代前半のアメリカ社会が、いかにひどかったかを強調していますよね。ベトナム反戦の主張が共感を集めるようになったのは六〇年代後半からで、それまでは反戦デモなんかやっても人数も集まらないし、卵を投げつけられるような社会だったと。「それよりはましだ」というのが彼の持論ですね。

鶴見　私は一九四二年からあとはアメリカに帰ったことがないから、チョムスキーが言っていることは、あるいは正しいのかもしれない。だけど、どうしてチョムスキーがあゝいうふうに明るい表情をつくりつづけられるのかは不思議だね。

私がダグラス・ラミスにそれを聞いたら、彼は「チョムスキーは兵隊に行ったことがないからさ」って言うんだよ（笑）。ラミスは海兵隊にいたことがあるからね。この前に会ったアメリカ人女性の大学教授なんか、イラク戦争が起きて泣いていたよ。そういうアメリカ人もいるんだ。私が彼女の立場だったとしたら、たいへんに打ちひしがれていると思う。

小熊　でもまあ、好意的に解釈すれば、「ここで絶望しても始まらないから希望的に言うか」みたいな部分もあるでしょう。べ平連がアメリカの反戦活動家のラルフ・フェザーストーンたちを招いたときも、みんな公民権運動の時代から何回も殺されそうな経験をしているのに、会ってみると陽気なんで驚いたそうじゃないですか。

鶴見　それはそうかもしれない。小田実なんかも、悲劇的な身振りでは演説しないな。

小熊　そういう楽天性がある意味でアメリカのいい

ところというか、悲劇ぶっても誰も評価してくれない社会なのかな、とは思いましたが。

上野　シニシズムがスタイルにならない国ですからね。

小熊　まあ、明るく前向きに、一歩ずつ過去を踏みしめてまいりましょう。お釈迦さまも「たゆまず歩め」とおっしゃられていることですし（笑）。

料亭 桜田の前で

二日目

八月十五日の経験

「あれは敵機じゃない」

小熊　それでは二日目は、敗戦前後のことからおうかがいします。カリエスが悪化してジャワからシンガポールに移され、それからさらに日本にもどってこられたのは一九四四年十二月だそうですが、そのあと敗戦までどうなさっておられたのですか。

鶴見　しばらく病気の自宅療養をして、小康を得たんですが、もう戦況が悪くてジャカルタに帰任する便なんかない。それで、軍令部に来て翻訳を手伝ってくれという命令がきて、一九四五年四月に、いまは慶應大学になっている日吉の軍令部で働きだした。

小熊　完全な戦争末期ですね。

鶴見　シンガポールでも空襲を受けて死ぬ思いをしたし、輸送船でも空襲を受けた。そして一九四五年四月の横浜空襲のときも、日吉にいた。

シンガポールの空襲のときは、まだ司令部で短波を聞いていたんですよ。ほかの人はみんな逃げちやったのに、私は受信室に入っていたから逃げられない。それで爆弾っていうのは、シュルシュルとか音がするのは遠くに落ちる。なんにも音がしないで落ちてくるときが近いので、怖いんですよ。自殺用の毒薬を持っていたくらいで、死んでもいいと思っていたはずなんだけど、ほんとうに怖かったね。

小熊　やはりそれは、死ぬ覚悟と死の恐怖はちがう……。

鶴見　それもあるけど、私は日本の正義なんか信じていないんだから。そんな戦争で殺されそうになるなんて、もう恐ろしいだけ。

小熊　そのあと内地にもどって、軍令部勤務の様子はどうでしたか。

鶴見　英語のできそうな人間が軍属として集められてね。神田に北沢書店という洋書店があるでしょう。戦後にあの書店の主になった人が、同じ部屋で働かされて、私の目の前にいた。もうみんな、日本とアメリカの事情もだいたいわかっているから、厭戦気分だった。

小熊　当時、丸山眞男さんは広島の陸軍船舶司令部にいて、ニュースや通信情報から国際情勢を整理する任務についておられましたよね。その当時の丸山さんのメモである『丸山眞男戦中備忘録』（日本図書センター）が復刻されていますが、かなりの情報を仕入れて戦後の見通しを立てておられます。鶴見さんは、戦後の構想や見通しを立てておられたんですか。

鶴見　私がやったのは個人的なもので、ジャワにいた頃から、昨日話した「玉砕計算」というのをつくっていた。軍令部に来たころには、もう今度はアメリカ軍が本土に上陸するかどうかという問題になってくる。そのときに、戦乱のなかでどういうふうに逃げ回われるのかなっていうことが、考えていたことですね。だからもう、丸山さんみたいな総合的な見通しではなかった。

ただ偶然なんですが、五月十日に、都留重人を訪ねたことがあるんです。あの日は軍令部から、海軍用語で「半舷上陸」という外出許可をもらった。そうすると大きなおむすびを二つくれるんですよ。私はそれを戸山ヶ原で坐って食べて、それから近くに外務省の分室があったんで、そこに勤めていた都留重人に会いに行った。そうしたら彼が、「もう妥協は成立した。連合軍は天皇制を残すよ。これからどうするかは、生き残った者の責任だ」と言ったんだ。それで、戦争はもうすぐ終わると思ったね。その日、私は、もう一つのおむすびを戸山ケ原で食べて、敗戦後に発表した『哲学の反省』を書き始めた。

小熊　鶴見さんの初著作になった本ですね。

鶴見　そう。まずい文章の本だけどね。

小熊　しかし都留さんの敗戦予測の五月というのは、当時の日本のなかでは、かなり早いほうですね。しかも、アメリカの対日占領政策を理解した予測です。

上野　都留さんは、どこから情報を得られたんですか。

鶴見　彼は外務省で勤務していたんだ。それというのもね、当時は外務省のなかにさえ、英語ができる人がほんとに少なかったんですよ。もっと昔の日露戦争のころとかは、外務省で英語ができる人はもっといたんです。だけどそのあと、外国語に練達だと、外務省のなかで昇進できなくなった。国粋派から疎まれてね。大使レベルでさえ、ほとんど英語がだめだったんだ。

上野　恐ろしい話ですね。

鶴見　だいたい私にしたって、英語はできたけれど、翻訳は苦手だったんですよ。私は、十五歳まで日本語は日本語で覚え、そのあと英語は英語で覚えているから、英語を日本語に翻訳するのは非常に不得手なんです。だから英語で哲学は勉強したけれど、日本語は十五歳で止まっていて、「絶対矛盾の自己同一」とかは頭に入らない。だから翻訳も苦手だった。

小熊　軍令部での鶴見さんの任務は、どんなお仕事だったんですか。

鶴見　基本的にはジャワにいたときの延長です。アメリカ側の通信を傍受したのとか、押収資料とかを翻訳して、むこうの被害を調べるんです。あとはヨーロッパから回ってきた資料とか。

小熊　一九四五年四月というと、沖縄戦で特攻が大量に行なわれていた時期ですね。

鶴見　そう。だから、あまり戦果を挙げていないのがわかるんだ。

小熊　八月十五日まで軍令部におられたんですか。

鶴見　いや、七月に病気がひどくなって、休暇をもらった。そのころ日吉に下宿していたんですが、こんどは結核菌が体内にまわって腹膜炎になった。もう突然、階段が上がれなくなったんですよ。

その機会に、軍令部に辞表を出したんです。ジャワ時代にはまだニューデリー放送とかを聞くこともできたけど、軍令部では押収資料やなにかを訳すばかり。殺伐とした殺し合いのタクティクスばかりの文書でしょう。こういう仕事はやりたくないと思ったんです。だけどその辞表は八月十五日まで上司が握っていて、七月に退いたときは休暇扱いだった。

小熊　辞めさせてくれなかったんですか。

鶴見　だけどそれがよかったのは、八月十五日のあとに海軍から挨拶があって、正式に退職金をくれたんですよ。私は学生の状態でアメリカから帰ってきてしまったんですが、その退職金と、おふくろにジャワから送金していたお金と合わせると、当時の物価ではかなり長く暮らせるだけあった。だから親から経済的に自立できたんです。それは私にとって、かなり気分が楽になった。そのあと原稿の注文とかがあったし、一九四九年には京大に就職した。

小熊　なるほど。話を戻しますが、七月に軍令部に辞表を出したあと、どうされていましたか。

鶴見　それから熱海に住んでいました。もともと家は東京にあって、昨日お話しした廃嫡騒ぎのときに、中国大使館の裏にあった家をおふくろが彼女の父親からもらったやつだったんですが、そこは当時は引き払っていて人に住んでもらっていた。それで熱海におふくろが疎開していて、その熱海の家から親父も和子も東京に通っていたんです。親父は自分がやっていた太平洋協会の事務所に、和子は太平洋協会のアメリカ分室に勤めていたんですね。

そのうちおふくろは、さらに軽井沢に疎開した。そちらのほうには父の弟たちの家族も一緒に住みましたから、三家族がひしめいていた。従兄弟の鶴見良行は父の末弟の長男でしたから、そこにいたんです。

それで親父と和子、そして私が熱海の家に残っていた。だけど熱海から東京まで、汽車で二時間くらいかかる。私は腹膜炎で動けないから、彼らが東京の事務所とかに行っている昼間のあいだは、自分で飯をつくって一人で寝ていたんです。

小熊　話は前後しますが、ジャワから鶴見さんがお帰りになったときに、お父さんやお母さんはどのようにお迎えになられたんですか。

鶴見　カリエスで送還されたとき、親父は自分で自動車を運転できないので、後藤の跡取り息子に電話して、彼が運転した車で、品川駅まで迎えにきた。だけど親父は、私がアナーキストとしてアメリカで牢屋に入っていたってことは知っていたんだけど、外の人には言わないんだ。

上野　とにかく生きて帰ったと、喜んでくださったわけですね。

鶴見　親父やおふくろが、常に私を愛していたってことは疑いないんですよ。だけど、愛し方が両方とも困るんだよね（笑）。つまり、おふくろの方は、とにかく子どものときから折檻の連続。親父の方は身びいきで、留学とか何とか、どんなことでもよい条件をつくってくれるわけだから、困るんですよ。

上野　お母さまはどうでしたか。

鶴見　やはり生きて帰ったことは喜んでいた。だけどおふくろは中風で体が悪くなって、アメリカから帰って来てからは、あんまり文句を言わなかったな。飯をちゃんと食えとか、そういうふうなことしか言われなかった。

そういえば、アメリカから帰ってきたら、おふくろが私の使っていた机を使っていた。その上に、私がハーヴァード大学でもらった優等賞が掲げてあったね。私は入学したときは優等生でもないし、奨学金ももらってないから、その優等賞しか飾るものがなかったんだ。

小熊　お父さまは議員になって、議会で戦争支持の発言をされていたそうですが、お母さまの戦争に対する姿勢はどうだったんですか。

鶴見　私が南方に行ってからなんだけど、もう戦況が悪くなってきたころに、私の同級生が出征したとき、おふくろが「生きて帰ってくださいね」と言ったという話だね。

小熊　それはそのころとしては、言うのに覚悟がいる発言じゃないですか。密告されたら憲兵が来かねないでしょう。

鶴見　そのぐらいの感覚は、おふくろにもあったんだな。ただおふくろは、素朴に日本が好きだったと思う。だいたいおふくろの親父の後藤新平が、賊軍でつぶされた藩から取り立ててもらった人だからね。わずかの金を給費生でもらって、須賀川の洋学校に行ったという学歴だけなんだ。娘を前にして、後藤新平が「愉快、愉快、明治の世」とか歌わせたという話を覚えているよ。そういう感情を、おふくろは素直に受け継いでいたと思うね。

小熊　当時はだんだん空襲がひどくなりますよね。鶴見さんは戦争中、日本のほうが敵国だと思っていたとおっしゃいますけど、自分の家の上に米軍機が爆撃にきたら、どう感じましたか。

鶴見　自宅のあった麻布十番を壊滅させた空襲があったとき、B29を頭上で見たんですよ。あのときは、「ああ、あんなところを孤独に飛んでいる操縦士はかわいそうだなあ」と思ったね。

小熊　空襲を受けながら、そんなことを考えていたんですか。

鶴見　そう。だから同情の対象は向こう側（笑）。私は頑固なんだよ。和子が屋上にやって来て、「敵機が来た」とか言うから、「あれは敵機じゃない」と言い返したんだ（笑）。

小熊　でも、アメリカ軍が味方と思ったわけではないでしょう？

鶴見　味方だと思ったわけではないけれど、敵機だとは思わない。日本軍は敵だ（笑）。

小熊　しかし日本の軍はともかく、日本の兵隊は？

鶴見　ものすごく気の毒だと思った。もうすぐ負けるのに、殺されているんだから。

小熊　なるほど。じゃあ、アメリカにしても日本にしても、兵隊たちはかわいそうだと。

鶴見　そう。地上でやられるのも、孤独に空を飛ばされているのも、かわいそうだと思った。

小熊　そういう感覚は、のちのべ平連にもつながりますね。アメリカがベトナムを爆撃するのには反対するけれど、ベトナムに行かされるアメリカ兵も被害者だと。

鶴見　そういうことです。

小熊　丸山眞男さんは、空襲を受けて、爆弾は反戦論者を避けて落ちてくるわけではない、みんな運命共同体だと思ったと書かれていますが。

鶴見　そういうのはわかるんだよ。みんなが家を焼かれているときに、一人だけ楽をしているわけにはいかないっていうのは。だけどそれは、アメリカ兵を敵だと考えて憎むというのとは、ちがうんだよ。

小熊　そこは微妙だけど、重要な差かも知れませんね。

鶴見　そうだと思うね。

負ける側で死ぬ意志

小熊　そして家族が軽井沢に疎開して、熱海に一人でいらした。その状態で、敗戦直前に何を考えていたんですか。

鶴見　米軍の上陸作戦があるだろうから、そのときに自分はどう動くかという問題を考えていました。腹膜炎を抱えていたけど、なんとか動けることは動けるっていう状態だったんです。

当時は、米軍の本土上陸があったら、日本の全国民で迎え撃つとかいって、女性や老人まで竹槍練習をさせていた。海軍の軍属だったらそういう国民軍に入らなくていいんですが、私は自分の辞表が受理されていなかったということは、当時は知らなかった。だから一緒に竹槍を持たされて、右往左往することになると思っていたんですよ。そのなかでどうするかを、考えていたんです。

上野　どうやって降伏するか、とかですか。

鶴見　いや、簡単にこう……。先んじて降伏したくないと思った。

上野　どういうことでしょう。

鶴見　だから妙な心理なんですけど、論理じゃなくて、まったく倫理的な原則でしか動けないっていうことがあるんですよ。みんなで無効な戦いをしながら、内地の奥深く逃げていく。そのなかにいるべきだっていうことですね。ただ戦う相手を殺すことだけは、病気とかを理由にして、なんとか免れようと思っていた。

小熊　だけど、国民軍で一緒になった人たちを残して、一人だけ降伏するということはできないと思っていた。

鶴見　そうです。それはアメリカで、交換船に乗って日本に帰ると言ったときに立てた原則です。

小熊　なるほど。

鶴見　だから、負けることの罰は受ける。だけど日本人に対してはけっして心を許さない。この戦争に負けるなんて、私は初めからわかっている。だけど、そんなことをけっして言いたくない。だから自分が死んでもかまわないが、アメリカ人を殺す側には行きたくない。そうかといって、自分の日本人の上司を殺すっていうだけの気力は湧いてこない。なんか無茶苦茶だけど、そういう気持だったんだよ。

小熊　教育学者の宗像誠也さんが『私の教育宣言』（岩波新書）に書いていたところによると、彼は教え子が動員されて軍需工場にたくさんいたので、できるだけ空襲が来そうな工場を巡回して、一緒に死ぬ機会を待っていたんだそうです。それで敗戦の直前くらいになったら、米軍が上陸してくる予想地点だった九十九里浜に移り住んで、教え子と一緒に死のうと思っていたそうですけれども……。

鶴見　そういう人は、いたでしょうね。

小熊　でも宗像さんの場合には、もとはマルクス主義者で戦争に批判的な観点もあったわけですが、一方で「日本人」というものや、教え子に対する一体感がすごく強い。とくに戦時期には、転向して教壇から戦争協力を教え子に説いていたという罪責感があって、その責任をとるためにも、一緒に死ぬしかないと考えた。そして戦後には、「教え子をふたたび戦場に送るな」という日教組のスローガンを、強く支持していくわけです。

そういう人が、教え子と一緒に死のうと思ったというのはわかる。けれども鶴見さんの場合には、「日本人」のなかであれほど孤立しているにもかかわらず、なぜ……。

鶴見　ちょっとそこは、ぼんやりしたままなんです。だからその、アメリカの収容所で交換船に乗ると決めたときに、戦争が終わるときに負ける側にいたいと思った、それだけですよ。それでもう、ジャワにいたときに思ったように、最後は敵を殺す前に自分で死ぬ。

上野　降伏することも、戦うこともできないから、死ぬほかないということですか。

鶴見　そう。私は英語ができるんだから、はやばやと米軍に投降して、通訳にでも雇われればいいようなものだけれど、そんなことはまったく考えなかった。

そこは、親父と全然考え方が違うんだ。彼は、アメリカが入ってきたら、自分が総理大臣になれると思っていたんだから。

小熊　ええ？　鶴見祐輔さんは、戦前は確かに親米派リベラリストとして知られていましたが、戦時期は戦争を支持していましたよね。戦争末期には、彼はどのような態度をとられていたんですか。

鶴見　どうせ負けると思っているわけ。だけど議会に行けば、絶対に勝ちぬくとか言っていた。

小熊　それで、自分は親米派でアメリカでも知られているからということで、米軍が入ってきたら総理大臣になれるつもりでいらっしゃったんですか。

鶴見　そうそう。ああいう人がいちばんしょうがないね。そういう優等生の愚かさっていうものを、やっぱり戦争体験が私に教えてくれた。一高の英法科を一番で卒業して、東京帝大を出ていないとまともな人間じゃないという考えの人なんだ。そして自由主義が流行れば自由主義、軍国主義が流行れば軍国主義で、いつも先頭を切って一番になる。

だいたい一番の人間は、一番になろうとするから一番になるんだよ。私と小学校の同級生だった永井道雄は、すごく優秀なんだけど二番なんだよ。なぜかっていうと、一番になろうとしないからなんだよ（笑）。単純なことなんだ。一番になる奴は、一番になりたい人間なんだ。

小熊　そういうものですか（笑）。

鶴見　それでも私は、親父のことを、子どものころは素直に偉いと思っていたんだ。ところが一九三六年の二・二六事件くらいから、おかしくなってきた。

ずっとあとに親父が脳卒中で倒れてから、金庫を探したら、親父が書いたものがいろいろ出てきた。それを読んでみると、親父は自由主義者として、二・二六事件まではがんばる気もあったらしいんだが、そのあとはもうあきらめちゃったんだね。そして私がアメリカに渡ってからは、決定的になった。だけどアメリカ側は、そういう親父の変節をよく見ていたんだ。たしか『タイム』だったと思うけれども、「日本の自由主義は死んだ」（Japan's Dead Easy Liberals）という記事を組んで、日本の自由主義者が軍国主義と戦う気力をなくしたという代表例として、親父の写真を載せたんです。親父はアメリカを遊説してまわった人ですから、けっこう知られていたしね。私はそれをアメリカで読んで、これは的確だと思った。

そういうのがアメリカ側の評価なんだから、米軍が入ってきたからといって、総理大臣になんかなれるわけがない。だけど親父は、わかっていなかったんだ。それで彼は公職追放になってしまって、驚いていたわけです。

上野　そういう判断がなかったというのは驚きですね。

鶴見　それで親父は、ものすごく失望してね。その後に追放解除をされるために、ずいぶん金を使ったと思う。自分は英語ができるから、総理大臣になれると思っていたんだよ。一番の奴っていうのは、そういう無邪気なのが多いんだ。悪人は一番にならないよ（笑）。

小熊　清水幾太郎さんの回想だと、戦争中に鶴見祐輔さんのお宅に招かれて食事をしたときに、和子さんが英語が下手にならないようにご自宅で英語を話していると言ったそうですが、それはほんとうですか。

鶴見　親父はある意味で謙虚なんだよ。私と和子がアメリカから帰ってきたときに、自分は英語の発音が悪いから直してくれといって、英語の本の輪読会を夜にやっていたんだ。本を読んで、親父の発音を直すんだよ。清水幾太郎が言っているのは、そのことでしょう。

とにかく親父は英語を勉強しなきゃいけないって思っていたんだ。これはもう負けると知っていたんだよ。だから戦後のことを考えてそうしたんだね。だけど議会へ行くと、全然違うことを言っているんだ。そういう人なんだよ。

小熊　しかし戦争中ですから、敵性語でしょう。密告されたら、捕まるじゃないですか。

鶴見　うちのなかからさえ、密告されるんじゃないかっていうほどの空気があったね。昨日も言ったように、吉田茂だって、書生の密告で捕まっちゃったんだ。

私と和子以外の他のきょうだいは、やっぱり皇国ばんざいだったから、その輪読会は彼らが家から出ていた時期に、戦争末期に私がジャワから帰ってきてからやっていたな。まあいくらなんでも妹と弟に密告されるとは思わなかったけれど、彼らが家にいたあいだはあんまり落ち着かなかったね。

小熊　和子さんは、やっぱりこの戦争は負けると思って、一緒に英語を勉強していたという感じですか。

鶴見　和子はまあ、そのときどきで、ちゃんと演技ができる人なんだよ（笑）。もちろん戦争は負けると思っていたけれど、外に行けばそんなことは言わない。

和子が勤めていた太平洋協会のアメリカ分室には、清水幾太郎、細入藤太郎、都留重人、福田恆存、坂西志保の五人がいた。このなかでは、和子は戦争に負けるとかいう話ができただろう。そのなかで勝つと思っている人は一人もいなかったと思う。

小熊　しかしお父さんは、どういう考えだったんでしょうか。負けると思って家のなかで英語の輪読会をやっていて、議会では戦争の旗を振っていて、それで無邪気というのはいったいどういう状態なのか、私にはよくわかりません。

鶴見　それはねえ、私にもわからない（笑）。それがわからないのは、あなたが一番病じゃないからだよ。とにかく英語を勉強すれば総理大臣になれると思っているだけなんだ。

上野　好意的に解釈すれば、お父さまは敗戦処理に対して使命感を持っておられたのでしょうか。

鶴見　そういうことじゃないんだ。ただ一番になって、総理大臣になりたいだけ（笑）。自分が一番で来たから、そうなる資格があると思っていたんだ。心の底のほうで、子どものように無邪気なんだよ（笑）。

小熊　一人だけで勝ち馬に乗りたくないというのは、そういうお父さんへの反発もあったわけですか。

鶴見　そういえるでしょうね。だいたい私は、死ぬのがいやだったら、アメリカから戻ってこない。前に話したように、アメリカの監獄の食事のほうが、日本よりうまいくらいだったんだ。それでアメリカが勝ったあとは、通訳にでも雇われて、米軍と一緒に日本に戻ってくればいいんだから。

それが合理的な判断だし、ある意味では倫理的にも正しいですよね。そうやってアメリカにいれば、自分は手を血で汚さずにすむし、この戦争に自分は反対だというポジションを思想のレベルでは守り通せるわけでしょう。だけどそういうのは、嫌だったんだ。勝つ方の側で、日本の敗戦を迎えたくない。これはもう合理的判断でもなければ、倫理的命題でもない。倫理思想を超える倫理っていうものがあるんだという、これもヤクザの仁義です（笑）。

上野　やはりヤクザの仁義ですか（笑）。

鶴見　だからいまでも、倫理命題とか理屈をいう大学教授なんか下らない、そんなのつじつま合わせだっていう感じはある。私はヤクザなんだから、そんなもんはごめんだっていうね。だから和田春樹くらいの大学教授でなければ、私はヤクザとしての連帯は感じないんだよ（笑）。

特攻隊への感情

小熊　そういうお父さんに代表される姿勢に反発して、安易に降伏するよりは、負ける側にいて死のうと思った。そこでおうかがいしたいのは、特攻隊をどう思われていたかということです。鶴見さんの世代にとっては、まさに負けるとわかっていながら死を選んだ人間の象徴ですよね。

鶴見　……特攻に対して、独特の視角をもっているのが小田実なんだよね。

小熊　小田さんが一九六五年に発表した「難死の思想」ですね。特攻隊を描いた映画や小説は、みんな出撃の場面の悲壮な描写で終わっていて、彼らの大部分は敵艦に突入する前に撃墜されて、無意味に死んだことを描いていない。つまり、「散華」ではなくて「難死」だったことを直視していないと。

鶴見　ああいう見方は、残酷だから、私の世代の日本人にはできない。

小熊　鶴見さんは、小田さんの「難死の思想」について書いた当時の評論でも、そう書いていらっしゃいますね。

鶴見　私にはできないですよ。つまり「負ける側にいたい」という、その感情のなかから出撃した人たちを、そのように見るというのは……。

小熊　無理ですか。

鶴見　特攻があまり戦果を挙げていないというのは、軍令部でアメリカ側の文書を翻訳していたから、わかっていたんだ。だけどわかっていても、それに共感をもてない。

小熊　もう一ついえば、特攻は建前上は志願ということになっていたけれども、実質的には「志願しない」と言えるような状況ではなかった。パイロットの人選も、上級将校や古参パイロットは人選する側にまわって、ろくな訓練も受けていない予備士官や予科練出の若年者を、旧式機や練習機などに乗せて特攻に出していた。そういう軍隊組織の醜悪さというのは、あまりおおっぴらには語られないけれども、当時の回想記などを読んでいると断片的に吐露されていますよね。

鶴見　そういうことも、私は軍隊にいたからわかるんです。「志願しない」なんて自主的に申し出ることは、ものすごい勇気であって、当時の状況ではできないですよ。もう、縛られているのと同じなんだ。特攻は全部志願で行なわれたっていう言い方があるけれども、特攻を発案した人間は、そういう状況をわかっていて計画したと思う。しかしそういうことが、わかっていても……。

小熊　わかっていても、そうやって死んでいく少年兵には、どうしても同情というか、すまなさみたいなものを感じるんですか。

鶴見　戦後ずいぶん後になって、私の同級生だった藤川正夫のお姉さんから、彼の戦時中の日記が送られてきたんだよ。彼が特攻で死ぬ前にお姉さん宛に送ってきたものを、彼女が出版したんだ。そこに、「自分は狂ってはいけないのであろうか。どんどんどんどん、天に天に昇って昇っていって、消えていってはいけないのであろうか」っていう一行が出てくるんだ。

これは戦中の学生の絶唱だね。つまり、この戦争が無意味だということはわかっているんだ。だけど、自分だけ逃げることもできない。それで彼は、航空隊にいるから、ずっと垂直に上がっていって、そのまま消えていきたいと言うんだよ。

小熊　その心境は、鶴見さんの「死ぬしかない」という感情と重なりますね。

鶴見　そう。

小熊　それと関連していえば、やはり同級生だった一宮三郎という方について書かれていますね。非常にまじめな方で、まだ大学生の徴兵猶予がある時期に、志願して海軍に行くという。鶴見さんは反戦思想を持っていたのに、それを表明する勇気がなくて、「急がない方がいいよ」としか言えなかった。それで一宮氏は志願して、フィリピン沖で死んでしまった。そういうまじめさで死んでしまった若者に対して、うしろめたさをずっと持ちつづけていたと書かれています。

鶴見　……いまでも一宮三郎のことはよく覚えている。彼が志願して海軍に行くと言ったのは、永井道雄の家に呼ばれた帰りだったんだ。そのときは永井と私、それに中央公論社の社長になった嶋中鵬二がいた。みんな小学校いらいの友人でね。

それに永井道雄の兄貴もいた。この兄貴は海軍少佐になって、軍令部にいたんだよ。彼はあとで戦争で死んだんだけど、海軍でも中枢にいたから、日米戦争は負けるとわかっているんだ。嶋中も、親父が反戦思想の持ち主だった。だからみんな何となく共有しているものがあったんだけど、一宮だけわかっていないんだよ。それでみんなで話したあと、帰ってくるときに彼と私と二人になって、一宮は「海軍に志願する」って言ったんだ。私は「急がない方がいい」と言ったんだけど、彼は「どうしてだ」とか言ってね。だけどこっちは、明確に答えるわけにいかないんだ。もう彼は、文脈が全然わかっていない。なんというか、困ったと思うけれど、それだけで片付けることはできないんだよ。

小熊　だけどそういう記憶をもつ鶴見さんが、一九六八年に「わだつみ会」で行なった講演では、戦没学徒兵を批判した。『きけ　わだつみのこえ』に収録されている戦没学徒兵たちは、脱走する勇気を持たなかった、その意味で「ある種の精神の卑怯さ」を抱えていたとおっしゃっていましたよね。あいう言葉は、いまお話があったような鶴見さんの経緯を考えると、よく言ったなと思うわけですが。

鶴見　あれはやっぱり、六八年だから言えたんです。戦争から時間が経ったから言えたんじゃなくて、六八年という時代がそうさせた。べ平連で、ベトナムからの脱走兵を支援している時期だったしね。

上野　時代の空気という要素があったわけですね。

小熊　だけど一方で、脱走しないで死んでしまう人間へも、共感する部分があるわけでしょう。

鶴見　あのねえ、戦後に親しくなった人に乙骨淑子《おっこつよしこ》がいる。彼女の親父は軍令部で私と一緒にいた人なんだ。通信士でね。それで彼は、大部屋の中で、大きな声でこう言ってくるんだ。「どうもこの戦争は、負けるような気がしてしょうがないんだけれども、鶴見さんどう思う?」って（笑）。まあ彼は、もう老人だったから、そんなことを言っても殴られないんだよね。もちろん私は負けると思っていたけど、答えようがない。

ところが娘の乙骨淑子は、そういう親父が家に帰ってくると、「お父さんは非国民よ」と言ってつるし上げたんだ。そして敗戦の日には、宮城まで行って、跪いて天皇にお詫びしているんだ。自分たちの努力が足りませんでしたってね。それから彼女は、傷痍軍人が見捨てられているというんで、傷痍軍人のところに行って包帯を洗う奉仕をやる。ところが、軍人さんをそういう目に合わせた政治家が許せないというんで、ある段階から突然に共産党員になるんだ。

そのときに親父が、「いまのおまえは親から金をもらって学校に行っているんだ。学校に行っているあいだは共産党に入るのをやめなさい」と言ったんだけど、彼女は聞かないんだ。そして親父に向かって、「そんなことを言うお父さんは、正義感がないんだ」と批判するんだよ。

その後に彼女は、一九五〇年代の共産党の内紛に直面して、ほんとうに嫌になって脱党する。それから松川事件の冤罪抗議の運動に、共産党員ではない立場から関係する。それから文章を書き始めて、『こだま』というサークル雑誌に参加する。その段階で私は彼女に接触したんだ。だけど彼女のなかでは、戦争中の「お父さんは非国民よ」と、共産党に入ったときの「お父さんは正義感が足りない」が、連続しているんだよね。

小熊　それはよくわかります。そういう方は少なくなかったようですね。

鶴見　そのあと彼女はガンになって死ぬんだけれども、葬式に行ったときはほんとうにつらかったなあ。親父がまだ生きていて、挨拶をやった。彼は百一歳くらいまで生きたんだ。その乙骨淑子の旦那もいい人なんだけど、その親父が人間としての器量が大きいんだよ。平気で軍令部の真中で、大きな声で「負けると思う」とか言っているような人なんだから。それで葬式の場で、娘はこういう人間だったって話をしたんだけれども、まいったなあ、あれは……。

それから葬式ということでいえば、加太こうじの葬式のときに、戦争中の加太さんのことを話した女の人がいた。彼女の夫は戦中に大政翼賛会の役員で、紙芝居屋を組織していたんだよ。それでその役員と加太さんが、戦中の灯下管制のなかで夢中になってマージャンをやっていたという。空襲がきて死ぬかもしれないのを度外視して、マージャンに熱中していたんだって。それには感動した。空襲警報がきたって動かないでマージャンに打ちこんでいる。これがヤクザですよ（笑）。

加太こうじ（右）と（1964年12月，『思想の科学』研究会忘年会の「相馬の金さん」の舞台で。上野本牧亭）

小熊　ここのところは、鶴見さんの思想の根底だと思いますから聞いておきたいのですが、そういう乙骨さんのような真面目さや、加太さんのような不真面目さを、両方評価するというアンビヴァレントな姿勢が鶴見さんの特徴ですよね。

たとえば鶴見さんが高く評価している、『戦艦武蔵の最後』や『砕かれた神』（ともに朝日選書）を書いた元少年水兵の渡辺清です。彼は海軍に志願で入ったんですが、戦争中はすごく真面目に軍務に尽くしていたわけです。彼のいうには、戦争中は十代後半だった自分からみると、三十歳ぐらいの老兵たちが、不真面目に見えてしょうがなかったと。なんで大人たちというのはこんなに不真面目なのかと思ったというんですね。

そして戦争に負けたあとは、渡辺清はその真面目な気持を抱えたまま、天皇に対する批判へ向かう。アメリカとの戦争に尽くして死んだ戦死者のことを忘れて、アメリカによる占領という事態を既成事実として受け入れてしまう天皇や庶民たちの不真面目さが、許せないわけです。

ところが鶴見さんの戦争体験からいうと、鶴見さんのように反戦思想を根底に抱えて、煮え切らないような姿勢でいる軍属をよく殴ったのは、まさにそういう真面目な少年水兵だった。そして三十歳くらいの老兵たちのほうが、適当にあいまいに、鶴見さんを受け入れてくれたという。

そうなると、鶴見さんとしては、どちらなんでしょう。戦争中も戦後も真面目な少年少女たちと、戦争中も戦後も不真面目な大人たちと、どちらに共感しますか。

鶴見　それはね、まあその、共感ということでいえば……。まあどちらもわかるなあっていう……。

上野　そこは鶴見さんは、アンビヴァレントですよね。もし、どちらかに完全に同一化できるのだったら、自責の念から鬱になられる理由はないでしょうね。

鶴見　うん。

小熊　いや、これはたぶん答えようがないだろうと思いながら、聞いたんですけど。

上野　意地悪な問いをなさいますね。

沈黙の八月十五日

小熊　それで、八月十五日はどうなさっておられたんですか。

鶴見　八月十五日は、誰もいない熱海の自宅にいました。ラジオが壊れていたんですが、昼に重大放送があるというんで、修復していくらか調子よくしてもらって、それを持って帰って一人で終戦の詔勅を聞いたんですよ。

小熊　そのときの印象としては、天皇が自国の被害ばかりを言って、他の国の人びとに与えた被害のことを語らないのには違和感を感じたと書かれていますね。

鶴見　非常に嫌な感じがしましたね。もう、天皇は嫌な奴だと思った。自分が長いあいだ残虐なことをやってきたんじゃないかって。

小熊　それはやはり、南方での体験からそう思われたわけですか。

鶴見　そうです。それに私は、張作霖爆殺のあった五つのときから日本がどう変わってきたかということに不信感があるし、それに南京虐殺があったときはアメリカにいて、そちら側から捉えていましたから。

ただその後に変わったのは、原爆に対する見方です。終戦の詔勅に、「新型爆弾の残虐性」を強調する箇所があったんですが、当時の私は「なにをこんなことを」としか思わなかった。被害ばかり強調して、という感じでね。原子爆弾の残虐性について、十分なイマジネーションがなかったんですよ。

小熊　丸山眞男さんも、『語りつぐ戦後史』（思想の科学社）に収録されている鶴見さんとの対談で、原爆の問題を思想化しそこなったのが敗戦直後における自分の誤りだったと述べていますね。丸山さんは八月六日に広島にいて、死傷した人びとをたくさん見たけれど、原爆投下があった当初は、戦争とは残虐なものだというふうにしか思わなかった、と回想しています。

鶴見　そう。その点は戦後一〇年ほどで、ずいぶん考えが変わりました。それに、原爆の惨状については、なかなか占領軍が公表を許しませんでしたからね。占領が終わった一九五二年の『アサヒグラフ』の特集で、広く知られるようになったわけですから。

小熊　敗戦の放送を聞いていた周りの人たちのことはどう見ましたか。

鶴見　私は一人でラジオを聞いて、それから周りの人がどう敗戦を迎えているか、好奇心がおきた。それで、一人でのこのこ歩いて熱海の駅まで行った。駅の待合室に来る人には、声がなかったね。誰もなにも言わない。悔しいとも言わない。ただ坐っていましたね。

私がそのときにうけた印象は、『日本人と戦争』（朝日新聞社）を書いたロベール・ギランに近いと思う。彼はフランス人の新聞記者で、当時は軽井沢に軟禁されていたんだ。それで、町の人が敗戦をどう迎えているか興味をもって見ていたら、集まってラジオを聞いていた日本人たちが、ぞろぞろと出てきた。やはり誰ももものを言わなかった。そのときに彼は、能を思い出したというんだよ。これは的確だと思ったね。

上野　能ですか。

鶴見　つまりね、みんな本卦帰りしたんですよ。夢幻能の世界というのは、死者との対話ですからね。

状況は同じなんですよ。

小熊　つまり鶴見さんは、みなが戦死者たちと対話をしていると思われたわけですか。

鶴見　もちろん正確にはわからないけれど、私にとっては不思議な感じだった。

上野　そういう集団のなかにいて、鶴見さんはどう感じておられたんですか。

鶴見　まったくそのなかから浮いていたと思う。私が感じたのは、まず自分の命が助かったという安心感。それからこれは天皇のおかげだ、と思った。

上野　天皇はお嫌いなのに、ですか。

鶴見　そう。天皇と鈴木貫太郎首相のおかげ（笑）。

小熊　なるほど。

上野　そうすると、解放感でもなければ安堵感でもなかった、どちらでもなかったんですか。

鶴見　私の場合は、倫理的な理想が高かったから、こんなことで助かってしまって恥じ入るという感じがあったね。それで親父は、これを機会に総理大臣になってやろうという、能天気なやつなんだから。

小熊　ちなみに私の父は、一九四四年末に徴兵されて、八月十五日は満州にいて、配属された部隊で敗戦を迎えたそうです。それほど元気のよい兵隊ではなくて、実戦経験はない。大学には行っていないし、反戦思想も知らなかった二十歳の兵隊でした。それで「そのときどういう印象だったか」と彼に聞いたら、負けたと聞いたときにはものすごく悲しくて、悔しかったという。

鶴見　ええ。

小熊　ただし、それは三十分くらいで……。

鶴見　ははは、それはいいね（笑）。

小熊　その後には、「待てよ、そうすると俺は日本に帰れるのかな」という解放感の方が湧いてきたと。そのあとシベリアに抑留されて、実際に帰国できたのは三年後になるんですが。

私はこのへんの微妙さが、なかなか興味深いと思うんです。負けて悔しかったというのもほんとうだけど、戦争が終わってうれしかったというのもほんとうだと。

鶴見　なるほど。

小熊　つまり、そう簡単に割り切れるもんじゃないですよね。宮城に行って天皇にお詫びしたという人がいたのは疑いませんが、その人が三日後や三年後にも同じ気持でいたかというと、必ずしもそうとは限らないという。

上野　そういう微妙さは、整理しては語れませんね。

小熊　ところで鶴見さんは、一九五三年の座談会（「知識人の場合」『芽』一九五三年八月号）で、こんなことを述べていましたね。戦争中に立てていた予測として、空襲が激化して食糧不足が起きてくると、隣組単位で住民が反乱に立ち上がって、革命が起きると考えていたと。

鶴見　それは、アメリカから帰ってきた時点でそう思っていたんだ。自分の家は金持だから、略奪されるだろうと思ったんだよ。

上野　そういう発想ですか（笑）。

鶴見　そう（笑）。金持の息子は、結核だろうが何だろうが徴兵検査で合格にしちゃうという世の中になったわけでしょう。それで食糧が少なくなってきたら、そうなるだろうと考えた。

小熊　「戦争が革命に転化する」というわけですね。まあ、清沢洌や近衛文麿なども、そういうことを恐れていたようですが。

鶴見　食糧不足になったら隣組単位で共同炊事が起こって、私の家なんか略奪されて、共産主義革命になるだろうと思ったんだ。だけど、その予測は外れたわけ。どんなに空襲や食糧不足がひどくなっても、日本人は共同炊事ができなかったんだよ。一人ひとりが農村のコネを一人でたどって、買い出ししていた。

上野　結局、家族エゴイズムにとどまったと。

小熊　家族エゴイズムが、総力戦体制と革命の両方を成立させなかったと。そのあたりは、丸山眞男さんの論文「日本におけるナショナリズム」などが描き出していますね。

鶴見　あれは、もう計算外。むしろ、家族も解体していくようなエゴイズムでしたね。もう親戚や親兄弟で食糧の取り合い。共同性もへったくれもなかったような感じがします。

上野　でも、爆撃後の焼け野原のなかで、人びとに蜂起をする気力が残っていると思っておられました？

鶴見　富山の米騒動みたいに、民衆暴動が起きると思ったんだ。

小熊　先ほどの一九五三年の座談会では、まず共同炊事みたいなかたちになって、次に隣組とか翼賛団体に入っている元社会主義者が指導するだろうと考えていた、と述べておられますね。

鶴見　そう。それからもちろん、牢屋に入っている社会主義者たちがいることは知っていた。

たとえば私が当時評価していたのは、羽仁五郎なんだ。一九四二年に私が日本に帰ってきたら、昔の社会主義者や自由主義者はみんな転向して、戦争をほめたたえていた。その最たるものが、親父だったんだ。それにすごく腹が立っているなかで偶然、うちに河合栄治郎編の『学生と歴史』という本が置いてあったのを見たんだ。そこに羽仁さんが書いていたんだよ。

そこで羽仁さんは、読者である学生に向かって、こういうことを書いていた。君たちは学生であるがゆえに、徴兵猶予を与えられている。それでは、中国戦線で闘っている同年配の人に対して、どういうふうに報いればいいのか。それは、君たちがシュトラウスのキリスト教の歴史や、シュバイツァーのイエス伝研究史のような、歴史学としての卓抜な著作を書くことによってである、と。

これにはもう、びっくりした。西洋のキリスト教研究史にあたるものを日本で書けというのは、天皇制のことを考えろと言っているんだ。もちろん当時のことだから、直接には書けないわけだけど、ここには節を曲げていない人がいると感じて、ほんとうに驚いた。

それから、妹が女子学習院にいたから、それをとおして羽仁五郎の本を次々に借りてもらって読んだ。そうしたら、ほとんど同じ主張でずっと書いてあるんだ。それでもう、羽仁さんに頼れば、この状況を自分が脱出する通路について教えてくれるかもしれないと思って、人を介して羽仁さんの動向を打診したんだ。それでその答えが返ってきたら、もう羽仁さんは捕まったというんだ。

小熊　それは一九四五年ですね。

鶴見　そう。ジャワから帰ってきてからだ。それで、「もう終わりだなあ」と思った。当局はついに、羽仁さんに目を付けちゃったんだと。

小熊　その後、一九六八年から『思想の科学』で連載された『語りつぐ戦後史』の対談シリーズで、羽仁さんとも対談なさっていますね。

鶴見　そう。そのときに、羽仁さんが付けたタイトルが、「八月十五日に君は何をしていたか」。そこで羽仁さんは、八月十五日には、友人たちが自分を牢獄から解放してくれると思って、ずっと待っていたというんだ。だけど誰も来なかったって。

そして対談相手の私に向かって、そんなに自分の著作を読んで感動したのだったら、なぜ駆けつけてきて鍵を開けてくれなかったのか、八月十五日におまえは何をしていたんだ、と言うんだよ。羽仁さんが言うには、共産党はいろいろ間違いも犯したけれど、そういうときに立ち上がらない日本国民が、共産党にばかり責任を負わせる資格なんかないという。

だけど私についていえば、もう八月十五日は、助けに行く気力はなかったね。病気のうえに栄養失調で、もうフラフラだった。獄中に誰がいるってことは知っていたし、彼らが解放されたら何ごとかは起こるとは思っていたけど、自分が解放しに行くというふうには考えつかなかったんだ。

小熊　敗戦から二十年くらい経って、敗戦後の共産党の革命路線が一通り失敗に終わってから、共産党員をはじめとした政治犯を占領軍に解放してもらうのではなくて、日本社会のあいだから解放しろという要求が出てくるまで待つべきだったという意見が出ましたよね。それをしなかったから、日本では民主化が根付かなかったし、下からの革命が起きる気運もつくれなかったと。鶴見さんはその可能性があったと思われますか。

鶴見　倫理的には、それをすることが、決め手だったと思う。その問題にきちんと言及したのが、武谷三男なんだよ。

武谷さんは戦前に牢屋に入って出獄したんだけど、その家にお手伝いさんというかたちで転がり込んできていたのが、布施杜生《もりお》の細君だった。布施は京都で捕まって、獄死している。そして彼女は、敗戦と聞いてものすごく喜んで、これから獄中の人たちを解放しようと訴える手書きのポスターをつくって、新橋の辺りにそれを貼って歩こうとしたんだ。自分の夫が獄死した人だから、一刻も早く助けなければと思ったんだね。

ところが武谷さんは、それを止めたんだ。あなたがそんなことをやらなくたって、誰かがやるだろう。あなたがやれば、女だと思って乱暴されると言ってね。

だけど、武谷さんが戦後二十年くらいたって言うには、それは短見だったと。誰かがやるだろうと思っていたけれど、そういうことをやる人は、実はいなかったんだ。だから、そのわずかな可能性を、自分が止めてしまったことになる。それは自分の責任だ。武谷さんが戦争責任の問題を考えるときには、そういう記憶があるんですよ。

上野　そういう女性がいたということは、歴史にとどめておくべきですね。

鶴見　それから、共産党員のぬやま・ひろしという人がいるでしょう。彼が書いていたことなんだけど、彼は敗戦のときには多摩の府中刑務所にいて、一緒に収監されていた徳田球一に相談された。一九四五年九月に三木清が獄死して、それがきっかけになって、アメリカ占領軍が政治犯の釈放を日本政府に命令した。徳田からの相談というのは、占領軍による解放というものを、受けるべきかということだった。

ところが、ぬやまが書いていることによると、そのときの自分はもう体がまいっていて、ぜんぜんものが考えられなかった。それで徳田に、なんにも答えられなかったという。結局、十月四日に占領軍の命令というかたちで彼らは解放されて、アメリカ軍を解放軍と規定してしまうんだ。

ぬやまのいうには、いまから考えると、日本人が立ち上がってわれわれを解放するまで待つべきだ、アメリカ軍に解放されない方がいい、そういうふうに答えるべきだったという。たしかに、それは正論なんだ。そうすれば戦後の共産党の立場は、ずっと良くなったでしょう。だけど、これはもう後知恵なんだ。

上野　素朴な疑問として、アメリカ軍のイラク侵攻でフセイン体制が倒れたときは、首都の官庁に民衆がおしかけて略奪が起きたり、フセインの銅像を倒したりということが起きました。それからアメリカ占領軍へのテロもたくさん起きました。日本では、敗戦後の占領下でそういうことがほとんど起きなかったのは、どうしてなんでしょうか。鶴見さんも、戦中はそれを予想しておられたわけでしょう。

鶴見　一つには体力の問題でしょうね。とにかくみんな栄養失調で、そういうことをやる気力がなかった。徳田球一という人は、戦前の労働運動からとにかく武闘派として知られていたくらいで、異常体質といえるくらい体力があったんだ。だから獄中に一八年もいても、まだ考える力があった。ぬやま・ひろしは、そういう体力がなかったんだよ。

小熊　もう一ついえば、アメリカ軍がすぐにやって来たイラクとちがって、日本では降伏から占領軍が来るまで若干のタイム・ラグがあった。そのあいだは、降伏したとはいっても、まだ特高警察も憲兵隊も活動している。実際に内務大臣は、政治犯はどんどん処罰するし、釈放するつもりもないという方針を公表していたわけです。それをみて占領軍が介入したのが十月の共産党員の釈放だったわけですから、それまでは模様眺めの人が多かったとしても無理もないでしょう。

鶴見　それもそうなんだけど、でも自分たちで動くべきだったんだ。羽仁さんに「何をしていたんだ」と言われて、もう忸怩たる感じだったな。

小熊　鶴見さんとしては、十月に共産党の幹部が解放されたときに、歓迎に行こうと考えたことはありますか。荒正人などはあのときに歓迎に行ったそうですが、来ていたのは大部分が朝鮮人だったという話もありますね。

鶴見　解放されたというニュースじたいはいいことだと思ったんですが、私は十五歳のときから、マルクス主義じゃなくて、クロポトキンのほうが好きでしたから。アメリカにいたあいだも、アナーキストだということで捕まったんですが、共産党支持じゃないんですよ。

だけど羽仁五郎は共産党じゃなくて、無党派だった。そして、私が支持していた人なんだ。だから筋道からいえば、羽仁さんが捕まっているところへ行って、解放すべきだったんです。その負い目は、ずっと感じています。

占領改革と憲法

占領軍への協力を拒む

上野　鶴見さんは、敗戦後しばらくは、戦争中に自分がちゃんと抵抗しなかったという負い目で、顔を上げて歩けないほど参っていたと書いてらっしゃいますね。敗戦を、必ずしも解放と受け止められたわけではない。

鶴見　そうじゃないです。もう、なぜ戦争中に抗議の声を上げて牢屋に入らなかったのかっていう思いは、ものすごく辛いんだよね。だから、英語がしゃべれるのも嫌になっちゃって。戦争中から、道を歩いていても嫌だって感じだった。鬱病の状態ですよ。

上野　そして、占領軍に協力しようという気にもならなかった。

鶴見　そう。ならなかった。それが、もともとアメリカからもどってきたときの考えですから。

戦争中の日本のなかでは、自分の中味は「鬼畜米英」そのものだったんだ。それが戦争の終わったところから、そうじゃなくなったんですよ。戦時中に日記を書いていたんだけれども、その日記に

「これから自分とアメリカとの戦いが始まる」という記述があるんだ。戦中は日本との戦いだったけれど、戦後はアメリカとの戦いが始まるってね。

上野 それはどういうことなんでしょう。

鶴見 そのとき何を考えていたのか、よくはわからない。でもいまから考えてみると、自分に対する自己予言ですね。占領軍にも協力しないし、のちにはベトナム反戦もやったわけで、戦後はアメリカを向こうに回してやってきていたと思う。

小熊 しかし、鶴見さんの周囲では、敗戦を境にずいぶん態度が変わった人なんかも多かったでしょう。

鶴見 そう。敗戦のあと、道ばたで会ったら、「どうだ、僕の言うとおりになったろう」とか得意そうに言う人がいたよ。日本がアメリカに負けることを予測していたっていうんだよ。だけどその人は、戦争中は「日本は勝つ」と言っていた人なんだ(笑)。

もう、過去の自分の言動を覚えていないような人が少なくなかった。そして親父は、自分が総理大臣になれると思っているんだから。そういうなかにいて、自分が占領軍に協力する気にはならなかった。

上野 占領改革については、どう思っていらっしゃいましたか。占領軍は初期には、財閥解体や農地改革、それから新憲法とか、理想主義的な改革をうち出してきましたよね。

鶴見 初期の占領改革は、私が考えていたより、ずっと優れたものだと思いましたね。ラディカルなものだと思いました。

あの改革をやった連中は、よくいわれるように、ニューディール時代に大学を出たり、Ph・Dを取ったりした人が多いんですね。のちに『思想の科学』をやったときに、アメリカの図書を取り寄せたりするのを助けてもらったセルズニックという人がいて、伍長待遇で占領軍にいたんですけども、彼もTVA（Tennessee Valley Authority テネシー川流域開発公社）についての論文を書いている途中で軍に徴用されたんです。

ほかにも、ハーヴァード時代の同級生でリーバマンという人が、卒業名簿を伝ってやって来ましたね。軍医として日本に来たんだけど、ハーヴァードのその学年のトップ・クラスの人だった。彼は私を訪ねてきて、どういうふうにファシズムが起こるかについて、いろいろ話してくれって言うんです。私のほうは、戦中の体験から、転向研究というプランを戦争中からすでに考えていましたから、彼とは私的によく話をしました。

そのリーバマンが、こう言っていたんですよ。これからアメリカは、ファシストの国になるって。だから日本でどういうことが起きたか、聞きたいというんですよ。彼はユダヤ人だったから、そういうことに危機意識があったのかもしれないけれど、すごい予言だよね。イラク戦争のアメリカをみていると、いまになって、その予言が実現した感がある。

小熊　その当時は、占領軍とコネがあるといえば、たいへん羨まれた時代ですよね。それでも、いやそれだからこそかもしれませんが、占領軍に協力しようとは思われなかったわけですか。

鶴見　協力しようとは思いませんでした。占領軍に、若くて優秀な人たちが理想に満ちてやって来たことはわかりましたから、彼らと私的に話すことはしたけれどね。日本に英語を話せる人間が少ないから、彼らが訪ねてくるんだよ。

何回も接触してきたのは、占領軍の教育担当で言語関係の政策をやっていた人たちだったね。当時はローマ字を導入しようとか、そういう案がいろいろあったでしょう。初めはホールという人から、その次にハルパーンという人から接触を受けたけど、協力依頼はみんな断わった。

小熊 言語政策というのは、鶴見さんがアメリカで言語学を勉強していたからですか。

鶴見 そう。私はハーヴァードで言語を勉強していたし、あとで駐日大使になったライシャワーや、ソシュールの弟子のエリセーエフという言語学者のもとで、和子と一緒にアメリカで日本語の初等学習書をつくるプロジェクトを手伝っていたことがあるんだよ。エリセーエフはすごく日本語のできる人で、日本の言語学者の研究もよく読んでいた。あるときなんか、当時の京城大学の助教授でソシュール批判をした時枝誠記《ときえだもとき》が京城大学の紀要に書いた論文を持ってきたりしたね。私は敗戦後すぐに言語についての論文を書いたし、そういう情報を、むこうはつかんでいたのじゃないかな。

上野 しかし、占領軍に協力しないことで、なにかふつごうは起きなかったんですか。

鶴見 断ることはできますよ。日本軍みたいに、協力しなきゃ報復されるというものじゃありませんでした。

小熊 しかし、当時の日本では占領軍と関係が持てるというのはたいへんなステイタスであって、利益が得られると考える人はたくさんいたと思いますが、そういうふうには考えられなかったわけですね。

鶴見 そういう連中がいることが、かえって私をかたくなにさせたところはあるね。それにまあ、戦争があってから、英語ができるってことを恥じていたからね。いまから考えると、いくらか病的なんだけれども。とにかく占領軍の仕事はしたくなかった。

小熊 アメリカから帰国なさったときに、「アメリカ軍にくっついて、英語を話してのこのこ帰ってくる自分は耐えられない」と思って決断なさったわけですからね。

鶴見 そう。とにかくね、戦争が終わったときに、頭を上げて歩けないという感じだったんだ。自分はちゃんとした分別をもっていたのに、どうして戦争に抗議する声を上げなかったか。戦争中に逮捕されたことなんかないんだから。そのことを恥じていたね。

小熊 和子さんが初期の『思想の科学』について回想されたもの(「『戦後』の中の『思想の科学』」『思想の科学会報』復刻版第一巻所収)を読んだところによると、アメリカの社会科学を紹介するときに、占領軍の人間が持っていた本を提供してもらったりしたというふうなことが書いてありましたが、そういうことはあったんですか。

鶴見 占領軍から組織として特別にもらったものは、ないと思う。アメリカで私たちが押収された本やノートとかは、返してもらったけれどね。さっき言ったセルズニックのように、和子とか私の個人的人脈で、占領軍にいたアメリカの若い学者に本を貸してもらったとかぐらいです。あとは、まったくオープンに日比谷にあった占領軍の図書館を使って、文献を探していたね。

上野 それにしても、そこまで英語もできて人脈のある方が、いっさい協力しなかったことで、不利益はなかったんでしょうか。

鶴見 不利益があったとは思わないけれど、変わった奴だとは思われたでしょうね。その後も私は、何回もアメリカに来ないかと呼ばれても、いまにいたるまで一度も行ったことがない。行きたくてしょうがない人は、ほかにたくさんいたんだけれども（笑）。その一方で、ベトナム反戦でアメリカ大使館前に坐り込んだりはしたわけだからね。ライシャワーの自伝では、私のことを困った奴だみたいに書いてあるけれども、そう言いたい気持もわかるね。

小熊　祐輔さんは占領軍の人が訪ねてくると、どう対応していたんですか。

鶴見　セルズニックが私の家にやって来て飯を食べていったときなんか、英語で楽しそうに話していた。でもセルズニックは帰り際に、私が送っていったら、「君の親父はああやって元気だけど、近いうちに追放されるよ」って教えてくれたね。

憲法前文と象徴天皇

上野　鶴見さんは、アメリカでの収監体験から、アメリカの民主主義に対する基本的な信頼が自分のなかにできたと書いてらっしゃいましたね。占領改革に対する好意的な見方も、その延長でしょうか。

鶴見　それはあった。だから、リーバマンが彼の予想を話したときには、びっくりしてしまって、同意はできませんでしたね。イラク戦争の事態を見たいまとなっては、その予想は当たったなと思います。ほんとうはベトナム戦争の時点から、アメリカにはかなり失望していたんだけれど。

上野　そのすばらしい民主主義を、占領軍が権力者として押しつけるということについては、どう思われましたか。

鶴見　それは理想的なかたちではないですけれどね。

上野　憲法についてお聞きしたいんですが、一九四六年三月に憲法草案が新聞に公表されたときに、これは思ったよりもいいものだと思われましたか。

鶴見　憲法前文は好きですね。私の率直な感じからいうと、あのときに日本のインテリは、まったく焼け野原になっている東京を見て、あるいは大阪を見て、あれだけの憲法を書く感情を持ちえなかったと思う。

そうしたときに、非常に健全な、ニューディール時代のいい部分を吸収したアメリカ人がやって来て、あの焼け跡を見て憲法を書いた。そのなかには、男女平等条項を書いたベアテ・シロタ・ゴードンみたいに、当時の私より一つ若い、二十二歳の女性もいたわけです。彼女は日本で育って、日本に非常な愛情を持っていた。そういう人たちが、話し合ってつくったのが憲法前文でしょう。

上野　憲法前文を、最初は日本語で読まれました？　それとも英語？

鶴見　日本語だった。

上野　いい文章だと思われました？

鶴見　当時の私は、そんなに日本語ができないんですよ。むずかしい日本語は苦手だった。

上野　はい（笑）。では内容について。

鶴見　私は、あの前文はいい感じを持つね。

上野　憲法は中身も優れているし、前文が好きだとおっしゃる。でも、それが支配者によって押しつけられたものだという逆説があるわけですね。鶴見さんともご縁の深い批評家の加藤典洋《のりひろ》さんは、それを戦後日本の出発点にある「ねじれ」とか「よごれ」と呼びますが、その点についてはどういう感じをもたれましたか。

小熊　こだわりますね、上野さん。

鶴見　あのね、私が育ってきた環境からいって、私は日本の国民や指導者、インテリに対する評価が、非常に低いんですよ。一高を一番で出た親父が、インテリと政治家を兼ねてたからって、しょせんこんなもんかっていう思いがあるから。

だから、憲法草案を見たときに思ったのは、「押し付けているにしちゃ、これはいい憲法じゃないか」ということと、「こんな憲法を持ったって、日本人は守れるのか」っていうことでした。それが私の正直な感情でしたね。

上野　すると、これは日本人が自力ではつくれない憲法だと思ったということですか。

鶴見　そうです。それに、たまたまあれに反対しきる力を持った勢力もなかったということですよ。

上野　それでは、あの憲法はウェルカムでしたか。

鶴見　これはいいものだと思いましたね。ただあとで知ったことですが、シロタとかは、もっといい方向に持っていこうとしていたんでしょう。「国民」の平等じゃなくて、当初はAll Natural Persons（すべての自然人）の平等というかたちで、外国人も含めた平等だったのを、日本政府が翻訳なんかの過程で変えてしまったわけですから。だから、完全な理想型じゃないでしょうが。

上野　加藤典洋さんなどは、中身はともあれ押しつけは押しつけなんだから、選びなおしをするべきだとおっしゃいますが。

鶴見　私は政治上の理由からいえば、いまの憲法をなんとかして守る方がいいと思っています。しかし政治上じゃなくて、まったく倫理的にいえば、投票にかけて選びなおすというのが正論だと思います。でもそれは、倫理的な話ですよ。

いまの時点でいえば、選びなおしをして、憲法を守る方向に世の流れを押しもどすという判断もありえると思います。いまなら、まだ改憲が世論の絶対多数をとるとは思わないから。もうしばらくしたら、わからないですけれどね。

上野　具体的な条項についてお聞きしたいんですが、前文はよい文だとして、第一条の象徴天皇条項はどう思われましたか。天皇を残して占領に協力してもらうというのは、占領軍にとって既定の路線だから、いまさら覆せないという感じでしょうか。

鶴見　私の当時の感情でいえば、天皇はああいう仕方で戦争にあれだけ利用されたんだから、責任をとって退位するのが当然だと思っていました。それは、木戸幸一のような天皇の側近たちも、そう思っていた。だからあのときに天皇が、まったく自発的に退位を申し出て、それを支える者がいたら、あそこで退位ができたと思いますよ。

ただ占領軍が、日本の統治をしにくくなるというんで、退位をそうとう嫌がったと思う。けれども、天皇がどうしてもと押し切ったら、押し切れたと思う。つまり、占領軍との関係のなかで、天皇は卑屈になっていたと思うね。アメリカの恩恵に、あまり遠慮しすぎた。

小熊　当時の国際情勢では、アメリカに頼らなければ、天皇が訴追された可能性が高かったでしょう。

鶴見　オーストラリアや中国なんかが日本統治に入っていたら、天皇退位の方にはっきり傾いたでしょうね。

小熊　おそらく天皇が退位していれば、間接的な波及効果として、他の政治家なり、あるいは地域の有力者なりの戦争責任追及に、火がついた可能性はあったと思います。天皇が辞めたんだから、あなたも責任をとりなさいというかたちで。

鶴見　それはありえたでしょうね。

上野　昭和天皇が退位しても、憲法の第一条が残れば、天皇制という制度は残りますよね。

鶴見　天皇制は残りますが、昭和天皇は、退位によって戦争に対する責任をとる。私は、当時できたのはそこまでじゃないかと思う。昭和天皇が責任をとれば、次の皇太子や皇太子夫人も、昭和天皇に戦争責任があったということを了承したうえで後を継ぐことになるわけです。そうなっていれば、その後の国内や国際情勢はかなりちがったでしょう。

上野　それでは、護憲天皇制ができるということになりますね。主権在民天皇制というか。それなら支持なさいましたか。

鶴見　そうしたら、いまの皇后がやっているいろんなこととかが、もっと広い立場で理解されるようになったでしょう。

上野　では、天皇制打倒まではいかなくてもかまわないと。

鶴見　そこまでいくというのは、当時の状況からいえば、ちょっと無理な勇み足というか、逆に揺り戻しがきたんじゃないかな。私の政治感覚からいえば、そういうところですね。

小熊　鶴見さんはその当時、天皇制が倒れた方がいいと思ってらっしゃったんですか。それとも、象徴天皇制ぐらいならそれでいいじゃないかと思われたのですか。

上野　そう、そこをお聞きしたいです。

小熊　丸山眞男さんは、敗戦後数年間は、象徴天皇制を正面から批判するということはしませんでしたね。あまり急激な改革になると、右派と左派の両極がラディカルなかたちで出てきて、かなり混乱するだろうという判断があったようです。のちに冷戦が激しくなって、占領政策が反共の方向にゆれもどした、いわゆる「逆コース」の時代になってから、そういう流れに対抗するようなかたちで天皇制撤廃を明確に打ち出すようになるわけですが、敗戦直後はそういう判断だった。鶴見さんは、どうでしたか。

鶴見　究極的には、天皇制が倒れた方がいいと思っていました。だから、天皇の地位は国民の総意にもとづくと憲法第一条は言うけれど、そこに国民投票の条項を加えて、その結果次第では退位や天皇制廃止を認めることを明確にうたったほうがいい、と思っていた。だけど、天皇制を廃止するのには、長い時間が必要だと思ったね。

小熊　当時の政治地図としては、天皇制廃止を明確に打ち出していたのは共産党でした。共産党の主張を支持しようということは考えなかったんですか。

鶴見　私は共産党については、日本の戦争を支持しないという一点だけで、大正時代からずっと一貫していると思うんですね。その点には、いつでも賛成しています。けれども、他の点で共産党の理論を支持しているわけじゃありませんし、マルクス主義者でもありません。

小熊　先ほども話に出た元少年水兵の渡辺清さんなどは、戦中の天皇に対する敬愛がものすごく強かったぶんだけ、敗戦後には天皇への反感も強く、憲法草案が発表されたときには、天皇を象徴にするという第一条に猛烈に反発した。鶴見さんはそういうことはなかったわけですか。

鶴見　ありません。私は、昭和天皇が退位するのは当然だと思っていたんですが、天皇家自体に対して、強い反感を持っているわけではありません。いまの天皇に対してもそうです。反感を持っていないから、近づきたくないいんですよ。近づいて利用されるのは嫌ですしね。

第九条について

上野　次に、第九条についてお聞きしたいんです。

小熊さんの『〈民主〉と〈愛国〉』によれば、憲法第九条を当時の文脈にさし戻してみると、理想主義でもなんでもなかったということがわかる。アメリカは日本を武装解除して、国際連合つまり連合国で共同管理するつもりだった。また日本側からみれば、非武装化を受け入れれば天皇の訴追も免れるし、共産党の革命に先手を打って保守政権が生き残れる。それに、どうせ敗戦になって軍備が解体されるのは逃れようのない現実なんだから、それを理想だといって開き直ってしまったほうが得策だということですね。

占領者による武装解除が、選択の余地のない現実だったということですから、非武装を恒久平和の理想主義と呼ぶのは、一種の粉飾決算だったわけですね。そこで鶴見さんが、占領者が押しつけた非武装化を、どういうふうに見ておられたのかをお聞きしたいんです。

小熊　私は「粉飾決算」とまで書いたつもりはないですけど。先ほどからのやりとりを聞いていて、上野さんが戦後憲法の「ねじれ」とか、「平和と民主主義の欺瞞」というテーマにこだわっておられるようなので、私はちょっと驚きました。やっぱり江藤淳ファンの全共闘世代だからですか（笑）。

上野　私の話はいいですから（笑）。鶴見さんはどうご覧になられていましたか。

鶴見　あの当時、保守政治家や日本政府の側に、上野さんのいう粉飾決算があったことは確かだと思うし、彼らは信頼できません。私は政治家の家に育ったから、政治家というものがどういうふうに動いていくかをわりあいに知っている。信頼できる人っていうのは、ほとんどいないんですよね。

だけど保守政権が粉飾決算で憲法を歓迎していた時期は、アメリカの方針が変わって逆コースになると、すぐ終わってしまう。そのあとの時代に、憲法を逆手にとって、アメリカと占領軍の再軍備圧力にある程度の抵抗を試みたのは、吉田茂ですね。「憲法があるし、国内の反対が強いから、再軍備は簡単にできない」と言ってアメリカと交渉して、再軍備を最低限に抑えようとした。

上野　はい。そのことも小熊さんの本にはよく描かれています。

鶴見　当時から、私はそういう吉田の意図が、よくわかった。私が左翼と違う点の一つは、そういう吉田に対する評価だったんです。共産党は、吉田政権はアメリカに追従した売国政権だとか批判していたけれど、私にはそうは思えなかった。

私は吉田に対しては、戦時中から信頼を持っていたんです。戦争中に、熱海から汽車に乗って大磯を通り過ぎるときに、吉田茂が化膿した顔に包帯を巻いて、お供も連れずに立っていたのを見たんですね。当時の吉田は、留置場から出たばかりだった。その吉田の姿を見て、すばらしい人がいるなあっていう感じを持ったんです。だからその吉田が、戦後に憲法を逆手にとってアメリカに対抗しているのは、よくわかったね。

小熊　鶴見さんは一九五五年の「かるたの話」では、「平和憲法という嘘」はアメリカから強制された「まぎれもなく嘘」であるけれども、「この嘘から誠を出したいという運動を、私たちは支持する」と書かれていますね。

上野　それは少し後の話ですね。第九条が一九四六年に出てきたときに、どう思われたのでしょう。

鶴見　それは、憲法全体に対してと同じです。まず、とてもいいと思いました。それから、日本人がこれを守れるのかなっていう疑いを強く感じていました。でも、理想としてはたいへんいいと思いましたよ。

上野　そのたいへんいい理想を、支配者である占領軍が押しつけるということについては？　しかも占領軍が日本に駐留しつづけるという前提のもとに。

鶴見　論理的にはパラドックスになります。私は当時から、戦争裁判に対しては、そういうパラドックスを感じていましたし、納得できないと思ったんです。だけど憲法については、そのパラドックスを、当時は感じませんでしたね。

上野　米軍の駐留をやめさせて、ほんとうに「非武装中立」するというオプションはありうると思われましたか。

小熊　それは当時の政治的な文脈でいえば、米ソの対立という現象を予測できたかということに関係していたでしょうね。アメリカ側が憲法前文や第九条をつくった背景には、冷戦がまだ顕在化していなくて、世界の国際協調がある程度は存在することが前提になっていたわけですから。

上野 いや、そういう国際政治のパワーポリティックスとは独立に……。

鶴見 アメリカやソヴィエトについても、当時はかなり楽観的に見ていたんですよ。私はソヴィエトに同調はしていなかったけれども、そのマイナス面についてちゃんと考えてはいませんでしたね。ただ共産党に同調する気はなかったけれど。

そういえば、当時の私は、共産党の機関誌『前衛』で叩かれましたよ。敗戦後の一九四六年ぐらいだったか、共産党員の文学者の高倉テルが私のところにやって来てね。私に共産党に入らないかって、説得しようとしたんだよ。ところが私は十五のときからアナーキストのクロポトキンを愛読していたでしょう。クロポトキンは、いかにマルクスが困った奴かってことを、ずっと自伝で書いていますからね(笑)。

それで共産党からの評価は、鶴見和子はいいけれども、弟の俊輔はどうしようもない「ウルトラ」だと。この形容は、昭和三、四年ごろにはやった言葉らしい。いくら合理的に説得してもわからない、話にならない頑迷固陋な人間ということでしょうね。

小熊 和子さんはマルクス主義者だったんですね。

鶴見 そうです。それは、彼女がアメリカに行ったときからなんです。だからアメリカで私の周りにいた鶴見和子、都留重人、南博、みんなマルクス主義者ないしそのシンパだったんですよ。私だけクロポトキン(笑)。

小熊 なるほど。ところで憲法に話をもどして、当時の共産党は憲法に反対していましたね。天皇制も残っているし、資本主義も肯定しているし、非武装などということを言っている。非武装中立ではなくて、社会主義陣営に入ってプロレタリアのために戦うのが正しいのだ。そもそも非武装とか平和主義とか言っても、資本主義を変革しないかぎり一片の空論である、という論理でした。そういう意見については、どう思われていたんですか。

鶴見 それほどよく考え抜いた説じゃないと思ったね。反対理由は、この憲法は小説だ、ロマンティックだって言うんでしょう。資本主義の止揚という科学的方針がない平和主義は、ロマンにすぎないと。

それはロマンティックであることは、ある意味で言えることだよね。だけども、じゃあ何が正しいかは全部、科学的社会主義とソヴィエト・ロシアが決めることだというのは、かなわないというか、良くないでしょう。

だいたい私は、懐疑主義だから、科学的に絶対に正しいものなんて信じられない。だからマルクス主義にもいかなかったんだ。

小熊 倫理的な「ねじれ」とか「欺瞞」とかいう問題をつきつめるという方向に、鶴見さんが向かわないのも、政治家の家系で育ったというリアリズムと、「絶対に正しい純潔さ」というものを警戒する懐疑主義からでしょうか。

鶴見 そうも言えるかな。

小熊 和子さんはマルクス主義者だったとすると、当時の和子さんは憲法に対してどうおっしゃられていましたか。

鶴見　それは当時の彼女は、もっとソヴィエト流に変えていかなきゃいけない、労働者の権利をもっと重視したものにしなきゃいけない、という意見でした。

小熊　まあ当時は、共産党だけじゃなくて、社会党もそういう意見でしたからね。それでは、お父さんの鶴見祐輔さんは、憲法にどのような姿勢をとられていたんですか。

鶴見　あの憲法草案が出たとき、ショックを受けていたね。それでその直後に、親父の事業所で私が聞いた見解というのは、「これはいい憲法だけど、いったい日本で通用するのか」ということだった。

上野　それは、鶴見さんご自身と共通したご意見のようですね。

鶴見　だけど、ちょっと見方がちがうんだ。親父は一番病だから、そこで教養を出すんだ。「カントも読んだこともないのに平和主義がわかるのか」って言うんだよ（笑）。あの憲法を受け入れるためには、カントの『恒久平和のために』を読んでなきゃいけないと思っているんだ。そこが私とちがう。

上野　あはは（笑）。

鶴見　それを聞いて、啞然としてしまってね。つまり親父は、自分みたいに一高や東京帝大を出て、教養のある人間が、指導者にならなきゃいけないと思っているんだよ。だけど私のほうは、カントなんか読んだこともない大衆の意見の方が大切だと思っているんだ。

上野　しかしお二人とも、いい憲法だけど、日本人にはふさわしくないくらい高い水準のものだと思われた。

鶴見　それも見方がちがうんだ。私が低く評価しているのは、日本の知識人とか政治家なんだ。とくに一高とか東京帝大を一番で出たような連中（笑）。こういう認識が私にとっての、戦争中の遺産の一つなんです。そういう連中にこの憲法はわからないと私は思っている。

上野 そういうことを、憲法草案が発表されたときにも思われたわけですね。

鶴見 そうです。この憲法をあの連中（知識人）が支えられるだろうか、ということです。

知識人の責任

上野 知識人の責任ということで、お聞きしておきたいことがあります。日本の知識人はほとんど戦争協力の文章を書いて、たとえば白樺派で戦争協力をしなかったのは、鶴見さんによれば里見弴と柳宗悦しかいなかったといいます。それについてどう考えるかです。

私は、高校時代からずっと小林秀雄の愛読者だったという、非常に不幸な女なんです（笑）。小林秀雄も戦争を支持する文章を書いたわけですが、敗戦直後に雑誌『近代文学』の座談会で、「僕は無智だから反省なぞしない。利巧な奴はたんと反省してみるがいいじゃないか」という有名な啖呵をきった。

彼が戦中に書いたのは、たとえ暴挙であれ、国家が困難な状況に入っていくときに、個人の運命を国家の運命と共にするのが人として当然の道であり、それが庶民というか、生活者の感覚だということでした。つまり、インテリなら理念や思想でものごとを批判したり判断するだろうけれど、それをやらないのが生活者であり、自分の決断なんだと。こういう意見の人たちについては、どう見ておられましたか。

鶴見　私は、そういうことを言うインテリは許せない。
上野　しかし小林のような知識人は、自分もただの生活者であると、主張するわけです。
鶴見　その言い訳は通らないし、なるべくそういう人とつき合いたくないと思っています。
上野　その言い訳自体が卑劣だということですか。
鶴見　そうです。知識人は、知識を得るまでにいろんな特権を背負っているんだから。
上野　でもそういう方たちの内面の倫理としては、国民的な非常事態において、知識人としての判断を行使することが卑劣だという考え方もありますね。隣近所の熊さん八っつぁんが、戦争に巻きこまれていくのと同じように、自分もまた生活者として、国家と運命を共にするんだという。
鶴見　そういう考え方はあるでしょう。それは私にもありますよ。だから負ける側にいたいと思って、日本に帰ったんです。手を汚さないだけだったら、アメリカの牢屋にじっとしていれば、それで済むんですから。
　だけど、知識人は、生活者そのものではない。既に特権を得る道を、昇ってきているんだ。そのことを考えないといけないでしょう。私なんかにしても、自力だけでここまで来たのではない。
上野　知識人は、知識人の責任を放棄して、生活者のふりをするな、ということですか。
鶴見　そうです。小林秀雄についていえば、彼は東京工業大学の教授の息子として、また東大仏文科の卒業生として、特権を得ていたことをもう少し考えてもらいたかったな。
　それに、彼はアルチュール・ランボーを日本に紹介した人なんだ。ランボーは別の生き方をしているんだよ。理性を疑って、知識人ぶった特権的な判断をするのが嫌だというにしても、どうせ開き直るなら、もっと別の方向に開き直ってほしかったね。昔の中国の知識人とかには、「帝王我にとってあにかかわらんや」という言い方があるでしょう。政治がなんだ、国家がなんだ、「太閤さまも死んだげな」という、そういう開き直り方をしてほしかったな。

小熊　それと関連しておうかがいしたいのですが、時局に沿ってゆれ動いていくというのは、知識人や政治家だけではないですよね。鶴見さんはそういう知識人のあり方は非常に批判なさいますけれども、時局に沿って揺れ動く庶民の批判はなさらない。どうしてですか。

鶴見　それは辛いところですね。私は、自分が生きてきたことで、いろんな特権を享受しています。だから、似たような特権を享受している人たちに対しては、もう少し責任をとってもらいたいと思う。だけど、それだけの特権を持っていない人に、同じことは言えないね。

小熊　なるほど。

鶴見　だから人によっては、「何となく嫌な花なり夾竹桃」という感じを、私に対してもつのは当然だと思う。

上野　ははは（笑）。

小熊　これは以前から思っていたことなんですけど、その点が丸山眞男さんと、鶴見さんの分かれ目ですね。丸山さんは、庶民にも倫理を求めますでしょう。

鶴見　丸山さんもそういって私を批判したんだよ（笑）。「鶴見さん、あなたは大衆をほめるけれど、それはあなたが育ちがよくて知識人だからですよ」ってね。

小熊　『語りつぐ戦後史』の対談で、そんなことをおっしゃっていましたね。丸山さんのいうには、世評では自分が特権的インテリで、鶴見さんは大衆寄りだと見られがちだけど、じつは逆である。鶴見さんのほうが世間から浮いた知識人で、自分のほうは育ちもそんなによくないと。

鶴見　彼は、自分は庶民だと思っていたんだよ（笑）。丸山さんは私に対する嫌味で、よくこんなふうに言ったんだ。「それは、君が貴族的だからそう考えるんだよ。僕なんか、近くの貧民窟の人たちと一緒に落語を聞いていたんだ」ってね。

上野　言いたい気持はわかる（笑）。

鶴見　私はそうは思わない。私は生まれついての不良少年だったんだから。

小熊　丸山さんが庶民かどうかはともかく、問題は批判の対象をどこに置くかですね。

丸山さんも戦争に協力した知識人、そして戦後には民主主義礼賛に転換した知識人に対しては、すごく怒っていた。だけど丸山さんは、どちらかというと、土建業者とか町工場の親方といった、いまでいえば自民党の支持層になっているような村や町の顔役の階層を「社会の下士官」と呼んで、日本のファシズムを生んだのはこの階層だという批判をしたわけです。

鶴見　そう。そういう人たちを、丸山さんは「亜インテリ」と呼んだ。そこが私と丸山さんの、相容れないところだね。

一九四七年に東大で丸山さんがやった講演があって、そこで彼は、「本来のインテリゲンチャ」と「亜インテリ」を分けている。それで「亜インテリ」は大工の棟梁とかで、ファシズムの担い手だと。そして観衆に向かって、「みなさんは東大を出ているから、亜インテリではありません」と言っているんだよ。

こういう見方は、私とは相容れない。吉本隆明はまさに船大工の棟梁の家系なんだけど、彼は丸山さんは特権的な知識人にすぎないと嚙みついた。この論争では、私は吉本のほうを支持するね。

小熊 その講演は「日本ファシズムの思想と運動」ですが、原文を読むと、ちょっとニュアンスがちがいますよ。丸山さんが言ったのは、世間一般と同じように学生にも「亜インテリ」と「本来のインテリ」がいるけれど、こういう講演に来ている「皆さん方は第二類型に入るでしょう」ということです。「東大を出ていれば本来のインテリ」という言い方はしていません。

鶴見 そうなの？ 私は自分の偏見に合わせて丸山さんの思想をゆがめているな。

小熊 それはともかく、批判対象を知識人や政治家だけにするか、庶民を含めるかというのは、一つの問題であるわけです。

そこで問題になるのは、自分を庶民だと思っていて、全然責任を負う気のない知識人です。小林秀雄よりもっとわかりやすい例は、清水幾太郎です。清水は本所のスラムの出身で、とても貧乏な環境から、学問だけでのし上がってきた人です。それで自分のことを庶民の側に位置づけていて、自分は知識で金を稼ぐ、時流に合わせて原稿を書いて金を稼ぐ「売文業者」だと言っている。そして戦前はマルクス主義の原稿を書いて、戦中は新体制支持で、戦後は平和運動の旗手で、七〇年代には改憲と核武装の原稿を書く右派になった。こういう人は、知識人と庶民の、どっちに入るんでしょうか。

上野 おもしろい質問ですね。

鶴見 彼も一番病なんですよ。ものすごく勉強ができたし、そのときそのときの流行のテーマをよく消化していたし、学生のときから原稿が売れたんですから。そのうえ、運動に乗り出して読者をアジったでしょう。そうすると、誘った者の責任というものがあるんです。

小熊　なるほど。それは知識人とか庶民とかの枠をこえて、ありますね。

鶴見　そこは、踏んだものと踏まれたものという関係がある。誘った者の責任はあるんだ。だから知識人とか政治家の責任というものは、庶民とは別に問われるべきなんだ。

『思想の科学』の創刊

戦争体験から生まれた多元主義

小熊　そして一九四六年五月に、『思想の科学』を創刊なさいますね。その経緯をお話しいただけますか。

鶴見　『思想の科学』の同人は、いまの大学教授の思想史研究者やなんかが考えると、創立時のメンバー七人のうち四人がアメリカ留学生だったから、アメリカの思想を輸入しようとしたグループだと思うでしょう。でもちがうんですよ。

創立のときのメンバーは、私と和子、都留重人、武田清子がアメリカ留学帰り。あと渡辺慧がフランス留学ですね。留学組でないのは、丸山眞男と武谷三男です。そして『思想の科学』の方針になった多元主義は、武谷三男から出たものなんです。

小熊　というと？

鶴見　編集会議を開いたときに、武谷の提案で内規を決めたんだよ。編集同人が七人いて、企画を持ち寄ったり、投稿を読んだりする。あの雑誌は、はじめは三二頁だったから、紙面の都合で載せられないからって却下する場合が出てくる。だけどいちど却下になった記事でも、同人のうち一人でも読み直してみて、これはやはりいいってことになったときは、けっして却下しないということを内規にしたんだ。

これはもう、多元主義というか、プルーラリズムへの信頼だね。雑誌のカラーを統一しないという原則なんだから。武谷は、国連を見ていて、その逆をいって、この原則を考えたんだと思う。

小熊 なるほど。

鶴見 実をいうと、和子にはちがう考え方があったんだ。あるとき、東大の川島武宜の部屋で、編集会議を開いたんですよ。まあ焼け野原の時代だから、そういうことができたんだけどね。

そのときに和子が言うには、もう既に共産党が中心になって組織した民主主義科学者協会（民科）ができている。これに対して異論を立てるような誌面にするのは嫌だ、と言ったんですよ。

上野 和子さんがそういうことをおっしゃる時代だったんですね。

鶴見 そうしたら、武谷三男が、「共産党から独立した雑誌が一つあってもいいじゃないか」って言ったんだよ。これが通っちゃったんだ。

小熊 それを、戦前からの筋金入りのマルクス主義者である武谷さんが言うところがすごいですね。

鶴見 つまり彼は、共産党に引き回されないマルクス主義者。自由のあるマルクス主義者なんだ。党員にもなっていなかった。この多元主義は、もとをたどれば、彼が戦前に反ファシズムの雑誌『世界文化』のグループに参加していた経験からなんです。

一九三五年に『世界文化』が京都でできたときには、もう日本共産党の主だった幹部は獄中にいて、党は壊滅していたんです。だからこの雑誌は、共産党の指導に従う者だけじゃなくて、多様な人びとの連合としてつくられていたんです。

日本で共産党が壊滅したあと、この『世界文化』という雑誌をつくるグループができたことは、ソヴィエトに伝わったんです。そのころソ連共産党は、人民戦線戦術に転換していますから、このグループを指導しようとして、密使を派遣してきた。これは小林輝之助という人なんですが、京都に来て捕まっちゃったんですよ。その弁護人をやったのが滝川事件で京大を追われた滝川幸辰ですが、小林は獄死してしまう。したがって『世界文化』は、ソヴィエトの指令とか人民戦線戦術とはまったく別に、独自に多元性の連合を組んでいたんですね。

そのあと『世界文化』は、一九三七年には同人の一斉検挙でつぶれてしまう。しかしわずか二年半のなかで、中井正一の「委員会の論理」とか、既存のマルクス主義からでは出てこないような、いろんな重大な論文を出しているんです。そしてそのグループにいた武谷とか新村猛、和田洋一、久野収とかが、戦後に『思想の科学』に関わってくる。つまりそういう戦時期の日本で育まれた思想が、『思想の科学』につながったんですよ。

上野 そういう流れがあってこそだったんですね。

鶴見 それが『思想の科学』での武谷の提案になって現われたんですよ。ところが普通、大学に所属している思想史研究者は、そういうことを見ないで、同人の七人のうち四人がアメリカ留学生だから、アメリカの思想に影響されて多元主義になったんだろうとか考えるんです。

だけどそうじゃないんですよ。武谷三男という個人が、頑強に主張したから『思想の科学』の多元性が生まれたんです。誰かが自分の責任で、言うべきことを言ったということを見なくて、いったい思想史なんてものにどれほどの値打ちがあるんですか。

私は、武谷さんがあんなことを言う人だとは、それまで思っていなかったんです。『思想の科学』は、武谷さんによって助けられたんですよ。

小熊 戦時期の経験を、よいかたちで引き継いだことから始まったんですね。獄中非転向の共産党幹部たちは、一九三〇年代初めまでに獄に入ってしまって、戦時期の経験がなかった。だから人民戦線的な連携に目が向かわないで、それ以前の社会民主主義主要打撃論（社会民主主義をたたくことで共産党のもとに労働者を組織するという戦術）で戦後を始めてしまったということは、いろいろな人が指摘しています。

振り分け荷物で伊東に調査に（1951年）

鶴見 だから『思想の科学』は、『思想の科学』から始まったんじゃないんです。

民科の創立メンバーのなかから、武谷三男、渡辺慧、宮城音弥の三人が、『思想の科学』のほうに来て、個人としてはもう民科に出席しなくなった。当時、同じビルの下のほうに民科の部屋があったんだけど、みんな七階まで上がってきて『思想の科学』まで来て会合をやっていたんだ。そして共産党から『思想の科学』

を防衛してくれた人は、この三人なんだ（笑）。

当時の同人で、宮城は戦前はマルクス主義者で、当時の学生のなかでも最左翼だったんだけど、フランスに給費生で留学に行ったら、フランスのマルクス主義ってのは全然違うっていうことを実感して、日本の共産党に批判的になった。だから戦後は、日本共産党の路線に同調しない。武谷さんもそうだけど、そういう人たちが自分の経験を、『思想の科学』に持ち寄ってくれたってことだね。

小熊　私もいろいろ調べていて、たとえばべ平連もべ平連から始まったのじゃなくて、その前のサークル運動の流れとか、吉川勇一さんの共産党の内紛時代の経験とか、いろんなものが流れ込んで存在したんだと思いました。

鶴見　地理と同じじゃないの。いくつもの源流ってものがあってこそ、流れができるんですよ。

異種交流だった同人たち

小熊　鶴見さんの『期待と回想』によると、『思想の科学』の同人は当初、和子さんが集められたそうですね。

鶴見　そう。和子は子どものときから、私を非常な弱者と思い込んで、助けてくれていたんです。私がおふくろに殴られたり、女性との関係が複雑になったりしたときに、彼女が助ける役だったんですよ。そして私が結核になって、南方に行って、とにかく生き残って帰ってきた。でも戦後に私が落ちこんでいるんで、親父に「俊輔に雑誌を出させてあげて」と彼女が頼んだんですよ。

小熊　なるほど。

鶴見　ちょうど、親父が戦中からやっていた太平洋協会の出版部があった。これは海軍と結託して出版物を出していたんですが、敗戦後は海軍はなくなるし、親父も追放になるし、これまでのように本を出していけない。だけど出版社としての機構だけはあるわけですよ。『思想の科学』は、当初はその機構に乗っかるかたちでスタートしたんです。

だけど私は十五歳のときにアメリカに行って、それから南方にいたりしたわけですから、日本のなかに知合いがあまりいない。それで同人を集めるのは、全部和子が話をつけたんです。最初の七人のなかで、私の方が古くから知っているのは、十五歳からのつき合いの都留重人だけなんですよ。

小熊　でも和子さんもまだお若いですよね。アメリカ留学組と知合いだったのはわかるとして、どうやってほかのメンバーの方々を知っていたんですか。

鶴見　彼女は女性だったから、戦争中に交換船で帰ってきても、兵隊に取られなかったんですよ。それで彼女は一九四二年八月からずっと東京にいた。そして、親父が太平洋協会のアメリカ分室というのをつくって、敵国アメリカの研究の本をいくらか出していたので、そこで働くことになったんです。そこには清水幾太郎とか福田恆存もいたんですが、彼女はそこで働きながら、いろいろな研究室に出入りしたり聴講したりしていた。それで戦中に、武谷さんや丸山さんを訪ねていたんです。

小熊　つまり、和子さんは戦中から編集者として人脈をつくっていたわけですね。

鶴見　それで彼女は、丸山さんのところから、彼が一九四一年に書いた「近世日本政治思想における『自然』と『作為』」という論文が載っている『国家学会雑誌』を持ってきて、私に見せてくれたんだ。

私がジャワから帰ってきたあとの、一九四五年でした。あれを戦中から読まれていたわけですか。

小熊　丸山さんの実質的なデビュー作ですね。あれを戦中から読まれていたわけですか。

鶴見　そう。あの論文は、荻生徂徠をはじめとした江戸時代の儒学を論じたものです。そこでの丸山さんの主張というのは、政治的な秩序は自然の流れとかいうものではなくて、人間の主体的な行為によって生まれる作為、一種のフィクションだという考え方が西洋近代思想にはあるのだけれど、そういう考え方が江戸儒学でも発生していたということですね。これはもう戦争中の皇国思想、つまり日本の自然のなかに天皇を中心とした道徳が埋め込まれていて、それが国民の規範であるという考え方とは、まったく異質なんですよね。

それを読んで、私はたいへん驚いた。これはまさに、スピノザが言った「作る自然」と「作られた自然」の問題なんだ。つまり一九〇五年以前の「作る知識人」と「作られた知識人」のちがいという問題でもあるんだよ。

小熊　そういう丸山さんの意図を、正確に読み取れた読者は、同時代には必ずしも多くはなかったと思いますね。

鶴見　そうかもしれない。でも和子もその丸山さんの意図がわかったから、その論文を私のところに持ってきた。

それから彼女は、武谷さんがティコ・ブラーエについて書いた論文も持ってきた。文理大学の紀要に載ったもので、三段階論を彼が最初に唱えた論文ですね。これもすばらしいと思った。

小熊　では、これもやはり戦中の蓄積があって、『思想の科学』ができたということですね。和子さんが編集者として、いろんなところに人脈をつくったり、論文を読んだりしていたことが戦後につながったと。

鶴見　そう。戦争中のつながりなんです。あと渡辺慧は、やっぱり戦争中に、キュリー夫人が書いた『ピエール・キュリー伝』の翻訳を出していて、あれもたいへんおもしろい本だったんですよ。彼はもう、戦争が大きらいなコスモポリタンなんだよね。

小熊　戦争中から、そういう人たちの著作は読んでいたわけですね。しかし、顔を合わせたのは敗戦後になってからですか。

鶴見　和子は会っていたけれど、私は戦後に初めて会いました。昔からつき合いがあったのは、さっきも言ったように都留重人だけ。もう一人だけ初対面でなかったのは武田清子で、彼女は一緒に交換船で帰ってきた。

小熊　丸山さんや武谷さんの初対面の印象はどうでしたか。

鶴見　丸山さんからあとで聞いたところでは、「鶴見君、君は初めから僕と話すときに構えていたね」と言うんだよね。私のほうは全然そう思っていないんだけど。だいたい私は戦時中から、日本人と話すときはいつでも構えていたんだ。「非国民」とか言われて、ぶっ殺されやしないかといつでも思っていたからね（笑）。

だけどとにかく、あの戦中の状況で、ああいう論文を書く人だという信頼感は最初から大きかったです。それは同人のなかでは、お互いがそう思っていたんじゃないかな。

小熊　だけど、丸山さんや武谷さんはともかく、鶴見さんは論文を発表していたわけではないですよね。

鶴見　だからねえ、よくあれだけの人たちが、私に采配を任して集まってくれたと思いますよ。当時はまだみんな無名なんだけど、私以外の人は業績があったわけですから。それはちょっと驚異だね。だけど文句は言われなかった。

上野　それはやはり、和子さんをとおしての信頼ということですか。

鶴見　そうです。私のことはみんな知らないんだから、最初はそうですよ。

上野　戦時下では、東京帝大に女性は在籍していませんでしたね。その旧帝大の研究室に、妙齢のご婦人である和子さんが出入りしておられたんですか。それは当時としては、かなり大胆な行為ですね。

鶴見　彼女はそういう意味では、すごく大胆ですよ。丸山研究室に出入りして、丸山さんの論文を私に見せてくれた。

上野　それはご自分の関心からなのか、それとも弟思いのお気持からでしょうか。

鶴見　それははじめは、私とは関係なくて、丸山さんという人がファシズム側についていないという噂が入ったからでしょう。武谷さんのほうも、ああいうかたちでマルクス主義を守っている人がいるということから会いに行ったんでしょうね。

上野　そうですか。

鶴見　だけど武谷さんが、共産党に自分を預けないマルクス主義者だってことについては、彼女の洞察力は及ばなかった。だから、川島研究室で武谷さんの提案があって、ショックを受けた。

彼女としては、共産党の傘下で民科ができたんだから、もはや『思想の科学』を出す積極的な意味があるとは思っていなかったでしょう。『思想の科学』は、病弱の弟のために出すのを手伝ってあげるという(笑)。最初はそういうことだったと思いますね。

小熊 しかし、なかなか不思議な縁ですね。もしマルクス主義で人選を固めたいんだったら、武谷さんはともかく、丸山さんを誘ったりするのは間違いでしょう。

鶴見 彼の論文をよく読めばそのはずなんだ。だけど丸山さんは敗戦直後は、あれはカーペー(共産党員)じゃないかと噂されていたんだよ。私の従兄弟の鶴見良行は、当時は東大生で法学部にいたんだけれども、彼は丸山さんはカーペーだという噂だと言っていたよ。慎重に文章を読む力がまだないから、そう思ったんだろうね。

しかし今考えてみるとねえ、そういう和子が丸山さんや武谷さんを引っ張ってきて、しかも彼らが私に異論を挟まずに采配を任してくれたって思うと、驚異だね。歴史は必然的なもんだけじゃないんだよ。偶然があるんだ。

雑誌名の由来

鶴見 それで最初の編集会で顔を合わせたあと、雑誌の題名を決めようということで議論したんです。ところがそれが難航した。

だいたいみんな専門がちがうから、話が合わないんだよね。あとで丸山さんの門下の橋川文三に聞いたところによると、丸山さんは、最初の編集会ではじめて私に会ったときには、私が何を言っているのかさっぱりわからない、と思ったそうなんですよ。

小熊　鶴見さんはアメリカで記号論や言語哲学、プラグマティズムなどを学んだわけですが、当時の日本はカントやヘーゲルといったドイツ思想が知識人の基本教養で、アメリカ哲学はまったくなじみがないですからね。鶴見さんが「絶対矛盾の自己同一」がわからないのと同じくらい、丸山さんのほうも鶴見さんの言うことがわからなかったかもしれませんね。

鶴見　そう。だけど丸山さんは、私の話がわからなかったあと、ちゃんと東大の図書館を一所懸命探して、ミードが書いたアメリカ思想史の本を見つけて、私の話のコンテクストを理解しようとしたんだそうですよ。これも橋川から聞いたんだけどね。だから丸山さんは、プラグマティズムに対して親近感を持ったんです。

小熊　だけど丸山さんの思想とプラグマティズムの認識論は、全然合わない感じがしますが。

鶴見　そうなんだけど、丸山さんは福沢諭吉から類推したようなんですよ。つまり政治とか行為とかいうものを結果から評価する、意図からだけでは見ないという考え方ですね。これにはプラグマティズムに通ずるものはあるわけです。

ですから丸山さんの福沢諭吉についての連作は、ちょうど荻生徂徠にフィクションの思想を見るのと同じように、福沢のなかにあるプラグマティズムを見ている。だから丸山さんがプラグマティズムを勉強したとはいっても、アメリカから輸入した思想を教科書的、優等生的に理解しましたというのではない。

上野　雑誌の題名が決まらなかったというのは？

鶴見　いろんな案が出てね。武谷三男は『科学評論』という題名がいいと言った。いまになって武谷さんの全体の仕事をみてみると、彼がこの題名にこめた意図はよくわかる。彼が死ぬ直前に出した本（『危ない科学技術』）でいうことには、科学の前衛の役割というのは、山に木を植えることだというんですよ。人里離れた山で木を植えるという行為は、一見すれば孤高のようにみえるけれど、その結果として水が保たれて、里の生活に影響を与える。つまり科学者の仕事によって、素人が影響を受けるわけです。原爆なんていうのは、素人が殺されるわけですからね。だから、素人は科学の方向について発言する資格がある。だけどそういう意味での、評論の場が日本にはないっていうんですよ。自然科学でも社会科学でも、科学者の仲間内の学会誌はあるんだけれどね。

そういう意図がわかってみると、彼が提案した『科学評論』という題名はわかるんです。だけど一九四六年の最初の編集会の場では、そう思わなかった。それでその武谷さんの提案は、一票しか取れない。そして丸山さんは、『思想史雑誌』がいいと言ったんですよ。

上野　ほおー。

鶴見　丸山さんの主張はこうなんです。たとえばルソーのいう「自然人」というのは、いったいどういうコンテクストから出てきたか、それを実証的に探索する。観念の単位がどこで発生したかを、きちんと調べていく。たとえばその後、加藤周一さんと、翻訳語の探求とかをやっていますね。ああいう作業を通じて、日本の思想的基礎をつくりたいということだったんだけども、これも一票しか取れない（笑）。

上野　鶴見さんご自身はどういう題名を提案なさったんですか。

鶴見　私は『記号論雑誌』という題名を出した。『思想の科学』に最初に私が書いた論文は、「言葉のお守り的使用法について」だったんだけど、これは記号論の応用だった。

小熊　昨日も話が出たように、戦争中の「皇国日本」のスローガンやら、戦後の「民主主義」のスローガンやらが、次々に乗りかえられて「お守り的」に使用される状況を、記号論を応用して批判したものですね。

鶴見　そう。そういうことを考えて『記号論雑誌』と提案したんだけど、丸山さんをはじめ、記号論という考え方がわからないんだよ。それで説明したんだけど、さっきも言ったように、何を言っているんだかさっぱりわからないという反応でね。それで、これも一票なんだよ（笑）。

小熊　和子さんはどんな題名を言ったんですか。

鶴見　和子はなにも題名を出さなかった。和子としては、民科が正当であって、この雑誌は弟のためだと思っているんだから。

その編集会には、理由は忘れたけれど渡辺慧が来なかった。都留重人は経済科学局にいたから、多忙で来られなかった。武田清子も来ていなかったと思う。だから四人の会合で、意見がバラバラ。

上野　その状態から、どうやって意見がまとまったんですか。

鶴見　それでまったく頓挫してしまった。会議の場所は日比谷の市政会館の六階だったんだけど、そこに出入りをしている人のなかに、偶然に上田辰之助がいたんですよ。上田辰之助は戦争中は干されていたけれど、ものすごく英語ができる人なんです。博士論文がトマス・アクィナスの経済思想で、中世経済に関心をもっていて、彼自身もクウェーカーです。

それで上田さんが偶然にその場にやってきて、一つの案を出した。カトリック神学のなかに、ある種の科学思想が胚胎していますが、彼はおそらくそこから『思想の科学』という題名を考えたんです。彼はその場でこう言ったんです。「art of thinking という言葉がある。そこからちょっとずらして、science of thinking という言葉が考えられる。こういうのが、あなたたちがつくろうとしている雑誌じゃないか」ってね。その題名が人気があって、それを名前にしちゃったんです。

上野 それを聞いて驚きました。敗戦直後のことですから、「科学的」ということが評価が高かったり、エンゲルスの『空想から科学へ』というマルクス主義的な意味で「科学」という言葉を使ったのかと思っていました。

鶴見 だから、こういうのも後で思想史学者が類推したりするんだけど、これはマルクス・エンゲルスからとったとかじゃないんです。中世神学から来ているんです。

小熊 私なりの感想をいうと、こういうことでしょうか。戦争中にある種の信頼を持った人たちが、お互いを嗅ぎつけて集まってきて、でも身につけているディシプリンとかは皆バラバラ。ただ共通しているのが、art of thinking というか、自分で根底からものを考えていくというスタイルだった。そして、それにお互いが共感したという。

鶴見 戦時というのは、非常に嗅覚が発達してくるんです。誰が自分を密告するか、わからない時代でしょう。だから表面的なディシプリンとか党派とか、彼はマルクス主義であいつは記号論とかいうレベルではなくて、物の言い方とか身振りから信頼できるかどうかを嗅ぎつける。いわば「もやい」という感じですね。それが重大なんだ。

だから戦争中とか敗戦直後のほうが、同じ流派じゃない、つまり他流の人たちとの合流とか接触というのがあり得たんです。戦後には、それがかえってないんです。

小熊　敗戦直後は、中野重治と柳田國男が対談をしたり、津田左右吉と羽仁五郎が一緒に平和問題談話会にいたり、鶴見さんが若槻礼次郎にインタビューに行ったりという時代ですからね。

鶴見　たとえば武谷三男なんか、『思想の科学』が始まったときに、「林達夫に原稿を頼もう」って言うんですよ。私が「林達夫って、私はよく知らない」って言ったら、「君が行けばきっと気が合うよ。とてもバタ臭い男だから」って言うんだよね。それで私は、林達夫の自宅まで行って、原稿を書いてもらったんだ。そういう嗅覚が発達して、いろんなところにポツン、ポツンといる人を見つけてくるんですよ。

小熊　そういう交流が、だんだんなくなっていったわけですか。

鶴見　つまり日本の学問は、本店─支店の関係でね、外国の支店なんですよ。マルクス主義ならマルクス主義の、日本支店なんですよ。支店というのは、源流に遡っていろいろ考えることができないから、お互いがものすごくいがみ合うんです。それで結局、「天皇」がいないと統合できない。そういう馬鹿馬鹿しい状態が、平和が回復してくると起こる。

率直にいえば、日本の知識人は根本から自分で考えていないから、そうなるんです。上から降ってきた教科書をこなすことしかできない。

上野　耳の痛い話です（笑）。

小熊　だけど上田さんの提案で、武谷さんも丸山さんも鶴見さんも納得したというのは、丸山さんのいう「ササラ型文化」の具体例みたいなものですね。原点というか、根元に返ればつながっているという。

鶴見 そう。その根元になっていたのが、戦争中をどう過ごした人かという信頼関係だったんだ。

丸山眞男と竹内好

丸山眞男との交流

小熊　当時は丸山さんなどと、個人的な交流もなさったんですか。

鶴見　お宅を訪ねたりもしたね。あの頃は、みんな暇なんだ。ジャーナリズムってものがないんだから、原稿の締切りに追われるとかがない。お互いの自宅なんかに行けば行ったで、長くいるし、誰も訪ねてこないんだ。

上野　うらやましい。

鶴見　あるときなんか、丸山さんの自宅を訪ねたら私の先客に橋川文三がいたね。そのとき丸山さんは、こういうふうに言うんだ。「これは橋川君。評論家だ」って。彼は「自分の弟子だ」とかは、けっして言わないんだ。

丸山さんの自宅で橋川に会ったときは、橋川はものすごく参っている状態でね。丸山学派のなかで、ほんとうに食うに困っていたのは橋川ただ一人だったんじゃないかな。彼は結核で一家が離散しちゃってるんだよ。彼自身も結核で、弟は結核で死に、妹も結核で病院に入りという具合で、もうたいへんな暮らしから育ってきているんだ。それで、彼は戦争中は日本浪曼派の保田與重郎のファンだったんだけれど、戦後には丸山さんからカール・シュミットを借りて読んで、シュミットとの関係で日本浪曼派を考えていく。私が会ったのは、同人雑誌に出した「日本浪曼派覚え書き」を構想していたときなんだ。

それからもうちょっと後の時代だけれど、高畠通敏を紹介されたときは、丸山さんは「鶴見君、これは秀才だから、潰さないでくれよ」って言ったね。だけど結局、高畠を『転向』の共同研究とか、「声なき声の会」に巻き込んじゃったんだけど（笑）。

小熊　橋川文三は「評論家」で、高畠通敏は「秀才」ですか。なかなか微妙な言い回しですね。橋川は戦中の皇国青年で、日本浪曼派への愛憎から『日本浪曼派批判序説』を書いた思想史家でしたが、丸山さんは彼の仕事をあまり評価していなかったという話もありますが。

鶴見　表面的にみると、丸山さんは近代を評価する冷静なアカデミシャンで、橋川は近代批判のロマン主義者だから合わなかった、とか考えられがちだけど、私はちがうと思う。

丸山さんは、内側に狂気を抱えていた人だったと思うね。彼の家系も、そういう気質の人が多いんだ。だから丸山さんは、弟子のなかでも、高畠みたいな秀才は安心して接していたけれど、自分の狂気を誘発しそうな橋川文三とか藤田省三とかは、わざと遠ざけていたと思う。

小熊　丸山さんの遺稿集である『自己内対話』（みすず書房）を読むと、ヒトラーが好きだったというワーグナーの音楽は嫌いだと思っていたけれど、「私はヴァグナーにおけるきらいなものは実は私自身のなかにあることを知った。あるいは私自身のなかにあるヴァグナー的なものへのおそれが潜在意識的に作用して、ヴァグナーをきらいだと私に思い込ませたのかもしれない」と書いてありますね。

鶴見　そう。実はそういう人なんだよ。

それで敗戦後すぐに、彼の自宅を訪ねたときに、「これを読んでくれ」と言って書庫から自分の戦争中の論文を二つ出してきたんだ。

一つは、「麻生義輝『近世日本哲学史』を読む」という書評論文で、大西祝《はじめ》の言葉を引用している。大西祝は、明治の前半に台頭した西洋の啓蒙思想が、一時の流行として片づけられて、みなが転向してしまったことを批判していた。そして丸山さんは、日本に輸入されたドイツ観念論やヘーゲル譲りの歴史主義の流れが、やはり流行のように強くなってきて、深遠な思想のようにして「科学的精神を希薄化」することになっていると暗に批判している。「歴史の流れのままに」という考え方は、丸山さんの「『自然』と『作為』」の論文でいえば「自然」の側ですし、戦中には京都学派の「世界史の哲学」なんかもあるでしょう。丸山さんは戦争中にこの書評論文を書いて、そういう動きを批判したわけだ。

それからもう一つが、「神皇正統記に現はれたる政治観」というもの。これも彼の自信作なんだ。これは、南北朝期の北畠親房が書いた『神皇正統記』の歴史観を論じている。北畠のいうには、民衆に平和をもたらすことのできない政権は必ず衰亡する。歴代天皇といえども例外ではない、というんだ。丸山さんがこれを戦中に書いた意図は、もう明らかだよね。

上野　戦時下では、かなり勇気を要する論文だったでしょうね。

鶴見　その二つの論文を、私は丸山さんの自宅で、出してもらったその場で坐って読んだんだ。だから、当時は時間がずいぶんあったんだねえ。読んでみたら、その二つが彼の自信作だっていうことはすぐわかった。丸山さんは、自分が戦争中にどういう仕事をしたかを知ってもらいたいと思って、この二つを見せたんだよ。この二つは、一九七〇年代になって『戦中と戦後の間』（みすず書房）という単行本に収録されたけど、当時は掲載された雑誌の一部を出してきて私に見せたんだよね。あの印象は、いまも記憶に残っている。

小熊　一九四六年のことですか。

鶴見　そう。私と丸山さんとの接触としては、これはとても重要だったんだ。当時は食糧難の時期で、丸山さんも「復員して帰ってきたとき、家で出してくれた銀シャリがうまかった」とか言っている時代だった。それからその翌年の一九四七年に、丸山さんが書いたもので感心したのは、「陸羯南――人と思想」という評論だったんだ。

小熊　戦前に弾圧に屈して戦争に協力したマルクス主義者が、戦後になってとくに反省を表明しないまま、勢いを盛りかえしていた風潮があった時期に書かれたものですね。丸山さんはこの評論で、こう書いています。「抽象的な理論に関するかぎり、羯南の思想は当時の民権派に比してけっしてラジカルではなくむしろヨリ保守的ですらあった。しかし注意せねばならぬことは進歩的とか反動的とかいう規定は、ある人間が口でどういうことを唱えているかということで定まるのではなくて、彼がその実践の上でどこまでその主張を貫いたかということが大事なのである。口先では羯南よりいさましいことを叫んでいた民権論者は少なくなかったが、そういう連中は後には、仇敵のごとく罵っていた藩閥政治家と平気で手を握ってしまった。それに比べると羯南は抽象的理論で示されたかぎりの進歩性はその儘彼の現実問題に対する批判において保持された」。

鶴見　そうそう。これも読んだとき、感心したねえ。この三つの論文を揃えると、戦中から戦後に、丸山さんが日本の同時代に対してどういうふうに対していたか、よくわかる。つまり彼は、戦中の超国家主義とか、戦後の安易な「民主主義」礼賛を批判しているんだけど、その場合に足場にするのが、大西祝とか『神皇正統記』とか陸羯南なんだ。アメリカやヨーロッパから手の汚れていない理論をひっぱってきて、その権威を借りて日本の現状を批判するのじゃないんだよ。まさに「これが限界でした」とか言うんじゃなくて、その時点での可能性をみる「日付のある判断」なんだ。

これは敗戦直後の状況のなかでは、きわめて独創的な位置の取り方なんです。彼は、それを知ってもらいたかった。だから、彼がミードの本を読んでプラグマティズムを勉強して、私がどういうコンテクストにいるのかってことを知ろうと努力したのと同じように、彼は自分を知ってもらいたいと思ってあの論文を私に読ませたんだね。

上野　それを読み取れる鶴見さんの力があってこその交流でしょう。

お互いの影響関係

鶴見　そういう丸山さんのやり方に、私はある意味で影響をうけた。私は一九五〇年に『アメリカ哲学』というプラグマティズムの本を書いたんだけど、そこでパースやジェイムズの紹介に終わらせないで、石橋湛山とか柳田國男、それに福沢諭吉や佐々木邦を「日本のプラグマティズム」として挙げた。「アメリカではこうなっている」というだけの話にしたくなかったんだ。これは丸山さんの影響だね。

上野　「土着の思想」というのは、どちらかというと鶴見さんが打ち出したという印象を持っていましたけれど、丸山さんの影響だとお考えになっているということですか。

鶴見　全部が全部ではないけれど、丸山さんの影響は私のなかに入ってきている。

小熊　でも鶴見さんは、『思想の科学』の初期の時点から、良行さんと一緒に地下道に寝ている人びとの「哲学」を聞き取りしたりしていますね。大学の知識人なんかより、そういう人たちのほうが確かな「哲学」を持っていると。「土着」といっても、こういう志向は、丸山さんにはあまりないと思います。

鶴見　それはそうかもしれないな。

小熊　それに福沢諭吉や石橋湛山はともかく、佐々木邦は大衆作家でしょう。丸山さんは、あまりそういう人は取り上げないですよね。

鶴見　そうねえ。そういえば、逆に丸山さんのほうをびっくりさせたことがある。一九四六年十二月号の『思想の科学』で、バートランド・ラッセルの『西洋哲学史』の書評を、合評形式でやったわけ。そこで武谷三男と林達夫と丸山眞男と松本正夫を引っ張り出してきて、合評会をやって、それをもとにしてそれぞれがエッセイを書いたんだけども、丸山さんは合評会に出てきてびっくりしたんだね。彼がびっくりしたことというのは、ラッセルは高名な哲学者なのに、その『西洋哲学史』ではブリタニカのエンサイクロペディア（百科事典）から引用していたりする。丸山さんは、戦前の東京帝大で仕込まれているから、まともな学者の仕事というのは、百科事典から引用なんかしないものだという固定観念を持っていた。ところが、ラッセルの『西洋哲学史』には、平気で出典にブリタニカとか書いてあるんだよね。「こういうことをイギリス人はするのか」って、たいへんにびっくりしていた。

そういう雑本なんかから、ぱっと材料をひっぱってくるっていう流儀が、イギリスやアメリカにはあるってことを丸山さんは学んだんだろうね。戦前の帝国大学の学問が依拠していた、フランスやドイツにはなかったことなんだろう。つまり、「雑本の流儀」というのがあるってことがわかったんだよ。

小熊　「雑本の流儀」ということでいうと、丸山さんが一九四六年に「超国家主義の論理と心理」を書いたときに、夏目漱石の小説『それから』から引用してきている。これは当時は、アカデミシャンの思想史家がやるようなことではなかったわけですけど、丸山さんは自覚的にそういうやり方をしたようです。

こういうやり方は、『思想の科学』の交流のなかから出てきたということなんでしょうか。とはいえ、「超国家主義の論理と心理」のほうが『思想の科学』のラッセルの合評より少し早いですから、自分のなかで「雑本の流儀」を再確認したというところでしょうか。全体に自由な雰囲気と交流があったなかでのことですから、どちらが早いとかいっても仕方のないことでしょうけれど。

鶴見　そういうことでしょうね。まあ、丸山さんはその後は、あまり「雑本の流儀」に入っていくということはなかったというか、自制していたと思うけれどね。むしろ私のほうが、「雑本の流儀」に入っていっちゃうんだけど。でも丸山さんも、こういう流儀があるってことは認めたみたいだし、丸山学派の人はむしろその影響を受けたのね。

その一つが、私も編者になって一九六〇年代前半に出した『日本の百年』のシリーズですよ。あのときは、丸山さんの弟子筋の橋川文三とか松本三之介、それに神島二郎、今井清一なんかと一緒に、明治時代の菓子屋の日記とか、雑本をわーっと積み上げて読んだんだ。知識人や政治家の思想だけからではわからない、時代の空気を描くためにね。彼らを、私が雑本の渦に巻き込んじゃったわけだ。松本三之介なんて、生れて初めてこんなに雑本を読んだって言っていたよ。

上野 いま私は、雑本の引用だらけの学生の論文を読まされています（笑）。

小熊 日本のカルチュラル・スタディーズの源流の一つが『思想の科学』の大衆文化研究であるということは吉見俊哉さんなどが言っていますけれど、丸山さんの「超国家主義の論理と心理」もその源流の一角に加えられるかもしれませんね。でも丸山さん自身は、だんだんそういうやり方に距離をとって、一九六七年の『語りつぐ戦後史』の鶴見さんとの対談では、『思想の科学』にも批判的なことを言っていましたが。

鶴見 そう。丸山さんはもうそのころになると、アカデミックな型の訓練をきちんとしてゆくべきだという方向にいったね。

小熊 丸山さんは自他ともに認める「アマノジャク」の人ですから、敗戦直後は雑本も使ったけれど、六〇年代になってジャーナリズムが肥大した大衆社会になったら、アカデミックな訓練を強調するようになったという印象を受けます。

鶴見　でも彼は、『日本の百年』は評価していたんだよ。「あれには歴史がある」と言ってね。もともと丸山さんは、岩波新書の『昭和史』に非常に反感をもっていたんだよ。

小熊　マルクス主義歴史学者の遠山茂樹さん、今井清一さん、それからつい近ごろなくなった藤原彰さんの共著で、一九五五年に出たものですね。

鶴見　そう。「あれには歴史がない」と言っていたな。マルクス主義の理論からいえば、こういうのが正しいという筋があって、それで押していくという本だったからね。

小熊　『昭和史』をめぐっては、有名な「昭和史論争」がありますよね。亀井勝一郎が「『国民』という人間不在の歴史」だと批判をしたり、竹山道雄が『昭和の精神史』を出して対抗したりした。あの論争は、保守派と進歩派の論争みたいな図式で語られることがあるわけですけれども、丸山さんも『昭和史』に批判的だったわけですね。

私が思うに、丸山さんは進歩派の代表のように言われがちだけれど、戦前のマルクス主義者の転向と戦争協力の経緯をみていたこともあって、日本のマルクス主義者には批判的だった。戦中に軍国主義体制に批判的で、戦後は保守論者になった人には林健太郎や竹山道雄などがいますが、丸山さんはむしろ資質的にもそちらに近いような人だったと思うのですが。

鶴見　竹山道雄は、自由主義思想の系統の人ですよ。だから、彼の書いた『昭和の精神史』は、自由主義思想の系統にもファシズム批判の流れがあったということを論証しようとしたものでしょう。丸山さんは、竹山道雄に対しては理解をもっていたと思うね。

林健太郎のほうは、敗戦直後だと、むしろ丸山さんより左なんだよ。大塚久雄のような近代評価に対する批判を、『世界』に書いていたりする。

だいたい丸山さんのポジションは、独自なものだったんだ。敗戦直後のマルクス主義の強い時代では、福沢諭吉を評価するのだって、その頃のマルクス主義者だったら反動的だと思ったでしょう。だから共産党からも批判されていますよね。

小熊　にもかかわらず保守派に行かなかったのは、一つにはやはりアマノジャクで、一九五〇年前後からの逆コースに反発したということ。それに戦前の体制の復活には、強い警戒心があったこと。あとはご自分のなかにある「ヴァグナー的なもの」というか、ロマン主義にわざと距離をとっていたということころでしょうか。

鶴見　いろいろあったと思う。とにかく彼は、敗戦直後のときは、まったく一風変わった立場で出てきたということは確かだね。だけどものすごいブームが起こって、評価されちゃった。それで学界の主流になってしまったのが、皮肉なことだったね。

それで六〇年代には、吉本隆明に叩かれることになった。吉本が批判するようなポジションを、丸山さんは戦中はもちろんとっていなかったし、敗戦直後もそうだった。だいたい吉本は、丸山さんにかぎらず、学者の仕事なんてそんなに読んでいないんだよ。だから戦中の丸山さんの起源を、彼はわかってなかったと思う。あれはもう、吉本の肉体的な反応ですよ。とにかくポカポカ殴っちゃうんだ。

上野　丸山さんは肉体派じゃないと。

鶴見　丸山さんはね、肉体的な勇気のある人じゃないですよ。

小熊　軍隊で二等兵だったとき、編上靴で殴られたとか言っていたそうですね。

鶴見 それは丸山さんは、ものすごくこたえたと思う。私が知っているエピソードでいえば、竹内好さんの葬式があったとき、増田渉が私の前に弔辞を読んだんだけど、彼はずいぶん高齢で、読んでいるうちに同じフレーズを二回読んだ。おかしいなと思っていたら、心筋梗塞でいきなり倒れた。そのときにね、丸山さんは硬直しちゃって、動けないんですよ（笑）。

上野 固まってしまった？

鶴見 そのときは、埴谷雄高がするするっと出てきて、ニトログリセリンを飲ませた。やがて増田は慶応病院に連れていかれて、回復しなかった。だけど丸山さんは、立ったまま、ぶつぶつ言っているんだ。

小熊 何を言っていたんですか。

鶴見 何を言っているのかと思ったら、「武田（泰淳）が竹内を呼んで、竹内が増田を呼んだ」とか。そういうときでも、言うことが思想史的なんだよ（笑）。

上野 ははは（笑）。

鶴見 それにくらべると、埴谷はラグビーの選手を見ているみたいだったね。彼は二十歳から左翼運動をやっていて、死ぬのも生きるのもどうでもいいっていう世界に生きているし、牢屋暮らしも長い。だから、千軍万馬なんだよ。

上野 鶴見さんはそのときどうしていたんですか。

鶴見 私が出るべきかなって思ったんだけど、不器用だから何か失敗するに違いないと思って自重したんだ（笑）。そうしたら埴谷がするするっと前に出た。

ナショナリズムとパトリオティズム

小熊　鶴見さんは、丸山さんの陸羯南論を読んで、素晴らしいと思われた。しかしあれは、一種のナショナリズム再評価でしょう。鶴見さんは戦争中から、「日本人というもの」のなかで非常に孤立感を持っておられて、国家というものといつも相撲をとっているつもりでいた、と書いておられる。それがなぜ、敗戦直後にあのナショナリズム再評価の丸山の論文にシンパシーを持ったのか、お聞きしたいんですが。

鶴見　まず、最初からお話ししている一九〇五年の区分線というものがありますね。あれはずいぶんあとになってはっきり言うようになったんだけれども、漠然と戦中から考えがあったんですよ。親父が人格形成した時代と、その前の時代は違うという考えがあったんだよね。それで丸山さんの陸羯南論を読んで、なるほどと思った。つまり、「日本主義」だから全部ダメだなんていうことはできない。明治の初めには、「日本主義」のなかでも開かれていたものがあったんだというのがあの論文の主張ですね。これも日付のある判断ですよ。この考え方には同感できたんだよ。

小熊　なるほど。「日露戦争までの明治日本はちがったはずだ」という発想は、丸山さんとか司馬遼太郎さんと共通していますね。

鶴見　これは、丸山さんの一貫した問題意識である、「作る自然」と「作られた自然」の対比につながるわけだよね。デモクラシーってものは、占領軍が入ったとかでデモクラシーになっちゃったからそれに便乗していこうという考え方と、デモクラシーを自分でつくるという考え方とでは、質的違いがある。

金芝河《キムジハ》の詩のなかに、「ひそかに書く民主主義」というのがあるんだけど、日本人が民主主義なんてもう古い古い思想、一年生の思想だと思っているときに、金芝河はひそかに刑務所の壁に「民主主義」という言葉を書いている。それは日本の自由民主党の「民主主義」とはちがうでしょう。それと同じように、陸羯南の「日本主義」と、東條英機の「日本主義」はちがう。丸山さんが言いたいのも、一九四五年以降は便乗的に民主主義に乗った連中が多いけれども、そのときに自分はそういう民主主義よりも、陸羯南のなかにある民主主義を高く買うという姿勢でしょう。それは優れていると思うね。

小熊　なるほど。

鶴見　それから、ナショナリズムっていうものにも、いろいろあるということ。私は国家という制度に絡めとられちゃう知識人というのは、全体としてすごく嫌いなんだ。戦争中はこれに幻滅したんだね。子どものときから好きで読んでいた武者小路実篤とか倉田百三とかが、全部ファシストのイデオローグになるんだから。これはやりきれないと思った。国家に絡め取られて国策にすぐに同調しちゃう知識人というものは、たいへんに嫌いになった。だから国家というのも嫌いなんだ。

小熊　つまり「国家が嫌いだ」よりも前に、「国策に便乗する知識人が嫌いだ」が先にあったと?

鶴見　それもあるけれど、もともと不良少年のときから、常にクロポトキンが好きだったから、国家は嫌いなんだ。だから、国家の連合を説いてインターナショナルになるというマルクス主義も嫌いなんだ。そういうインターナショナリズムというのは、国家代表の談合じゃないかと思った。

だけどインドでデリー放送を聞いて、戦後十年くらいあとだったか、オーウェルを読んで、少し考えが変わった。オーウェルは「ナショナリズム覚書」という書評的なエッセイで、パトリオティズムとナショナリズムを分けているんですよ。ナショナリズムというのは概念化した大きなかたちになるから、どうしてもいろんな他の流派の仕事を潰していく。だけどパトリオティズムっていうのは、自分の住んだ村とか、隣の人とか、山とか川とかに対する愛着だ。

小熊さんが上野さんの言葉として『〈民主〉と〈愛国〉』に書いている「領土なきナショナリズム」という考え方は、もちろんパトリオティズムに入るんだ。つまり、在日朝鮮人のような領土を持たない人びとの民族意識は、「領土なきナショナリズム」だということだ。

上野 それは私が、新川明《あらかわあきら》さんの影響で使った言葉です。

鶴見 あの沖縄の反復帰論の人？

上野 ええ。一九八一年に、新川さんたちが編集していた雑誌『新沖縄文学』で、「沖縄共和社会憲法」の私案をつくっています。「沖縄共和国憲法」ではなく。

鶴見 沖縄のナショナリズムというのはそういうふうに展開するし、猪飼野にナショナリズムがあるとすればそれも「領土なきナショナリズム」なんだ。だからそれはオーウェルの語った区分だと、パトリオティズムなんだ。つまり、領土があるかないかは問題じゃなくて、隣人との結びつきを大切にするという考え方ですね。そして、国家のナショナリズムの方は徹底的に叩いていく。

別にナショナリズムとかパトリオティズムといった名称にこだわる必要はないんだけど、オーウェルのパトリオティズムに近づけていうならば、これは「くに」という昔の概念なんだよ。比叡山の上に立ってずっと眺めると、一望のもとに「くにみ」ができるでしょう。「故郷はどこですか」というときの「くに」なんだよね。それは領土がどこですかとか、国境があるはずじゃないですかとか、そんな問題じゃないんだ。そういう「愛国」なら、私はわかるんだよ。

小熊 丸山さんの「国民主義」もそういう「くに」だったと？

鶴見 そう。丸山さんは竹内好さんを追悼した「好《ハオ》さんとのつきあい」のなかで、人類というのはとなりの熊さん八さんのことだと言っている。そういう「となりの熊さん」が人類だという視点からみれば、内側に「日本」があって、外側に「世界」があるなんてうそだと。丸山さんの場合、あれは内村鑑三を読むことから出てきているんだけど、それもよくわかるわけですよ。そういう区分のないところに、国境とかの線を引いて分けちゃうのが国家なんだ。

ステイト・ヴァーサス・セックス

小熊 そこで思い出したんですが、鶴見さんはジャワ時代を回想した「戦争のくれた字引き」で、「ステイト・ヴァーサス・セックス」という対立が当時の自分の根本だったと述べておられますが、あれはどういうことですか。

鶴見 とにかく私は、国家というのは非常に嫌いなんです。子どものときから私は交番の前を避けて通っていたんだよ。なんか捕まりそうな気がするから(笑)。おまえは悪人だっておふくろに言われて、悪人だと思っていたからね。悪人だということがばれて捕まっちゃうんじゃないかという恐怖感が、小さいときからずっとあるんだよ。だから国家の手先というか、おまわりさんとか軍人とかいうのはみんな避けたいんだよ。海軍に入って一人でじっといると、ステイト・ヴァーサス・セックスという公式が出てくるんだよ。ステイト・ヴァーサス・セックスというのは、慰安所に行きたいのを我慢するとか、そういうことだけじゃないんだ。

小熊　なるほど。

鶴見　自分のなかのセックスが指差している欲望というのは、国家と無関係で、むしろ国家に対立するものなんだ。国家が用意してくれる慰安組織というものと、私はみずからの性的な欲望によって対立したいんだ。だからステイト・ヴァーサス・セックスなんで、これが公式になったんだ。それだけしか自分の国家に対する反逆が許される場所がない。

上野　お聞きしたいんですが、ナショナリズムというものを、先ほどのお話のようにパトリオティズムというかたちに置き換えて評価すると、小熊さんが『〈民主〉と〈愛国〉』で書かれたような、ナショナリズムというのをとりあえずは公共性についての思想というふうに広く捉えようという考えととても近くなってきて、一概にナショナリズムを否定しないでおこうということになりますよね。

小熊　私はそんなことは一度も言ったことがないですよ。ナショナリズムという現象にはいろいろありすぎるから、「国家」とか「民族」とかいう言葉を使って何かを表現しようとしている状態は、とりあえずすべて「ナショナリズム」と呼ぶしかない、と書いただけです。上野さんは、「公＝国家」という図式の刷りこみが強くありませんか。

上野　ステイト・ヴァーサス・セックスという図式は、「公共的なもの」と対極に「セックス」があるという考え方ですよね。

小熊　「ステイト」というのは統治機構のことであって、必ずしも「パブリック」と同じではないと考えるのが、政治学の通例だと思いますが……。

上野　ともあれ、鶴見さんがステイト・ヴァーサス・セックスというフォーミュラをつくって、自分のセックスを慰安所で解放することはそのまま国家の制度のなかに参入していくことだと思われて、それを拒絶なさったというのはとてもよくわかります。私がお聞きしたいのは、その後鶴見さんがたくさんお書きになったもののなかに、ステイト・ヴァーサス・セックスという問題が、どうして主題として登場してこなかったのかということなんです。

鶴見　そうかな（笑）

上野　鶴見さんの著作では、あまり思い当たらないのですが。

鶴見　ある時期までは、書き方が成熟していなかったから、書けなかったんですよ。だけど九一年に出した『アメノウズメ伝』は、その問題をまっすぐ出している。

上野　ああ、なるほど。

鶴見　あそこまで来るのに時間がかかった。その問題は、自分の生き方のなかにある。たとえば、ジャワにいて、けっして慰安所には行かないだけじゃなくて、現地の女性と同棲するだけの金は戦時手当で持っているけれど、そういうことはしない。ステイトによって動かされるような人間になりたくない。だからせめて自分の性的欲望をはっきり自覚して、別のものに向けた。

たとえば、ジャワにとてもいい図書館があったんだ。だけど日本人はほとんど使わない。そのバタビヤ図書館に行くと、ハヴロック・エリスの『性の心理学』(*psycology of sex*)の全六巻が揃っていた。だからそれを初めから終わりまで全部読んだ。日本人であれを借り出して全部読んでいた奴は、私以外いないと思う。

上野　確かに、ハヴロック・エリスは、ときどき鶴見さんの書いたものに出てきますね。

鶴見　ハヴロック・エリスは、偶然に封鎖突破船に乗る直前に、『新精神』という薄い本を神戸の町で買った。船の上で、それを読んでいた。それからジャワで『性の心理学』を読んだ。

エリスは一種のアナーキズムで、自由とセックスを結び付けていて、彼の人生観というのは「ダンス・オヴ・ライフ」、人生の舞踏なんだ。エリスというのは舞踏が全然できないんだけれど、人生を舞踏として見たいという考え方があって、だからジャワのガムランとかもそのなかに入っているわけ。ステイト・ヴァーサス・セックスという考え方は、エリスを一所懸命に読んでいたということとも結びついていた。

そういうところにたどりついて、ハッキリそれを考えて一冊の本にするというのは、『アメノウズメ伝』までなかったんです。あれは実は、一条さゆりというストリッパーの、私なりの伝記なんです。

上野　へぇー。

鶴見　彼女は権力に対して戦って死んだんだ。私は一条さゆりに会ったことはないんだけど、彼女についての情報を、偶然に私は彼女の弁護士の小野誠之から聞いたんだ。どういう生立ちであるとかね。彼女はけっこう経歴をつくってしまう人だと言われているんだけど、小野さんから聞いたところによれば、彼女の実母が、彼女の実父を殺してしまったんだ。そして母親は捕まって死刑になって、彼女は施設に入った。施設で成長して劇団に入ったら、その劇団の男たちに輪姦されて、そこからストリッパーになっていく。だから、私のテーマは、how could she live otherwise? だったんだ。

条件さえあれば、私は彼女は非常に偉大な人になったと思っている。そのことを書きたかったんだ。そして自分の記憶をたどり直して、『古事記』を使ってフロッタージュ（貼りまぜ）の手法で、伝記を書いた。それは、私が日本文化だと思っているものの、私にとって非常に好ましいエッセンスだと思えたんだ。マルクーゼの性と社会に関する著作も私は非常に期待して読んだんだけど、私が期待していたようなことが書いてなかったんで、日本文化のなかにあるエロティックスの問題というのは、ちょっと英米と違うと思ったんだ。それをフロッタージュの手法で、一条さゆりという死んだ人の肖像をつくることで書いてみたいと思った。ああいう書き方っていうのは、私の独創じゃなくて、社会学者のマートンにあるんだ。

上野 マートンですか。意外ですね。

鶴見 マートンに *On the shoulders of a giant* という著作があるんだよ。この言葉はニュートンが、自分は独創で力学の体系をつくったんじゃない、小人は巨人の背に立つときに遠くまで見ることができるんだって著作の序文に書いたことから有名になったんだけど、この言葉も口承で伝わったものでニュートンがつくったんじゃないんだ。この言葉はいったいどこから出てきたかということを探るために、引用元を古典からずっと探すんだよ。これをフロッタージュにしている本がマートンの *On the shoulders of a giant* なんだ。同じやり方で書いてみたいと思ったんだ。

上野 私は、タイトルにめくらましをくらわされて、『アメノウズメ伝』は『古事記』の話かと思っていましたから、読んでいません。読まなくちゃ。

鶴見　まああとは、柳田國男の影響だね。彼は民俗学っていうのは、ヨーロッパ社会に対して、キリスト教渡来以前の人間の文化っていうものをたどっていける手がかりを与えるのではないかと考えていたんだ。クリスマスとかサンタクロースっていうのは、キリスト教が入ってくる前の民俗習慣が、変形して残ったものでしょう。だから柳田は民俗習慣を研究した。

私が七〇年代にメキシコに行って書いた『グアダルーペの聖母』という本も、同じような発想に立っている。キリスト教以前の宗教が、キリスト教が強制的に入ってきたあと、どんなかたちで残ったかという問題だね。『アメノウズメ伝』では、それと同じように、近代のなかに閉じ込められる前の、日本の伝統と私が考えるものを伝えていく道があるんじゃないかと思ったんだ。

小熊　なるほど。そういうふうにつながると。

鶴見　『アメノウズメ伝』は、歴史の本じゃないんだ。私が長い間に自分を培ってきた、魂の彷徨の話なんだ。あれを六十歳をすぎて書けたというのは、私にはうれしかった。

上野　古典によるフロッタージュの手法といえば、吉本隆明さんの『共同幻想論』がありますね。あのなかに出てくる「対幻想」という概念は、私にたいへん大きな衝撃を与えたんですが、あれもフロッタージュで書かれていて、『古事記』から島尾敏雄までの主題のなかに吉本さん自身が体験した男女関係が谺《こだま》しています。あの「対幻想」の衝撃は何だったのかと後になって思えば、もの言わぬ身体として「性」があるのではなくて、「公」に対峙して「性」が語るに値することだ、として思想化されたこと、主題化されたことが衝撃だったと思うんですね。

鶴見　セックスについての考え方は、私にとって思想を支える重大な柱なんですよ。

上野　その柱が思想のなかで主題化されるかどうか、ということをお聞きしたいんです。セックスを生きることと、セックスを思想化することとの間には距離がありますね。

鶴見　語り方は難しいですね。たとえば私は軍隊にいる間、猥談というのが娯楽になっている場にいたわけだけれども、それはだいたい基本的に女性を侮辱するものだね。それに参加しないということが、「童貞番付」の基準にされたわけだけれども。しかし、そうではない話し方というのはいったいあるのだろうかとなると、あると思うけれども、たいへんに難しい。哲学という名前がついている語りもののジャンルでも、難しいでしょう。

私の場合は、偶然に自分が生きているなかで、性の問題は重大だったんだ。それで学校を首になったぐらいなんだ。

どういうことかというと、親父は講談社文化のベストセラー作家だったから、『講談倶楽部』とかの読み物がいっぱい家に来る。それを手当たりしだい読むので足りなくて、だけど私は家に帰りたくないから、古本屋街をずっと歩いていると、梅原北明やなんかの「禁断本」のたぐいがいっぱい出ていて、それを読んでいたんだよ。瀬戸内晴美が、だいたい似たような本を読んできているんだよね。そして小学校を出てから、七年制の一貫制の府立高校に入ったでしょう。そういう高校っていうのは、小学校で一番とか二番が集まっているところで、彼らの性意識は実に未熟なんだよ（笑）。それで啓発してやりたくなって、古本屋から集めてきたそういう本をロッカーの中に積み上げて、貸し本図書館にして、金は取らずに回してたんだよ。それがばれて、ガサ入れされた。それで私は、退校せざるをえなくなったんだ。

上野　それが退校の理由なんですか。

鶴見　そうですよ。だから私にとって、セックスの問題は首がかかっているんだよ（笑）。だけど上野さんのいうような、性を思想化するということ、自分で生きているということをどういうふうに主題化できるかということは、わからないわけだよ。だけど、『アメノウズメ伝』は書けた。

小熊　そこで聞いてみたいのは、鶴見さんはなぜ漫画の『がきデカ』がお好きなのか、という点なんです。『戦後日本の大衆文化史』のなかで、鶴見さんがこの漫画の主人公である「がきデカ」を形容なさっているフレーズが面白いと思ったんですね。「がきデカ」は成績の悪い不良少年で、金と性にしか興味がない。しかし、当人は少年警察官だと思っている、と。

鶴見　ははは（笑）。

小熊　しかも鶴見さんは、これが当時の日本、七〇年代から八〇年代の日本の自画像のようである、とおっしゃっている。『がきデカ』は七〇年代に連載された漫画ですが、鶴見さんによれば、「がきデカはたいへんに太った栄養過多の小学生で、彼の関心は金と性に集中しています。彼自身は自分を小学生の年齢でただ一人の少年警察官であると思いなしており、同じ年齢に属する他の子どもたちを、彼自身の主として金と性についての関心から、監視して回ります。がきデカはきわめて無責任で、かつ破廉恥で、それはなにか現在の日本が東南アジアに対して、飽くことのない経済上の売り込みをやっている姿を鏡に映しているようです」と言われる。

そういうふうに、非常に醜い日本の自画像だというふうに書きながら、同時に『がきデカ』は好きだとおっしゃって、日本にふさわしいのは「がきデカ民主主義」であると七〇年代には発言なさいましたよね。そのへんが鶴見さんのなかでどうなっているのか、一度聞いてみたかったんですが。

鶴見　昭和十七年から二十年まで、日本にマンガがなかったんです。マンガが欠落した文化だった。だから『がきデガ』が出た時代っていうのは、あのマンガの欠落した四年間に比べていいじゃないか、というのが私の考えることなんだ。あれは日本の自画像なんだから。むしろ昭和十年代に『がきデカ』が出ていたら、日本国民の自画像としてすばらしかった。

小熊　そういう意味でいいと言われたんですか。しかし「がきデカ民主主義」というのは、表現の自由ということだけではないでしょう。「がきデカ」は私的欲望に徹して、国家なんか知らないよ、という姿勢を結果としてとっている。それは戦後日本の一つの達成だ、というようなこともおっしゃられていましたよね。その関係はどうなっているんですか。

鶴見　『がきデカ』の著者の山上たつひこという人は面白い人でね。彼の始まりは、『旅立て！ひらりん』というエコロジー・マンガの元祖みたいなものなんだよ。それから『光る風』という、日本がふたたびファシズムの時代に突入していくっていうような、ものすごく硬派の社会派マンガを書いた。そしてしばらく見なくなったなと思っていたら、『喜劇新思想体系』というギャグ・マンガを書いて、それから『がきデカ』へゆく。そのあとマンガは書かなくなって、いまは小説を書いているんだ。面白い男だね。会ったことはないんだけれども、彼の精神の変貌というのは知りたい。

小熊　山上たつひこへの評価はともかくとして、金と性にしか興味がない私的欲望の塊という日本人像を評価するという七〇年代の鶴見さんの姿勢は、それ以前とは少しぶれがあると思うんですね。鶴見さんが一九五九年に、久野収さんや藤田省三さんとご一緒に『戦後日本の思想』という座談会をやられたときには、国家から与えられる私的欲望にただ没入しているような「欲望ナチュラリズム」を批判なさっていました。しかし「がきデカ」というのは、まさに国家が用意した慰安所に嬉々として通いそうな人間像ですよ。

鶴見 その姿を鏡に映すのがすばらしいと思う。ただ金と性にしか関心がない少年というだけじゃなくて、少年警察官というのが面白い発想なんだよ。昭和十七年に、慰安所に嬉々として通ってしまう少年兵なんて像を出したら、もうたいへんだよ。私はあの時代に「がきデカ」を出すべきだったと思っているんだ。

小熊 なるほど。

鶴見 昭和十九年に徴用工として働いていた耕治人が書いているんだけど、あいつはちょっと変わっているって密告されて、警察につかまって留置所に入れられちゃうんだ。それで疥癬《かいせん》を発病して、非常に参るんだけども、警察官はいっぱい猥褻写真とかそういうのを持っていたっていうんだよ。彼らは、自分たちでそれを見て楽しんでいるんだ。

上野 押収して持っているんですね（笑）。

鶴見 だから、まさに少年警察官の「がきデカ」と同じなんだよ。警察官はそういうものなんだ。さんざん楽しむと、その写真をゴミ箱に捨てちゃって、耕治人は留置所で雑役をやらされて、ゴミ箱からそういう猥褻写真を見つけるんだよね。耕治人ってのは面白い人だよ。そして着替えを持ってきた聖女みたいな細君に見つけた写真をわたす。それがコミュニケーションなんだ。あれこそ、白樺派の流れの一種のルネサンスだね。

小熊　うーん、そういう人を白樺派の流れと位置づけるわけですか（笑）。

鶴見　白樺派の影響で出てきた人なんだ。たしかに、武者小路実篤みたいに、公家さんの金持から出てきて、ヒューマニズムを唱えて、最後は戦争の旗を振っちゃったという系統とは違うよね。だけど私に言わせれば、あれこそ白樺なんだよ。

だから話を「がきデカ」にもどすと、最近のイラク戦争なんかでも、ブッシュのあとに小泉首相がくっついて、そのあとに警察帽をかぶった「がきデカ」がくっついて行進している絵を書いたらいいと思うんだ。

上野　それで金と性への関心から、略奪と強姦をやるとか。

鶴見　まあ、「がきデカ」はそんなに強くないんだけれども（笑）。反戦ポスターとしては、かなり力があると思うね。

竹内好との出会い

小熊　話がしばらく別のところにいきましたが、敗戦後にもどって、竹内好さんとの出会いについてうかがいましょう。最初は鶴見さんが竹内さんの論文を読んで、手紙を書かれたことから交際が始まったそうですが。

鶴見　そう。一九四八年に『総合文化』という雑誌に、竹内さんの「指導者意識」という論文が載っていてね。それを読んで、たいへん感心したんだ。あんまり大部数出している雑誌じゃなくて、私がその雑誌を買った本屋には、五冊しかなかったんだけれども、また本屋に戻って残っていた四冊を全部買って、友達に配ったんだ。和子、武田清子、市井三郎、そして鶴見良行とね。

私はファンレターはあんまり書かないんだけれど、そのときはあんまり感心したから、竹内さんに手紙を書いたんだ。それで竹内さんはものすごく喜んで、そこから交際が始まった。彼はそういう、ファンレターとかにすごく感心する性質なんだ。意外にミーハー的なんだよ（笑）。

その翌年、国土社版『知性』に、竹内さんは「中国人の抗戦意識と日本人の道徳意識」という論文を書いたんだ。これも大部数の雑誌じゃなくて、すぐ潰れちゃったんだけれどね。竹内さんが書く雑誌は、すぐ潰れる（笑）。これも読んで、ほんとうに感心して、やっぱり五冊しか本屋になかったからまた買い占めて配って（笑）。だから私は、竹内ファンを確実に増やした。

小熊　「中国人の抗戦意識と日本人の道徳意識」は、日本の軍部がアヘンを製造して、中国に売りこんでいたことを題材に、アジアへの加害責任の問題を提起したものですよね。それに感心したというのは、鶴見さんご自身のジャワでの体験と重ね合わされたからですか。

鶴見　そうです。だから当時としては、大東亜戦争の問題に、まったく違う角度から切り込んでいるという感じを受けたんだ。

それから「指導者意識」という論文は、共産党を含めた日本の知識人にある、指導者意識というものを問い直している。両方とも、私が戦争体験からつかんだ問題意識に響くものだったんだ。

そのあと竹内さんは、「中国の近代と日本の近代」をはじめとした論文で、魯迅を手がかりに日本と中国の近代化を対比した。ひたすら学校秀才を養成してゆく日本の近代化に対して、中国にはちがうあり方があると。これなんかも、私がぼんやりとつかみかけていた問題を、はっきりしたかたちで打ち出していると思った。だから、竹内さんは私にとって、驚くべき人物だったんだ。

小熊　それで、どうやってお会いになられたんですか。

鶴見　会いたいと思って手紙を書いたら、「銀座の正宗ビルに来てくれ」という葉書がきた。それで行ったら、武田泰淳とか何人かでずらっといて、みんなで正宗を飲んでいるんだよ（笑）。私は酒を飲まないから、とりあえず紹介されてね。やっぱり敗戦直後というのは、そういうふうに、いろんなグループとの接触があった時代だった。

小熊　戦争をくぐって、信頼できる人間を、グループを超えて見分ける直感が発達していた時期だったというわけですか。そこで聞いてみたいのは、竹内さんと鶴見さん、あるいは鶴見さんと丸山さんでもいいんですが、お互いの戦争体験を語りあうという機会はあったんですか。

鶴見　ない。そういうことはやらない。それは、小熊さんのお父さんが、戦争体験をあなたにわざわざ話さないのと同じだ（笑）。何となく伝わるものがあるんだよ。人間と人間のコミュニケーションというのは、十九世紀に考えられたような明確なメッセージのやりとりじゃなくて、対面しているとぼんやり伝わるものがあるんだ。

小熊　信頼できる人間だということをピンと感じるものがあったので、それ以上話す必要はなかったと。

鶴見　そうです。

小熊　鶴見さんは、竹内さんが一九七七年に亡くなったあと、『竹内好』という伝記を書いておられますね。しかし、竹内さんが兵隊になって中国に送られた時期のことはあまり書かれておられない。戦争体験が重要だということは鶴見さんの持論だと思いますが、どうしてですか。

鶴見　まあ、あれは失敗作なんだ（笑）。竹内さんは私にとって、ほんとうにつき合いも深くて尊敬の念もあって、筆が自由に動かないんだ。

私にとっては、都留重人が唯一の先生だ。竹内さんは、非常に一体感を持っていた人だ。六〇年安保のときも、竹内さんが岸信介に抗議して都立大学を辞任したと聞いたら、すぐに自分も東京工業大学に辞表を出した。私は単純な人間なんだよ（笑）。

上野　意気に感じておられたわけですね。それで筆が大胆に動かないと。

鶴見　上野さんとちがうから（笑）。

上野　とんでもございません。私は気配りの上野と言われてるぐらい、神経の細やかな人間です（笑）。

鶴見　ただ『竹内好』では、日米が開戦した十二月八日について竹内さんが書いた宣言のことと、彼が兵隊になって中国に送られて魯迅の墓が崩されているのを見たときのことは書いた。十二月八日についての宣言文は、大東亜解放の方向に日本が向かってくれることを、一縷の望みをかけて願ったものですよね。だけど魯迅の墓が崩されているのを見たとき、竹内さんは、日本は自らを否定してまでアジア解放の戦いを行なうなんてことはありえない、適当なところで欧米と妥協して、天皇制を温存する方に行くだろうと悟ったんだ。

小熊　そうですね。

鶴見　とにかく私は、竹内さんが書いたものは、ずっと読んでいる。そういうなかで、信頼が裏切られたと思ったことはなかった。

彼が八月十五日について書いた「屈辱の事件」なんかも、すごく感心した。敗戦のとき、竹内さんは中国戦線で兵隊だったんだけど、彼の中隊長が軍人勅諭をふだんとはちょっと違うかたちで読んだ。「わが国の御稜威《みいつ》振るわざる時は自分を助けてくれ」という部分を強調したっていうんだ。そのとき竹内さんは、「明治の精神」に触れたと思ったって言うんだよ。

軍人勅諭は、大日本帝国憲法とか教育勅語より早く出ていて、まだ明治天皇も若いし、これから日本がどうなるかわからない時期に出されたものなんだ。日本が潰れそうなときは力を貸してくれって言うんだからね。天皇の地位が完全に安定してしまって、「万世一系」とかいって威張っているんじゃないんだよ。まだ、これから国をつくろう、うまくいかないかもしれないが、という時期の言葉なんだ。

だから当時はまだ、知識人も、自分で自分をつくっていく知識人だった。日露戦争に勝ったあとは、権威に合わせてつくられていく知識人になっていく。そういう問題を、外国から借りてきた理論の権威からじゃなくて、しょっちゅう聞かされて暗誦させられていたはずの軍人勅諭の読み直しからあぶり出したところが、あの論文のすごいところだね。

小熊　丸山さんの「陸羯南」の論文と似たものを感じたわけですね。

鶴見　そうです。

上野　そういう議論は、ナショナリズムというか、排外主義と紙一重でしょう。竹内さんの国民文学論については、どう思われていたんですか。

鶴見　これはたいへんむずかしい。私は岩波の平和問題談話会に入っていなかったんだけど、一九五四年だったかに、竹内さんと一緒に相談して話をしてくれと頼まれたんだ。それが「国民文化について」というテーマだった。だけど私は、「国民」とかいう言葉はいやで、使いたくなかった。

小熊　当時は知識人が自分の特権を否定して、民衆と一体になって形成されるのが「国民文化」であり、「国民文学」であるというふうに、とくに共産党周辺などで唱えられていましたよね。そういう意味では、鶴見さんに依頼がきたのはそう間違いではないとは思いますが。

鶴見　それはそうなんだけど、やっぱりいやでねえ。だから報告のときも、「国民という言葉は嫌いです」とまず冒頭に話してね。

そこで話したのは、要するに本店と支店の関係についてだった。日本のほとんどの文化は、外国の学問やら文学やらを本店にして、その権威を借りた支店にすぎない。支店どうしでは話が通じないから、いがみあってばかりいる。こんなものをやめていけば、国民文化というものもやがて出てくるだろう、ということだった。この報告は私の著作集にも入っていて、竹内さんの了解をとって私の署名に直しているけれど、竹内さんと相談した内容だったんだ。

小熊　要するに鶴見さんや竹内さんにとっての「国民文化」は、権威主義の否定であるわけですね。だから「国民文化」であっても、天皇制にはアンチになる。

鶴見　そう。でもやっぱり、「国民」という言葉はどうもね。竹内さんの問題提起で一九五一年ごろに国民文学論争が起きたときも、平野謙なんかは、「ほかにもっとうまい言葉はないんでしょうか」と言っている。

小熊 ただ竹内さんの側では、一度は戦争のなかで汚された「国民文学」という言葉であるからこそ、軍人勅諭と同じように、読みかえていく努力をすべきだという考えもあったでしょう。

鶴見 そういえば、竹内さんが国民文学について『思想の科学』に寄稿してきたのが、「吉川英治論」だったんだ。「これを書いたから載せてくれ」と言ってね。

小熊 吉川英治は、まさに戦争中の「国民文学」の代表格ですよね。戦後は新日本文学会に戦犯文学者の指名をうけた。

鶴見 だけど竹内さんの「吉川英治論」では、吉川はファシズムに便乗したのではない、ファシズムが吉川がつくった思想に便乗したんだっていうんだよ。

たしかに吉川が書いた『宮本武蔵』なんかは、権威におもねらない独立した人間像なんだ。自分の腕一本で、権威のある道場の看板をたたきこわしていく人間でしょう。集団的ファシズムの人間像じゃない。あれは佐藤忠男にちょっと似ているな。孤独なヤクザなんだよ（笑）。だから人気もあるんだ。吉川自身も、木刀をふるうように、文章を使える人ですよ。

そういうものが国民文化なんだというのが、竹内さんの主張だった。だけどそれが、ファシズムに利用されてしまった。こういう視点は、なるほどなあと思ったね。

小熊 だけどそういう竹内さんの考えが、ちゃんとみんなに理解されていたんでしょうか。竹内好といえば、戦前の大アジア主義者や国粋主義者の系譜につながる人だみたいな印象が、単純にその後に残ってしまったところがありますが。

鶴見　まあ、ちゃんと理解されたとは限らないよね。竹内さんはファシズムなんかとは遠い人間です。竹内さんの「国」も、さっき言ったパトリオティズムの「くに」だった。

五〇年代の葛藤

『思想の科学』の五〇年

小熊　話をもどしますが、一九四六年に『思想の科学』を出して、当初の反響はかなり上々だったわけですね。

鶴見　そう。私も戦中に考えた「言葉のお守り的使用法について」を書いたり、和子もプラグマティズムの批判をしたり、いろいろ書きたいことが多かった。

昨日も言ったように、若槻礼次郎にインタビューに行ったのもそのころです。あれは「私の哲学」というインタビュー連載企画の一つで、若槻さんのほかにもいろいろ有名な人に話を聞きに行った。もともとは『思想の科学』を売りたいという発想から出てきたもので、あとで単行本になったりするんだけど、若槻さんには人間の大きさを感じたな。あれこそ、日露戦争以前の明治の知識人、自分をつくる知識人だった。

彼は捨て子で小学校しか出ていない。小学校を出るとすぐ校長にされた。学校が終わってから川で魚を取ったりしていると、周りの人が「あんなに優秀なんだから、東京に送り出してやろうじゃないか」と言ってお金を出してくれた。そして図書館に通って自習して大学に入って、首相まで行くんだ。

私が訪ねて行ってもまったく威張りもしないし、見栄も張らない。夏だったんだけど、裸同然みたいな格好で出てきて、「両親の顔も知りません」とか平気で言うんだからね。それまで私が知っていた日本の知識人とか政治家とかとは、まったく違う日本人がいると思った。インタビューしたあと、「談話の整理とかは、全部おまかせします」と言ってくれてね。

小熊　『思想の科学』の創刊号は、みんなで配本したりなさったんですか。『近代文学』の同人の平野謙さんや埴谷雄高さんなんかが、リュックサックで本を背負って配本したというエピソードは有名ですよね。

鶴見　そう。持って歩いたりしたね。

小熊　じゃあ、武谷さんや丸山さんも持って歩いたんですか。

鶴見　いやいや、『近代文学』の人たちほどじゃない（笑）。だけど私は持って歩いたよ。

小熊　敗戦直後の時期は、みんな新鮮な言論に飢えていて、新規創刊の雑誌はよく売れたようですね。

鶴見　『思想の科学』も、創刊号は一万部出して売り切れました。ところがそのあとだんだん部数が落ちて、それを超えたのは、それから一五年経った一九六一年の天皇制特集号を出したときです。あのときは一万七千部行きました。その一万七千部を超えたことは、『思想の科学』五〇年の歴史のなかでありません。

あのときは、当時の発売元の中央公論社が嶋中事件（『中央公論』に掲載された小説「風流夢譚」が天皇に対し不敬であるという理由で、一九六一年二月に社長の嶋中鵬二宅が右翼に襲われた事件）で慎重になって、天皇制特集の原稿がもう集まっていたのに、出さないと言ってきたんだよ。それで編集部のなかで、どうしようかという相談になって、私は「ガリ版で出せばいいじゃないですか」と言った。だけど、『朝日新聞』の論壇時評で、都留重人さんが言論弾圧に妥協をするなっていう批判をしてね。

それで、『思想の科学』として新しく会社をつくって、出すということになった。それで自分たちでも、資金の都合はつけたんだけど、まったく別に勁草書房の社長だった井村寿二が、社業と別に個人として一〇〇〇万円を貸してくれた。『思想の科学』のほうでは、一〇人で借りるという約束にして、われわれがハンコをついた。貸してくれた方は、お金は帰ってこないだろうと思ったんだろうけども、天皇制特集号を出したら売れて、けっこう余剰金が出て、二年間のうちに一〇〇〇万円を全部返した。これは全部、都留重人さんのはからいのおかげでした。

あれが売行きのピークだね。そのあとは、加太こうじと、上野博正がお金を注ぎ込んでくれて、五〇年続いた。私も半分くらい出したんだけど、ベ平連と『思想の科学』の両方を背負ったときは苦しかった。

上野　上野博正さんの肩入れについては、私もよく存じ上げています。

鶴見　加太さんは、最後まで、まったくのマルクス主義者だったんですよ。彼は、日曜版の『赤旗』をつくっていた人なんだ。それがなぜ、『赤旗』じゃなく『思想の科学』の方に入れ上げたかというと、彼は小卒なんだ。彼が共産党の本部に行って、たとえば教育政策について意見を述べると、幹部なんかが「ああそうですね、加太さん」とか言うだけなんだって。ところが、加太さんが『思想の科学』の方に来て、たとえば森毅《つよし》と座談会をすると、森さんはちゃんと真面目に応えてくれる。その感触が全然違うから、加太さんは自分の稼ぎから、驚くべき金を『思想の科学』の出版に費やしてくれたんですよ。

まあ私は、共産党の存在は認めていますよ。だけど共産党というのは、やっぱり東大出が偉いところだよね。私がいまの共産党に言いたいことは、思うようなかたちで政治に関心を持ってくれない庶民を叱るなということ、それだけだ。とにかく加太さんと上野博正のおかげで、九六年に休刊するまで『思想の科学』は続いたわけ。

小熊　休刊の経緯などは、『期待と回想』で述べられていますね。

大衆路線と書き手の発掘

小熊　初期の『思想の科学』は、アメリカ哲学の紹介をはじめとした啓蒙的な路線をとっていたわけですが、一九五〇年代に入るころから、各地に読書会のサークルを組織して、そのサークルから現場報告を募ったり、ライターをリクルートするという方法に変わっていきますよね。

鶴見　売行きが落ちてきたころ、一九五〇年ぐらいだったかな。私はもう京大に勤めていて、東京から夜行で京大に通っていたんだ。それである夜中に熱海を通ったとき、熱海に岩波書店の別荘があって、その日はそこに丸山眞男さんが泊まっていることに気づいた。「ああ、ここで降りれば丸山さんがいるなあ」と思って、降りて訪ねて行ったんだよね。

それで、丸山さんと話をしたら、彼が言うには、「支部をたくさんつくって、そこの支部一つ一つから、ライターを求めて、やっていけばいいじゃないか」と言ってくれたんだよ。そんなやり方をしている雑誌というのは、当時はまったくなかったんだ。

丸山さんというのは、普通やることとは、まるで反対のことを言うんだよ。だから『思想の科学』に支部をつくれと言ったのは、丸山さんが初めてなんだよ。

上野　そういう提言は、丸山さんのその後のアカデミックな路線とは、かなり異なりますね。

小熊　イギリスの「見えない大学」とよばれるロイヤル・ソサイエティの組織のあり方を、丸山さんが参考にしたのではないかと、鶴見さんは書いておられますよね。

鶴見　そう。それもあったと思う。だけどそのころ、丸山さんは、伊豆の人民大学とか、敗戦後にできた労働者学校に肩入れしていたことがあるんだ。だからイギリスの真似というだけじゃないんだよ。それでとにかく、『思想の科学』の支部というものが大阪から起こって、全国に広がった。

上野　丸山さんのアドバイスもあったのかもしれませんが、もともと鶴見さんにも、地方から支部をつくるという発想はありませんでしたか。学歴エリートではない、在野の知性を育てようという啓蒙の意図はなかったのでしょうか。

鶴見　私にはなかったね。雑誌を売っていきたいという、まったく商売の発想しかなかった。だって一九五〇年代の半ばくらいに、私は京大から東工大の助教授に移って、文化放送のコメンテーターの仕事もしていたからかなり年収があったんだけれど、大学からの給料は全部雑誌の赤字をうめるために使っていたんだよ。

親父から金をもらうのは嫌だったし、一九五四年に『サンデー毎日』で『思想の科学』が叩かれてね。私が『思想の科学』の編集費から毎月一〇万円を懐に入れて、女性事務員を妾にしてバーをやらせているとかいうんだ。ほんとうに参ったけれど、かえって意地になってやる気が出た。だから売るのに懸命だった。

上野　そうですか。しかし商売の発想しかなかったというのは、鶴見さんの自己韜晦ではありませんか。私は、鶴見さんは稀代の啓蒙家だと思っていますし、実際にずいぶんと野にある知性を育ててこられたでしょう。それは意図しなかった結果だとおっしゃいますか。

鶴見　私は丸山さんみたいな意味での啓蒙家ではない。啓蒙というのを、上から教えられて導かれましたという意味で使うなら、ちがうと思う。ただ、私なんかの意図から外れて、突発的にぱーっと喚起されてしまったというような効果は認める。

上野　なるほど、意図せざる効果だと(笑)。

鶴見　やっぱり突発的に起これば、啓蒙もたいへんにいいことじゃないの(笑)。たとえば、私が『振袖狂女』という映画の批評を『映画評論』に書いた。それを新潟で

思想の科学研究会のピクニック(1955年春，箱根用水へ。右から市井三郎，鶴見良行，夫人，鶴見俊輔。撮影・川瀬光男)

二十一歳の電気溶接工をやっていた佐藤忠男が読んで触発されて、『思想の科学』に投稿してきたんだ。その投稿を一字も削らず、一字も足さず、私が掲載した。それが映画評論家としての彼のデビューだ。それはとても愉快なことなんだけれど、突発的なんだ。「啓蒙しよう」と思ってしたんじゃない。

小熊 「啓蒙」はenlightenment、つまり「火をつける」ということですから、元来の意味はそういうものじゃないですか。

上野 少数精鋭の同人で始まった『思想の科学』が、一般からの投稿を受け入れるようになったのは、どういう経緯からなんですか。

鶴見 それは、もともと私の発想じゃなかった。大野力という、群馬県の共産党の地区委員をやった人物が、共産党を除名されたころから『思想の科学』の同人に入ってきた。そして、彼の知合いで同人に入りたい人がいたんだけれど、その当時は同人二名の推薦がなければ入れない。それを取っ払っちゃって、誰でも入れるようにしようということを彼が言ったんだ。そこから、同人以外の寄稿を受けつけることも起こった。

その結果いろんな人が入ってきたんだけれども、当時の実務をやってくれていた市井三郎がものすごい打撃を受けちゃってね。つまり近くの同人がやって来て、市井三郎の勉強の時間を奪うわけ。彼は阪大の理学部で化学の出身なんだよね。そして哲学は素人だったので、一所懸命に哲学史を勉強した。さっき話が出たラッセルの『西洋哲学史』というのは、彼が全部自分ひとりで訳したんだから、たいへんな勉強家なんだよ。それで、記号論理学も勉強したいとか考えているときに、いろんな人間にわっと入ってこられて、いろんなことを言われてたいへんに困った。それで彼は私に、大衆化はやめようという意見を強く述べる葉書をくれた。

上野 じゃあ、内部でも路線の対立があったわけですね。

鶴見 そうだけど、結局は、なんとなくその大衆化の方向に行った。そうしないと雑誌も売れなかったしね（笑）。

上野 そうすると鶴見さんは、どちらの側に立たれたんですか。

鶴見 もう大衆化したんだから、やってしまえ、という方向だね。つまり初めの七人の顔ぶれは、丸山眞男・都留重人・渡辺慧・武谷三男・武田清子に和子と私、これはレベルの高い同人会議だった。

上野 まさに少数精鋭ですね。

鶴見 だけど、それではやっていけなかった。とはいえ、大衆化する以外の選択の機会もあったんだ。というのも、最初の同人には英語を話せる人間のパーセンテージが高かったということもあって、ロックフェラー財団が補助してくれた。

上野 申請したんですか。申請しないとお金なんてくれないでしょう？

鶴見 くれるって意向が、向こうからきたんですよ。

上野 えーっ！

鶴見 やっぱり、それだけの集団だと認められていたわけですね。ところが一九五〇年ごろに、その補助の問題で総会が紛糾してね。その当時、井上清・奈良本辰也・林屋辰三郎といった共産党系の歴史家が、会にいた。彼らが、「アメリカ帝国主義の補助を受けるな」と主張したんだ。

小熊　逆コースや朝鮮戦争が始まって、共産党がアメリカと全面対決してゆく時期ですね。

鶴見　それで紛糾したあげく、補助を返上しようという結論になって、こっちから切ったんだよ。もうそうなると、これは雑誌を売ることによってベースをつくらなきゃならないでしょう。となれば、大衆化路線というのは、その帰結だったんだ。丸山さんが支部をつくれと言ったのも、ちょうどそのころです。

小熊　もうそのころは、丸山さんは平和問題談話会で全面講和問題にかかわって、ほとんど『思想の科学』の方には来ていないですよね。

鶴見　そう。だから、私が夜中に熱海で夜行列車から降りて、岩波書店の別荘を訪ねていって相談した。

上野　つまり初期とは同人の顔ぶれも変わっていて、共産党系の人も入っていた。そして大衆化路線という、運動的な手法を共産党の関係者が持ち込んだということですか。

鶴見　結果的にはそうなりますね。もちろんさっきの大野力の提案にしても、個人としての意見です。だから団体として共産党の指導を受け入れた、とかいうわけじゃない。

上野　そうですか。大衆化というのは、鶴見さんの思想から意図的にやってこられたのかとばかり、私は思っておりました。

鶴見　歴史というのは必然じゃなくて、偶然の要素が多いんだよ（笑）。

だけど「アメリカ帝国主義と手を切れ」という声に対して、私はノーとは言わなかった。大衆化のなかから、別の道が開けるんじゃないかと思った。実際に、その結果として、突発的に佐藤忠男とか、上坂冬子とかが出てきたわけだから。
上坂冬子は、トヨタの大争議のなかから出てきたんだ。あのとき、労組の幹部が会社と妥協した。それを女子事務員だった上坂が、皮肉な目で見て彼女のデビュー作になった「職場の群像」を日記に書いていた。それを『思想の科学』に出したわけだ。
そのとき、ものすごくトヨタ労組の幹部は怒ったね。私のところに抗議の手紙をよこしたりもしたんだけど、私は握りつぶして上坂に伝えなかった。「職場の群像」というのは、昇進の希望のない高卒の女子事務員が書いた、正直な記録なんだ。彼女の筆名も、私と多田道太郎が苗字と名前を持ち寄って考えたんだ。

上野　私は、鶴見さんのそういう、学校エリートとは違う「庶民の知性」の発掘という姿勢は、鶴見さんの戦争体験から出てきたものであって、それが『思想の科学』の大衆化路線と結びついたと思っていたんですが。

鶴見　それは結果的に絡んだんだ。たしかに私が戦争体験から得たものは、知識人と知識人じゃないものとの境界線はない、大学を出ているとかは問題じゃない、という見方だった。だから私は、だいたい仲間のなかでは、学歴のない人で物を書ける人に肩入れする。それはずーっとやってきた。だけど、それと『思想の科学』の大衆化路線が結びついたのは、あくまで結果です。

上野　『思想の科学』のなかで、鶴見さんは編集者としての抜群の力量を発揮されたでしょう。在野の知性を見いだすとか、素人の原稿に手を加えずに載せるとか。

鶴見　手は加えない。だから、突発的に出てくるんだ（笑）。

上野 そういう場を用意するということ自体が、一つの作為ですから。誰にでもできるわけじゃないでしょう。

だから、こんな言い方をしたら嫌われそうですが、『思想の科学』が「もう一つの学校」として果たした役割、鶴見さんが編集者として果たした役割は大きいと思うんです。その場がなければ育たなかった知性があるでしょうから。

鶴見 そうだといいんだけれども。

上野 あれ、そんなに嫌われなくてすんだようですね。

鶴見 「学校」という名前にこだわらなければ（笑）。

小熊 大衆化路線に絡んでおうかがいしたいのですが、一九五〇年代の初めからは、共産党がなかば非合法化されて、サークル活動への浸透を重視していきますよね。それで、山村工作隊を兼ねて農村への聞き書き調査活動などが始まり、鶴見和子さんも石母田正などと一緒に、労働者のサークルで文集をつくる方に入っていく。そして『思想の科学』の誌面でも、サークルで書かれたものを載せていったりしたわけですけれども、そのへんは同人でいらっしゃった共産党の方々の影響というのはあったわけですか。

鶴見 「共産党の影響」というよりは、やっぱり個人的な影響ですね。当時の時代の雰囲気もあったでしょう。私を共産党に入れようとかいうオルグは、もう敗戦直後の高倉テルだけで、それ以降はもうあきらめられたのか来なくて（笑）。

だけど私は、共産党は存在としては認めているし、個人的に仲のいい共産党員は多かった。一九五〇年代半ばからやった『転向』の共同研究のときだって、戦前の共産党員の転向をずいぶん取り上げて批判したけれど、現役の共産党員がたくさん協力してくれている。河合悦三とかね。

たとえば川崎巳三郎という共産党の経済学者は、よく私のところに遊びに来てね。偶然なんだけれど、「大衆小説から民衆の心を考えたら」というヒントを、彼がくれたんだ。だから、私が『思想の科学』なんかで大衆小説の分析を書くようになった源流は、川崎巳三郎なんだ。だけど共産党員として、私を当時の党の方針にひっぱりこんで大衆路線に誘導した、とかじゃないんだ（笑）。

困ったことといえば、現役の共産党員と、共産党から除名されたマルクス主義者たちとの闘争というのが、『思想の科学』の場で行なわれたことがしばしばあったことだね。これは困った。

小熊　ついでにおうかがいしてみたいのは、和子さんのように、労働者サークルの活動に入っていくとかは、鶴見さんご自身は思われなかったんですか。

鶴見　和子のように一緒に作文をやるとかはしなかったけれど、サークルはずいぶん回った。当時は『思想の科学』の読者サークルはたくさんあって、そのなかで面白い人も出ている。

たとえば社会学者の見田宗介は、彼が二十歳くらいのときサークルで出会った人なんだ。彼は一九三七年生まれだから、当時はまだ東大の学生だったと思うけれども、私は彼に会ったときに、「前にあなたの写真を見たことがあるね」って言ったんだ。そしたら「そうですか」と言うんだよ。その写真というのは、彼が小学生のときに、『アカハタ』をよく売る立派な小学生ということで記事が出ていたんだ（笑）。

小熊　見田さんのお父さんの影響でしょうか。

鶴見　彼はマルクス主義哲学者の甘粕石介の息子なんだ。「資本論もよくわかる小学生」とか記事には書いてあったな（笑）。

　彼は中学校まではマルクス主義者で、思想はそれだけが絶対だと思っていたのが、高校生になると疑問をもちだしたんだね。それでその後は、城戸浩太郎のやっているようなグループと接触して、マルクス主義を否定するわけじゃないけれども、少し違う方向に進むようになった。だけど彼は、それまでのつき合いのなかでは、自由に自分の考えが発表できない。それで、『思想の科学』がやっていた戦後史研究会とか、「ユートピアの会」なんかに顔を出すようになった。

　彼は偶然に高学歴で東大出だけれど、面白い秀才だと思うね。偶然に向こうからやってきた人なんだけれど、『思想の科学』の流れが、彼によって新しくなった部分がある。

小熊　見田さんがやった流行歌の研究とか、のちに彼の『気流の鳴る音』（筑摩書房）に結実する宗教やカスタネダへの関心とかは、もともと鶴見さんの著作や『思想の科学』に原型があったものだということは、私も最近調べてみてよくわかりました。

鶴見　流行歌の研究とかも、見田は学問的にカッチリ固めていたから、学問上の仕事として残ったということはあるんだ。

上野　身の上相談の研究もそうですね。見田さんの研究は、歴史に残る古典になりました。

小熊　その見田さんのもとから、吉見俊哉さんのようなカルチュラル・スタディーズの流れも出ている。

上野　見田さんも当時は無名の若者だったと思いますが、そういう無名の若者や庶民の人たちと、まめにサークルを歩いてつき合ってこられたんですね。相当の時間とエネルギーを使って。

鶴見　疲れたね。年がら年中、一日中回っていたわけよ。体力があったねえ。だけど疲れた（笑）。

朝鮮戦争とアメリカ

上野　ところで、朝鮮戦争については、どう思われましたか。

鶴見　あのときは、まだ自分の考えが煮詰まっていなかった。朝鮮に対する共感はありましたけれども、アメリカに対する信頼も、ベトナム戦争のときほどは薄らいではいなかった。それに、共産党やそのシンパの学生たちほど、北朝鮮や中国が正しいとも思わなかった。

小熊　確か鶴見さんが何かの場で述べられていたと思うんですが、朝鮮戦争に対する反応というのは、自分の世代と、自分より年下の世代では、全然ちがったという。当時十代後半から二十代前半の方は、自分が徴兵されるんじゃないかという危機感があって、反応がすごく強かったと。

鶴見　それはそう。私は一九五〇年だと二十八歳だから、もう前と同じように動員されるとは思っていない。動員されるかどうかということで、戦争に対する人間の考えは非常に変わるよ。

小熊　私が読んだ範囲でいえば、大江健三郎さんとか佐藤忠男さんなんかは、自分が動員されて朝鮮に送られるんじゃないかという恐怖がすごく強かったと書いていらっしゃる。これは、ベトナム反戦運動のときの学生の反応とは、全然ちがいますね。ベトナム反戦の学生たちは、自分が動員されてベトナムに送られるとは思っていなかったでしょう。

上野　それはそうです。切迫感がちがいますね。

鶴見　そのときは、私は京大にいた。もう学生とか、若い助手とかは、朝鮮戦争にみんなすごく反対で、共産党の反戦運動に肩入れしている者が多かったね。

たとえば、多田道太郎が助手だった。あるとき彼と京都の街を歩いていて、烏丸の交差点に来たときに、彼が「ここで市街戦が起きる」と言うんだ（笑）。当時の共産党は、武装闘争路線をとっていたでしょう。それに肩入れしているんだよね。私は「そんなロマンティックなことは起こらない」と言ったんだけれど、あの頃の京大生だったら、中立と見える人だってそっちの方に肩入れしているんだよ。

上野　多田さんて、そんなに血の気が多い人だったんですか。

鶴見　私は抑える側だったんだよ。多田道太郎は大東亜戦争のときは、学徒兵になってひどい目にあっているんだね。そのほか、当時の京大では医学部の学生が原爆展をつくっていた。

小熊　丸木位里・俊子夫妻の「原爆の図」を展示した一九五一年の原爆展ですね。あのときは、昭和天皇もちょうど巡幸に来て、学生たちが公開質問状を渡そうとした事件がありましたよね。この公開質問状は『〈民主〉と〈愛国〉』に引用しましたけれど、天皇に原爆展をみてもらいたいとか、再軍備を拒む意志がありますかとか、その後の時代にはちょっと考えられないくらい、天皇にストレートに質問を投げかけている。

鶴見　あれはいい文章だと思う。中岡哲郎が書いたんだけど、礼儀正しい、いい文章だ。だけど当時は、のちの全共闘運動の時代より、学生運動に対する処分がずっと厳しいんだ。その公閉質問状をつくった学生たちも無期停学処分にされてしまうし、当時は原爆展示なんかやったら占領軍の意向に反する。学生たちのあいだでは、アメリカが統治している沖縄送りになるっていう噂まで立っていてね。それを覚悟でやっていたな。そういうところは、全共闘やべ平連の時代の担い手とはちがう。

　そういえば、あの原爆展をつくった連中の、半世紀を超えての同窓会があったんだよ。そのときに来た人の聞き書きがあるんだけれども、そのときに中心人物だった河合一良が言っていることには、当時の京大の学生部長が理解があったというんだ。学生のやっていることは正しいという感覚をもって臨んだから、なるべく処分者を出さない配慮をしたっていうんだよ。原爆展はそれでよかったんだけれど、天皇がからむと処分を出さざるをえなくなった。しかしあの時代には、学生と教授の両方で、呼応するかたちがまだあったんだね。

上野　敗戦のときに、「これからアメリカとの戦いが始まる」と日記に書いていらしたわけですが、鶴見さんのなかで原爆というのはどういう主題でしたか。

鶴見　実際に広島に行ったのはずっと後ですし、さっきも言ったように原爆について考えていくのは、ずいぶん遅れている。私はわりあい限定してものを考えるから、いちど入った運動からは簡単に離れないけれど、自分ができることとできないことは分けるんだ。原爆は私には語りにくい主題ですよ。

上野　そうですか。

鶴見　ただ、原水爆反対運動には早くから名前は出していたんだ。それで助かったことがあるんだよ。というのも神戸のアメリカ領事館がそれを見ていて、私に入国ビザの発行を拒絶した。じつは一九五一年にアメリカのスタンフォード大学に助教授として招かれたことがあるんだけれど、そのせいで行けなかった。そして五〇年代に都留重人さんがアメリカに渡って、マッカーシズムのなかで喚問されることになって、ひどい批判を受ける羽目になった。私はアメリカ領事館がビザを拒否してくれたおかげで、助かったんだよ。

アメリカは私にとって重い土地だし、ジャワと同じくその後も一度も行っていません。そのあとは、アメリカの大学から招聘がきても、全部断わった。

上野　鶴見さんが都留さんを弁護して書いた「自由主義者の試金石」は、とてもいい文章ですね。配慮と愛情が行き届いていて。

鶴見　新聞で事件の報道が出たのを見たとき、私は頭の毛が一部白くなったよ。日本の新聞は、都留さんが喚問を受けて証言をしたことに批判的な論調で、これで都留さんは終わりじゃないかと思った。

上野　一夜で頭が白くなるなんて、『岩窟王』みたいですね。

鶴見　都留さんも、アメリカがああいう全体主義になるってことは、予測していなかったんだろうね。だけど都留さんは私の唯一の先生なんだ。だから、私があの文章を書くのは当然ですよ。

小熊　さきほどの「これからアメリカとの戦いが始まる」という言葉ですが、都留さんの事件やベトナム反戦運動のときに、それを思い出しましたか。

鶴見　いや、あの言葉はそれよりもずっと後の八〇年代くらいに、戦争中の日記をひっくり返していたら、敗戦のときにそれを書いていたのを見つけたんです。自分でも意外だったな。自己予言をしていたんだなあって。敗戦までは、自分自身が「鬼畜米英」だから、アメリカへの批判を抑えていたんだけれど、これで舞台が回ったからには、こんどは自分とアメリカの戦いが始まると考えていたんでしょう。結果としてその延長線上に、占領軍に協力しないこととか、アメリカに行かないこととか、いろいろあったわけだね。

小熊　しかしアメリカ国家とは別に、個々のアメリカ人とか、アメリカ市民社会には恩を感じておられるわけでしょう。ベトナム反戦運動をやったのも、ハーヴァードの卒業を許してくれたようなアメリカ市民社会への恩義の感情からだったと書いておられますが。

鶴見　もちろん個々のアメリカ人には、そういう感情がありますよ。たとえば留学時代の私がアメリカで下宿していたとき、そこの家庭にものすごくよくしてもらったんだ。古い家柄なんだけど、小さい家で、長男が使っていたベッドを私のために空けてくれて、長男は応接間のソファで寝ていた。彼らに対する感謝の感情はある。

小熊　だから米軍機が空襲に来たときも、敵機だとは思えなかったと。

鶴見　そうそう。それはアメリカ国家への評価とはちがうんだよ。

そこの家の長男が、のちにベトナム戦争の時代に外交官になって、私の自宅を訪ねてきたんだ。彼が「いまは何をやっているか」って言うんで、「いまは脱走兵の援助をしているんだ」と言ったんだ。彼はアメリカ政府の外交官だし、目を剝いていたけれども、密告はしない。そして彼は、アメリカと中国との国交を回復しようと努力して、米中関係について大きな本を書いているところだった。それで私は、「中国との国交が回復したらあなたは大使になるだろう」と言ったんだよ。そうしたら彼は、「いまのアメリカを低く評価している人からそんなことを言われても嬉しくない」って答えてね

（笑）。

それが彼と私とのあいだの最後の会話で、彼は日本課長から極東部長、タイ駐在の大使になったけれど、心臓麻痺で死んだ。彼の家庭は、私にとってみれば、一種のパトリオティズムの対象だね。

上野　ところで、朝鮮戦争当時の首相は吉田茂でしょう。彼についてはどう思われていたんですか。

鶴見　私は、吉田茂は戦中から評価していた。彼なりに節を曲げなかった人だ。だから私は、吉田はアメリカ相手によくやっていると思っていた。デモになんか出ても、「単独講和反対！」とかいうシュプレヒコールには同調したけれど、「吉田茂打倒！」なんてのには黙っていたよ。だって政界を見わたして、吉田茂ほどちゃんとやれる人間がいるか、疑わしいと思っていたもの。

小熊　鶴見さんの吉田茂評価は高いですよね。

鶴見　吉田は大学のなかでずっと成績が悪かったけれども、政策の知恵はあった。彼は外務省では、イギリス大使が最後で、その後はぜんぜん高い地位についていないんだ。さっきも話したけれど、吉田は英米派だっていうんで密告されて憲兵につかまった人だし、私も戦争中に大磯の駅で見かけて「ああ、えらい人だな」と思ったね。

小熊　その吉田茂が行なった再軍備について、どう思ってらっしゃったんですか。

鶴見　アメリカを相手に、相当程度抵抗しながらやっていると思ったね。あのときの支配層としては、他の奴よりずっと頼りになる人間がここにいるっていう感じだった。

私は思うんだけど、当時「バカヤロー解散」というのがあったでしょう。吉田が議員相手に「バカヤロー」とか言って、それで紛糾して解散になった。あれではっきり見えるように、吉田は国会議員を全部軽蔑していたんだ。こんな奴らは、情勢が変わったらすぐに引っくり返る連中だ、と思っていたと思うね。そういう傲岸さというのは、率直に言って私は好きだよ。

小熊 その吉田と、いわば対抗関係にあった当時の平和問題談話会とかの姿勢に対しては、どう思っていたんですか。

鶴見 あそこに集まっていたのは、丸山さんや羽仁さんをはじめ、信頼できる知識人だった。だから平和問題談話会の全面講和論に賛成だった。呼ばれなかったから参加していないだけ。

小熊 つまり、主張としては全面講和と非武装中立に賛成するけれど、吉田は支持すると。

鶴見 そうそう。つまりね、社会党とか共産党の連中が、いろいろいるじゃないの。それは吉田茂ほど頼りになる奴じゃないと思っていたんだ。いざとなれば、反対側の旗を振っちゃう奴らだっていう。

小熊 うーん、そのように判断なさっておられた……。

鶴見 だけど、そんなことを表立って言わないだけの政治的な分別はあったよ（笑）。

小熊 しかし、吉田以外の保守政党の連中が信用できるかといえば、もっとひどかったりするわけですから。

鶴見 それはそう。だけど私は、あまり日本の進歩勢力というものを、信じていなかった。戦争中に、あれほど崩れるとは思っていなかったからね。だからいまだって、何が起こってもあまり驚かないんだ。小学校から一番でやってきた奴は当てにならないんだ。

桑原武夫と鬱病体験

小熊　それから一九四八年十一月に京都大学嘱託になり、翌四九年四月に京都大学助教授になられますね。これは英語が役に立ったとかいう話を聞きましたが。

鶴見　あれは桑原武夫さんのおかげなんだ。桑原さんの家の二階に土居光知がいて、彼に私が『思想の科学』の創刊号を送ったんだ。そうしたらそれが桑原さんの目にとまって、京大に呼ぼうと思ったらしいんだ。

ところが当時の京大の総長が、私がまだ若すぎるから困ると言ったらしいんだよね。当時の私は、二十六歳だったから。ところが桑原さんはあきらめなくて、京大がアメリカ教育使節団のメンバー三人を呼んで大会議を開くときに、私を嘱託の通訳として使った。

当時は、ほんとうに英語ができる人間が少なかったんですよ。読み書きはできても、聞くことができない。会話とか通訳はほとんどだめ。そのとき、会議に呼ばれていたライシャワーは文部省で推薦された通訳を連れてきたんだけれど、その人が英語ができなくて、彼はイライラしてしまった。彼は私がアメリカ留学していたころ世話になった人だから、私が英語ができるのは知っている。それで私のところにやってきて、「自分の通訳もやってくれ」と言ったんだけれど、そんなことをやったら文部省の通訳の顔をつぶすことになるからできないって答えた。そうしたら、ライシャワーは怒っちゃって、もうなにも発言しないの（笑）。

総長がそれを見ていて、私を助教授で雇っていいと桑原さんに言ったというんだ。まあ、桑原さんの粘りと政治力のおかげで、呼ばれたようなものだよ。

上野 粘り勝ちですね(笑)。

鶴見 そうね。まあライシャワーも、なかなかの人なんだよ。彼はのちに駐日大使になったんだけれど、ベトナム戦争のころ、私が当時勤めていた同志社大学へ彼を呼んでシンポジウムをやった。そのときにライシャワーは、大使館から通訳を連れてきたんだよ。だけどライシャワーはほんとうは日本語がペラペラで、通訳のほうがはるかに日本語ができないんだ(笑)。だけど私はそのとき、同志社の学生の前で、そのことは言わなかった。つまり、「みなさん、ライシャワー氏がなんで通訳を使っているかわかりますか。それはベトナム戦争を擁護する受け答えをするために、考える時間を持ちたいからなんですよ。実はこの人はアメリカで私の日本語の先生だったんですよ」とかね(笑)。そういうことを、同志社の学生の前でばらすことはしないだろう、という信頼をライシャワーは私に対して持っていたんだ(笑)。

だけどライシャワーにしてみれば、私に対して怒るのも無理はないよ。ライシャワーは一九四二年にアメリカで私が捕まったときの押収書類を見て、FBIに私の評価を証言しているんだから、私がマルクス主義者じゃないってことを知っているんだよ。その後カナダでE・H・ノーマン会議があったとき、ライシャワーは私に、アメリカにいつでも来なさいって言ったんだ。だけど一度も私は行かなかった。和子のほうはもっと柔軟だから、行ったんだけれどね。それなのに私のほうは、アメリカ大使館前でベトナム反戦の坐り込みなんかやって排除されて(笑)。ライシャワーが「あの野郎、留学時代にあんなに世話したのに」と怒るのは当たり前なんだよ（笑）。

上野　そうやって京大にお勤めになってから、桑原さんとのおつき合いが始まったわけですね。

鶴見　桑原さんにも変な奴だと思われていただろうね。当時の私は、心臓神経症に悩まされていたし、桑原さんが京都の料理をいろいろご馳走してくれても、まったく無感動にむしゃむしゃ食べていたんで、びっくりされたんだ（笑）。そのときにはやっぱり、自分は財産と階級のうえでいいところに生まれ育ったという呪縛があったんだね。何を食べても、「これはうまい」なんて言わない習慣になっていたんだ。

小熊　著作集の自筆年譜によると、そのあと一九五一年五月に鬱病になって、一年ほど休職なさってしまうようですが。

鶴見　京大に来てみたら、京大のキャンパスで私がいちばん若い助教授だったんです。それを知らないで京大に来たわけで、まずいことになったなあ、みんなに嫌な目で見られるのも当たり前だなあと思って、しばらく我慢していた。そのうちに二年ほどしたら、幻聴が聞こえるようになって、自分が内部から嘲笑われているような気がした。自分の名前が書けなくなったんだ。

上野　それで、どうなさったんですか。

鶴見　桑原さんが私の上司だったんで、助かったんだよ。私が辞表を持って行ったら、桑原さんはそれを預かって、「君は病気だ。黙って給料もらって休んでろ」って言ったんだ。

小熊　寛大な上司ですね。

鶴見　まったくねえ、普通の教授の言うことじゃないよね（笑）。

あのころ私は、親父のもとに出入りしていたら自分がだめになると思って、家を完全に出ちゃっていたんだよ。桑原さんにしてみれば、私の親はお金を持っているんだから、辞めさせてしまったって生活に困るわけじゃないという判断もありうるわけじゃない。だけど彼は、事情をよく知っていて、「親父から金をもらったらいい」なんてけっして言わないわけだ。私のトラブルの原因がそこにあったと思っているから。だから、「京大から給料をもらって、大学に来なきゃいいんだ」って言うんだよね（笑）。

小熊 ちょうどお父さんの追放解除などがあった時期ですよね。それで鶴見さんは、追放解除を批判する「追放解除の心理」などを書いている。

上野 療養して、回復されたんですか。

鶴見 いや全然（笑）。結局私は、精神病院に入ったんだ。当時は、分裂病（統合失調症）じゃないかと思って、とっても自分では怖かった。症状が似ているからね。タイム・コントロールができなくなるんだ。こうやって坐っているうちに、いつのまにか日が下がって暗くなって、また上がるっていうふうになってくるんだよ。それで病院に入院していて、一九五二年の一月くらいにようやく病院を出て、京都で借りていた下宿に帰って来て、急に、こう、長い長い論文を書けるようになった。それで、嬉しかった。

人間の輪郭と性

上野　鶴見さん、鬱病にも引き金があると思うんですが。
鶴見　あります。
上野　何でしたでしょう？　お聞きしてさしつかえなければ教えてください。
鶴見　まあ根本のきっかけは、幼少期からのおふくろとの関係ですね、単純に（笑）。だけどこのさいだから、お話ししておきましょう。どうせ出さなきゃいけないいんだから。
上野　はい。
鶴見　私は十五歳まで放蕩しましたが、そのあとはアメリカでも軍隊でも、男女体験がないんですよ。とにかく私は、自分に刷り込んじゃったんだ。断じて、俺は、結婚はしない。女性に関心は持たない。そういうふうに、自分の秩序をつくった。できるんですよ。女性が来たときに目を動かさないとか。
上野　それは昨日もおっしゃっていましたけれど、ほんとうにできるんですか。
鶴見　できる。眼球をコントロールすることは、できるんだ。そういう状態を一三年続けたんだけれども、そうすると、まったく体の反射が、そのようになっていく。もう、異常な人間になってくるんですよ。
上野　だからジャワでも女性にまったく関心を示されなかったわけですか。
鶴見　そうね。ところが『思想の科学』の編集や出版をやるとねえ、女性との接触が増えたんだよ。

そこに小学校だけを出ている十七歳くらいの女性がいて、彼女がものすごくいろんなことをこなす優秀な人だったんだ。『思想の科学』を始める前の、太平洋協会出版部のころから勤めていた人で、彼女のお姉さんもいて、二人で勤めてくれていたんだけど、二人とも小卒なんだ。

そして、その小卒であるってことは、まさに私の魂の奥深くにこう、まあ、釘を刺すんだよね。それで、断じて、この女性と一緒になるようなことはするまいと思って、自分を責める。自縄自縛なんだ。

上野 鶴見さん、そうすると一三年の禁を破ってその女性と関係を持って、しかし結婚は言い出さなかったというわけですか。一九五〇年代の日本女性にとっては、たとえ関係があっても、自分から鶴見さんに結婚を迫るということは難しいでしょうね。鶴見さんから言ってくださるのを待っている。それでも黙っていたと。

鶴見 いや、肉体関係はなかったんだ。こちらから結婚を申し込むということもしなかった。当時の私は、体が反射しないようにできちゃっていたんだ。まったく無関心を装っていたんだよ。だからその女性に近づかない。そのことが鬱病をさそいだした。

上野 それで自分を責めて、鬱病に……。

鶴見 あのねえ、女性への関心を断つとかいっても、ほんとうはできることじゃないんですよ。

上野 はい。

鶴見 ただ、私がそうして自分の秩序をつくった時期というのが、たまたま戦争と重なっていて……。

上野 はい。

鶴見　異常な人間だったと思うね。ただ、自分が人間として依然として平気で生きているってことが悪いんだっていう、罪の意識なんだよね。それが原因ですよ。

上野　自責ですよね。鬱の原因は大概そうですよ。

鶴見　京大助教授なんてこんなもん、全部嫌になった。だけど、桑原さんはそこでまったく合理的に止めたんだよ。

上野　はい。

鶴見　「辞めれば君は、いまは原稿なんか書けないんだから、暮らしに困るよ」ってね。もともと家との関係でこういうふうになったんだから、家に戻ることはできない。だから学校に出ないで、京大から給料だけもらっていればいいじゃないかって言うんだ。

上野　それはご立派な上司です。

鶴見　私がなぜ桑原さんを尊重するか、人はわからないらしいんだ。だけど、私の上司が桑原さんでなかったら、私はたぶん二十九歳で自殺して終わりだった。

上野　はい。

鶴見　それに結局、ものすごくまずい状態で、彼女は結婚して、しまいに殺されたんだ。殺されたときの新聞記事を、私は買って持っているんだけれども、見たこともないんだ。あれは昭和三十一年だから、ずいぶん時間が経っているね。だけどその記事が、どこかの行李の中にあるんだけれど、見たこともないんだ。見るのが嫌だ。やっぱりショックが大きいんだよ。俺と一緒になっていたら、殺されずに済んだんじゃないかってね。

上野　はい。

鶴見　なぜその後にどんなに苦しくても『思想の科学』をやっていたかというと、彼女が殺されたあと、彼女がやってくれていたこの雑誌のために、どんなに働いてもかまわないというのがモチーフとしてあったわけ。

上野　その話を、今回初めて口になさいましたか。

鶴見　記録されたものはありませんね。私がそういう話をした人は、ありがたいことに、みんなものすごく口が堅いわけ。私にはとてもいい友達がいるんだ。桑原武夫とか、永井道雄とか、そういう連中は口が堅い。桑原さんっていうのは、ゴシップがものすごく好きな人なんだよ。おまけにその当人にとって致命的なことはほかに流さないという安心感があるから、ゴシップが桑原さんのところに集まってくるんだ。桑原さんの偉大さっていうのは、すべてそこにあるのよ。

まあ彼女のことだけが雑誌をやっていた理由かというと、ちょっとそれだけではないんだけれど、あとから加太こうじや上野博正が出てきて支えてくれた。

上野　あの、追い討ちして申し訳ないんですが……。

鶴見　いや、かまわない。こうなったらどうでもいい。ははは（笑）。

上野　『思想の科学』の支部をはじめとして、鶴見さんは一九五〇年代のサークルにずいぶん関わられましたね。あのころのサークルというのは、男女の関係がそんなに自由ではない時代状況のなかで、数少ない男女交際の場でもあったという側面がありますよね。

鶴見　そうです。

上野　そういうところに、スターである鶴見さんがやってくれば、女性たちのなかから鶴見さんにアプローチする方もいたと思いますが。

鶴見　私のほうで、また無関心の姿勢にもどりましたからね。

上野　鶴見さんのほうがそうでも、なかには体当たりの方もいたでしょう。

鶴見　そういうときに、小林トミさんがずいぶん助けてくれました。彼女がうまく遮ってくれてね（笑）。

上野　では、その後はそういう鬱病はなかったんですか。

鶴見　じゃあ、もう一つの鬱病の原因を知りたいですか。

上野　はい。

鶴見　私は戦後に二回、鬱病で一年ほどひきこもっている。一回目はいまの一九五一年。二回目は六〇年安保のあとの一九六〇年だ。それで、この二回目の鬱病の原因なんだけれど、安保のときはとにかく抗議運動でかけまわっていて、国会の脇のどぶで暮らしていたみたいなもので、便所はあのあたりにあったプレスセンターの便所を使っていた。

上野　はい。

鶴見　京大のあと一九五四年に東京工大に移ったんだけれど、安保に抗議するために東京工大を辞めたから、昼間は勤務もないし、もう何者でもない状態でかけずりまわっていた。やるだけのことはやったんだ。それで、これなら結婚ぐらいできるじゃないかと思って結婚したんだよね。それまで結婚は危ないなと思って、延ばしていたんだ。ところができると思ったのが、これが錯覚だったんだ。

上野　なるほど。
鶴見　安保闘争の方が、鬱病にとってははるかに易しいことだったんだよ。結婚は難しい。東京工大の助教授を辞めるってことは、むしろ精神衛生的にいいわけだ。だけど結婚というのは、もう長い間にわたって保ってきた自分のコンディションを組み換えることであって、ダメージだよね。
上野　自我の根幹を揺るがしますよ。すると、結婚が引き金だったと。
鶴見　それが原因なんだ。神戸に「キングスアームズ」っていう、ローストビーフの店があったんだ。そこに結婚した彼女を連れていって、食事して出てきた。そうしたら、あそこは水夫がよくお客にくる店なんだけれど、そのそばに五十歳ぐらいの娼婦、老いたる娼婦が立っていたんだよね。そのときに何か、ガタガタっとこう、膝が落ちるような気がしたんだよ。立っている足元から、じゅうたんが取られるような感じなんだ。
上野　それは何なんですか。
鶴見　つまり、「俺はこういう人と一緒になるべきだったんだ。老いたる娼婦と結婚することが自分に許されたことなんだ」ということ。

東京工大の研究室で（1955年3月。撮影・川瀬光男）

小熊　それは少年時代のカフェの女性とか、ジャワ時代の女性の姿が重なって……。

鶴見　だからもう、「そういう自分がいま籍なんか入れて、女性と結婚している。これは恥ずかしいことだ」と。それは、鬱病が起こっているからそうなるんだ。足元が崩れてくる。それから一年半、ひきこもりなんだ。だいたい鬱病はねえ、私にとって有利なことを、自分が引き受けたことによって起こるんです。

上野　これはもう、完全な自罰ですよね。

鶴見　それが、おふくろが私に植え付けた病気だと思う。

上野　少年時代からカフェに通って女性と関係を持ったというのも、母親に対する最大の裏切りをあえて犯したということでしょう。

鶴見　そうです。

上野　そこから自罰の鬱病が始まる。でも鶴見さん、鶴見さんの側のそのお気持はわかりますが、それは奥さまの貞子さんには責任がないことですよね。

鶴見　彼女は、自分が離れてしまえば、たちどころに私の鬱病が治ると、私が思っていることを知っていた。だからとにかく、私はもう逼塞した状態で、日暮里に六畳の部屋を借りてひきこもっていた。そして、百メートルぐらい離れたところに彼女がもう一つの部屋を借りて、私が自殺していないかどうかを見に来るという関係だった。

上野　それが新婚の夫婦の生活だったんですか……。

鶴見　そうです。女性に攻め込まれたときに、「逃げたい」という感じは、おふくろに攻め込まれたときに困った体験からきていると思う。もう一時は、アフリカに逃げようかって思っていたくらいなんだよ（笑）。その後、一九六〇年代の前半に『日本の百年』の企画をやったときは、鬱病から回復しかけていた時期なんだ。

上野 よくその状態を、貞子さんが受け入れられましたね。彼女がどう思っておられるかまで考える余裕は、きっとおありじゃなかったでしょうが……。

鶴見 率直にいって、八十歳まで私が生きているってことは、彼女が対応してくれたからでしょう。とても感謝していますよ。彼女は私のことを、ものすごく長く知っていたんです。私が京大にいた頃からだから、一九五三年から知っているんですよ。だから、よく彼女がそんなに長いあいだ寄り添ってくれたと思うね。だから彼女は、私をいったん鬱病のなかに引きずり下ろしたけれど、それをとおして、もういっぺん私を普通の人間にしてくれたということは確かですね。『アメノウズメ伝』なんて、彼女のおかげで普通の人間になったあとだから、書けたようなものですよ。

上野 よく耐えられましたね。貞子さんは。

鶴見 それはそうです。感謝しています（笑）。

上野 そんな「感謝しています」の一言で済むんですか（笑）。

鶴見 だから感謝しています（笑）。そして、タヌキをお守りにして（笑）。タヌキは約束を守らないし、常に泥をつけているし。

上野 キリスト教の神のように、厳格でもないし。

鶴見 タヌキは私の神（笑）。ほんとうはね、鬱病になったときは、名前を変えたいと思った。だけど、訴訟を起こさないと名前は変えられない。ペンネームとかに変えるにも、鬱病になるとほんとうに原稿の生産量も低くなるからできない。変えるいい機会がない。

小熊　総理大臣の名前である「俊輔」を捨てたいと。

鶴見　苗字も。あれは親父が自分の欲望を私に刻印したんだから。だけど、鬱病と私の仕事との関係は確かにあるんですよ。

上野　それはそうでしょう。

鶴見　たとえば『転向』の共同研究なんて、どこかからお金をもらってやったとかじゃなくて、平凡社との契約だけなんだから。あの共同研究をやるという動機は、おふくろがくれた鬱病と、親父の転向ぶりを見ていたことから起こるんですよ。両親が種をくれたんです。それは確信を持っている、私は（笑）。

戦争責任と「転向」研究

追放解除と「転向」研究

小熊 それでは、『転向』の共同研究についておうかがいしましょう。あの共同研究は、一九五四年から開始されて、六二年までに上中下三巻にわたる大冊の共著として世に出ることになる。その前に、研究のもとになったお父さんの祐輔さんのことをおうかがいしたいと思います。

さっきの話では祐輔さんは、追放解除になるのにずいぶんお金を使ったと思うということでしたね。祐輔さんはそれで喜んで、もう一回政界に進出しようという感じだったのでしょうか。

鶴見 そう。彼は能天気だからねえ。

小熊 それでどのようにお考えになったんですか。一九五一年には「追放解除の心理」という短いエッセイを発表して、戦争責任を明らかにしないまま追放解除が行なわれることを批判なさっていますよね。

鶴見 それはもちろん、追放解除に対して好意的ではなかった。しかし、ストレートに親父に書き物で筆誅を加えるということは、したことがありません。そのかわり、親父にとどまらずに、日本の知識人や政治家全体の問題として、『転向』の共同研究をやることになった。

小熊　『期待と回想』のインタビューでは、「『転向』三巻は、じつは私の親父についての感想なんだ」と述べておられますね。鶴見祐輔さんは、一九五六年には、やはり追放解除になった鳩山一郎首相の内閣で、厚生大臣になられますが。

鶴見　大臣になれたということは一つの満足だったんだろうけど、はっきりいえば、親父が大臣になってやったことは一つしかないんだ。大臣の部屋が狭すぎると言って、大きくしたんだ。

上野　それはそれは（笑）。

鶴見　それ以外に何もしていない。同じ厚生大臣でも、菅直人が厚生大臣になったら、二週間のあいだに薬害エイズの政治的原因をつきとめた。けれど菅と私の親父とは、政治家としての業績も器量も違う。

だいたい親父は、「総理大臣になりたい」とか言っていたんだけれど、なって何をやりたいのって聞いても、なにも出てこないんだから。日本の政治家の大部分というのは、そういうものじゃないの。国連の常任理事国になりたいとかいうけれど、なって何をやりたいのかといえば、誰もなにも言わないじゃない。あれを見ていると、親父を思い出すんだ（笑）。ただ一番になりたいだけなんだよ。

小熊　一九五一年の「追放解除の心理」では、追放解除で「戦後というお祭は終わった」と述べる一方で、南方で捕虜が殺されるのを見た、死んだ人たちは追放解除の恩恵は受けない、と書いておられる。あれを書いたときに、お父さんのことと同時に、ジャワでの捕虜殺害の問題が念頭にあったわけですか。

鶴見　戦争中に親父は翼賛議会で旗を振った。彼はもう軍隊に召集なんかされない年齢で、しかも偉いところにいるから、勝手なことを言えるし、自分の言ったことをひっくり返すこともできる。そういう人が追放解除になって、軍隊の末端で残酷なことをさせられた人間だけが、戦犯として追及されるというのは変だと思った。

メーデーに参加して（1959年）

小熊　なるほど。それで鶴見さんの立場、つまり勝者による戦犯裁判には批判的だけど、戦争責任追及は徹底的にやるべきだという姿勢が出てくるわけですね。

鶴見　私は戦犯裁判には協力しなかったけれど、親父は追放されるべきだったと思っている。それは撤回しない。

　そういうところは、和子と私じゃ分かれちゃうんだ。和子は「父の娘」ですからね。親父をできるだけいい方に解釈して一所懸命に動いちゃうんだよ。私は逆回りだ。でも和子にも封建的なところがあって、逆回りしている私を追及することはしないんだ。

小熊　さきほどのお話では、祐輔さんのような為政者は追放解除されて返り咲いたのに、軍隊の末端で残酷なことをさせられた人間だけが、戦犯として追及されるというのは変だと思ったということですね。そうすると、「追放解除の心理」で「死者たち」として念頭に置かれていたのは、殺害された捕虜よりも、殺害を担わさせられてしまった軍属や少年兵の方だったわけですか。

鶴見　そっちの方に同情する。もちろん殺された捕虜や、犠牲になった現地の人のことも考える。だけど念頭にあるのは、そっちの方ですね。

だからよけいに、親父がけしからんと思う。一高を一番で出たとかなんとか言ってやっているから、そういうことになるんだ。それを仮面をかぶって追及したのが、『転向』三巻なんですよ。

あれは一九四三年の二月に、ジャワにいたとき、目次がぱっと浮かんだんですよ。それに沿ってつくったんだ。だから、転向して戦争を支持した知識人を総ざらいにしてやろうということは、戦争中から私が考えていたことだったんだけど、その筆頭が親父だったんだ。

『転向』三巻は、ずいぶん売れた。合計で一〇万部売れているんです。私が平凡社に約束したのは、一冊本で一年以内に書く。二〇〇〇部出してくれればいい。一五〇〇部は売れるだろう、ということだった。だけど共同研究が大きくなって、結果として三巻になって、合計一〇万部売れた。私の約束をいい方に裏切ったんだ。もっとも、一年でやると言っていたのを、八年かかったんだけれども(笑)。そういえば、あるとき俳優の三国連太郎が週刊誌のグラビアに出ているのを見たら、『転向』三巻が彼の書棚に揃っていたね。

上野　三国さんは、軍隊から脱走して家に逃げてきたときに、お母さんに通報されて捕まったという戦争体験の持ち主ですからね。女性の戦争協力と転向という問題は、彼にとって重要なことですよ。

小熊　『転向』三巻の共同執筆者のなかで、印象に残っているのは誰ですか。

鶴見　まず藤田省三は、研究者としての自分の最良の時期を『転向』三巻に注いでくれた。それはとくに言っておきたい。

そのほかの寄稿で、倫理的精神が貫かれていると思うのは、高畠通敏の大河内一男論だな。高畠は、当時は東大法学部の助手だったんだよ。それが、たった二〇年くらい前の十五年戦争の時代の、先輩の知識人の過去を書くということは、大学の世界のなかではたいへんなことなんだ。大河内さんはそのあと東大の総長になった人なんだから、そんな人を批判する論文を書いたら、もう東大の教授にはなれない。そういう文章を、しかも助手論文を後回しにして書いたというのは、筋の通った男だと思った。

小熊　なるほど。それで丸山さんが高畠さんのことを、「これは秀才だから潰さないでくれ」と鶴見さんに頼んだわけですか。

鶴見　そうそう。丸山さんもけっこうそういう情のある人なんだけど、でも高畠は引っ張りこんじゃったんだ（笑）。そのあと、「声なき声の会」の事務局長まで引き受けさせちゃって、もう東大教授の道は完全にだめ（笑）。結局、立教大学の教授になったけどね。彼も東大法学部の助手になるような一番の男なんだけれども、私の親父とはだいぶちがうなと思った。だから高畠に対しても、私はヤクザの仁義を感じるんだ。

あの『転向』の共同研究は、どこからもお金が出ていない。平凡社が出版してくれて、その印税が入っただけです。それなのに、スタートの時点で、三〇人くらいが研究会に自発的に集まってくれた。

その多くは、当時二十代の若い人で、敗戦のとき中学校に入った新世代です。彼らは戦前のことは子どもだったから詳しくないし、資料には通じていなかったけれど、戦中から戦後にかけての転換を強烈に体験していて、それが彼らなりの転向体験みたいなものとしてあった。それが、彼らが戦前の転向を研究する取っかかりになったんですね。

そして上巻を編集し終えて、その人たちが力つきかけたところで、刺激をうけて旧世代の人たちが入ってきた。彼らは戦前の経験も記憶もありますから、共同研究を補強してくれた。そうやって下巻までつながったんです。そして初めから参加していた人たちは、八年の共同研究が終わるころには、資料の知識をもつ研究者に変わっていた。

戦争責任の問題

鶴見　そういえば、『転向』の共同研究を始めた一九五〇年代の前半くらいに、ジャワでの捕虜殺害に携わった軍属が、『思想の科学』の事務所まで訪ねてきたことがあるよ。

小熊　どんな話をなさったんですか、そのときに？

鶴見　「告発しないでくれ」とか、そういうことは言われなかったよ。まったくその話題に触れないで、世間話をしただけなんだ。

でも彼は、脅えている感じだったな。自分がやったことを悔やんでいたと思う。あの件では、水雷戦隊の司令が責任を問われて刑死したんだけれど、彼だってBC級裁判で追及されかねなかったからね。彼はどうしているかなあ。もう六〇年も経っている。

小熊　それでは、戦犯裁判の進行を見ていて、内心は複雑なものがあったわけですね。

鶴見　そうです。私は戦争裁判を支持したくなかった。また、占領軍の手伝いに入るということもしたくなかった。そのうちに京大から就職の口がかかったから、そこに行く必要はなくなったけれどね。

小熊　しかし、勝者の裁判には反発がおありになったとしても、日本のなかから戦争責任の追及ということが起きてしかるべきだというふうに思ってらっしゃったのではないんですか。

上野　そこはお聞きしたいところです。

鶴見　あれだけの戦争をやったんだから、戦犯の追及というのはあるべきです。あの大東亜戦争と称するものを起こした人たちは、結局は裁かれていない。いまでも、あの戦争は正しかったと主張する人たちが国会にいっぱいいる。

小熊　しかしたとえば、ご自分から、ジャワでこんなことが行なわれていたといって、問題提起をするとかはなさらなかったわけですか。

鶴見　当時の政治のなかでは、それをやれば必ず占領軍に利用されます。やりたい気持はあっても、占領下ではそれはできなかった。

上野　日本人の手で戦争責任者を裁く方法がある、あるいは可能性があるというふうに、当時思われましたか。

鶴見　思いません。裁くべきだとは思ったけれども、その可能性はないと思った。

小熊　なぜ、ないと思ったんですか。

鶴見　自分がどうやってそれを実行するかと考えると、自分が問題提起をしても、ただその声が上がったということだけで終わるだろうと思った。

たとえば、六〇年安保のときの「声なき声の会」も、それからべ平連や脱走兵援助も、みんな私も声を上げたけれども、それは広まっていったでしょう。それはそれだけの基盤があったからです。だけど、戦争裁判を自分たちでやるということは、評論としては抽象的には成り立つし、それを書く場所もあったろうけれど、それが運動として成り立つとは思わなかった。

上野　占領が終わったあとに言い出すという選択肢は考えませんでしたか。

鶴見　それをやったのが「戦争のくれた字引き」だったんです。あれはもともと、戦中にジャワから帰ってきてから書き溜めていた原稿用紙二〇〇枚くらいのドキュメントがあって、それをもとにしたんです。戦犯裁判が一通り終わって、占領軍に利用される恐れがなくなってから、『文藝』に出したんです。それでも、名前とか事件が特定できないように、フィクションを入れたかたちだったけれどね。

だけどいまから考えれば、「声なき声の会」やべ平連だって、あんなに広がるとは予想していなかったですからね。もっと積極的にやってみるべきだったかもしれない。しかし当時は、自分にそういう力量があると思っていなかった。

小熊　だけど、代わりに『転向』の共同研究を、一九五四年から始められるわけですね。そして一九五六年には、「知識人の戦争責任」を公表する。そのあたりは、ちょうど祐輔さんが厚生大臣になられた時期で、まさに一連の作業ですね。

鶴見　そうです。私は、親父が大臣になった時期には、家にはまったく出入りしていません。どうしてそういうふうにしているのかについては、変に思う人はいたと思うね。羽仁五郎さんなんて、「君、たまには家に行ってやれよ」って言うんだよ。羽仁さんのいうには、「君の親父は、君がいつでも家に来ているような嘘をついているんだぜ。可哀想だよ」と言うんだ。親父は、私が家を出ちゃって絶縁しているということを、隠したがっていたんだ。羽仁さんから見ると、それは残酷にすぎると思ったんだね。

小熊　六〇年安保のときにお書きになった「根もとからの民主主義」では、追放関係の書類を見たことがあったので、敗戦後に力を失った支配者たちがいかに「うそうそとした存在」であったかをよく知っている、と書いてありますね。あれはお父さんの関係でご覧になったんですか。

鶴見　これはもう時効になったから言ってもいいと思うけれども、当時の日本の官僚のなかには、自分の戦争体験から、追放解除にすごく批判的な人がいたんですよ。だから共同研究『転向』の最初の上巻が出たとき、向こうから私に連絡してきてくれた人がいたんです。自分のところに追放解除申請文書が山ほどあるんだけど、もう見る人なんかいないから、使ってくれないかって。

小熊　追放解除申請書ですか。つまり、右翼とか保守政治家とかが、「私は昔からこんなに民主的な人間でした」とか書いているわけですか。

鶴見　そう。ほんとうに信念も何もありゃしないんだ。その官僚の人とは、新橋の天麩羅屋で会った。彼の上司の課長も連れてきた。それで聞いてみたら、その課長も、課の総意で大丈夫だから、使ってくれって言うんだ。それで私は、ほんとうにたくさんの資料をあずかった。

小熊　その資料はその後、どうしたんですか。

鶴見　それはやがて返した。つまり時勢がだんだん変わって、彼らが追及されることになりかねないと思ったからね。

小熊　なるほど。

鶴見　しかしその資料は読みましたよ。もう赤尾敏とか、笹川良一とか、みんな申請書を書いているんだよ。だいたいは、私は昔から民主主義者だ、追放解除してほしい、そういうものだよね。自分の正当さをしゃんと書いているような人は、非常に少なかった。方向はちがうけど、昭和四年から八年くらいの、インテリ左翼の転向調書とおなじ調子だ。右翼なんて当てにならないよ、まったく。

小熊　日本の右翼や保守は、敗戦でも自決したような人はほとんどいなかったし、戦後はほとんど親米にのりかえてしまったわけですから。

鶴見　だけど右翼にも、立派な人はいたんですよ。たとえば葦津《あしづ》珍彦《うずひこ》は、戦争中に自分の神道思想から、政府の政策に反対するんですね。彼は『思想の科学』でやっていた明治維新研究会に出席して、話をした。天皇制が明治にできるときに、神道思想からみて、ゴマカシやスリカエをやったというんだ。

小熊　いわゆる「筋の通った右翼」ですね。

鶴見　葦津は、最後に死ぬ前に、私に電報を打ってきて、京都まで会いにきたんだ。そしてこう言ったよ。「私は敗戦のときに、天皇の弁護人になることを決心した。しかし弁護人になるということは、被告の悪いところを知らないということではない。ただそれを公の場で言わないというだけです。そのことを知っておいてもらいたい」。それから、「私は自分の書いたもので、あなたのことを引用したことがない。それは右翼の私が引用すると、あなたに迷惑がかかると思ったからです」とね。すごく立派な人間だと思ったよ。だけどそういう人は、右と左を問わず、少ない。

小熊　『転向』三巻では、その追放解除申請資料をかなり利用されたわけですか。

鶴見　原典を明記しなければならない本文の論文には使いにくい。だから『転向』下巻の最後に付録として付いている、上中下巻のなかで言及した人間の略歴一覧のところで使いました。いわば特種《とくだね》だよね。特種はソースを明記できないんだよ。書けば提供者に迷惑がかかるでしょう。

父親との和解

小熊　あの最後の略歴一覧には、鶴見祐輔さんのものもありますよね。

鶴見　『転向』の共同研究でも、親父を直接に取り上げはしなかった。親父のことは、略歴の一項目として、五行ほど出てくるだけなんだ。あれは私が書いているんだけれどね。永井道雄からもらった資料をもとに、永井柳太郎について書いたときに、親父についても言及するかたちになって、それについて書くということにしたんだ。

上野　直接お父さまを対象になさらなかったのは、さすがにできなかったということですか。

鶴見　親父をひっぱたきたくなかった。

上野　ついでにおうかがいしておきたいのは、お家をずっと訪ねなかった期間、お母さまはどうなさっておられたんですか。

鶴見 私が書いた本は、必ずみんな読んでいたね。理解したとは思わないが、みんな読んでいた。

小熊 そういうものですよね。

鶴見 ただおふくろは、非常に早く中風がきたんです。私がジャワに出ている間にね。ですから、ジャワから帰ってきたときにはもう、昔のように私を叱ったり、怒鳴ったりぶったり叩いたりするような元気はなかったね。そうかといって、彼女自身が私の精神疾患の原因をつくったっていう自覚もないんだ。死ぬまでなかった。

上野 そりゃ、母親にはないですよ。

鶴見 そこが恐ろしいところじゃないの。

上野 私がこんなに愛したのに、という自覚しかないでしょう。

小熊 確かお母さまは、一九五五年にお亡くなりになられたはずですけど、そのときもやっぱりお家には帰られなかったんですか。

鶴見 ガンでしたので、信濃町の慶応病院に家族が交代で詰めました。だから、死に目には会っています。だけど、家に帰ったのはおふくろの葬式のとき二日間ほどで、あとはまたさっさと出て、家出は続けたんです。

家出を解いたのは、一九五九年に親父が脳卒中で倒れて、しばらくしてからです。倒れても頭はハッキリしていたんですが、体の自由がきかなくなった。そして、それまで親父の世話をしていた和子が、Ph・Dを取りにアメリカに行ったときに、代わって世話をするために家に帰った。しかし、ここではっきりさせなくてはいけないのは、面倒を見たのは、私よりも私の妻です。彼女に負うています。

上野　お父さまが倒れられたので、家出を解いた。しかしそれも、お父さまのためというよりは、和子さんへの負債感からだった、と書いておられますよね。

鶴見　それはそう。和子は親父が倒れてから、全部世話をしていたんですから。そのうえ、親父が政治につぎこみすぎてたいへんな借金を背負っていたのを、全部彼女の才覚で処理したんだ。当時は高度成長期だったから、前の家を買ってもらって、もっと安いところに移って差額を稼いだんだ。

親父の世話は、基本的に和子が一人でやったんです。しばらく私と私の妻が交代してやったけれどもね。和子は、子どものときには私とおふくろとのあいだに入ってくれたし、そのほかもいろいろ助けてくれた。最後は親父の面倒をみた。だから、あんまり和子の悪口も言えない。だけど、あれも一番病だよ。ははは(笑)。

上野　私は和子さんとお会いして、「この人は偉い」と思ったことが、ほんとうにたくさんありました。頭が上がりません。

鶴見　彼女は能力があるんだよ。采配の能力もあるし。

上野　そうやって、和子さんへの負債感からお父さまの介護を代わってみて、お父さまと一緒にいるのが苦痛だとか、そういうふうなことはございました?

鶴見　しばらくぶりに家に帰って、親父の顔を見たとき、「参ったな、これは」と思った。

上野　というと?

鶴見　私が親父を憎み、軽蔑しているあいだに、親父は私を憎みも、軽蔑もしていなかったというのが、顔を見たらわかったんだ。向こうはもう、まったく手放しで私に愛情をもって対しているんだと。だから、こっちもどうにもしょうがない。これはもう、俺の負けだと思った。

上野　なるほど。

鶴見　しかも頭はぼけていないから、私がどういうふうな思想をもって動いているか、わかっているんだよ。ベトナム反戦の坐り込みとか、デモから帰ってくると、「よかった、よかった」というような表情をしているんだから。それに、べ平連でかくまった最初の脱走兵四人のうち、二人はあの家に泊めているんですよ。それで親父は脱走兵と握手しているんだ。もう、生まれてから一度も自民党になんか入ったことがないような顔をしてね（笑）。

小熊　しかしあえてきつい聞き方をすると、それは戦争のときと同様に、一貫して無邪気で無節操だったということでもありますよね。そういう祐輔さんの変転ぶりに対して、怒るという感じではなかったんですか。

鶴見　いやそれは、一番病の人は、くるくる変わりますよ。だけど最初に家に帰って親父の表情を見たときから、そういうことは意識から消えた。私の負けに終わったと思ったんだから（笑）。だからといって、やっぱり親父は偉かったみたいなことは書きません。そういうことはできません（笑）。

上野　でも、お父さまとある種の和解をされたということですね。

鶴見　そういうことになりますか（笑）。とにかくその後は、親父が残したものを自分の懐に入れないようにしようとは思った。そのケジメを崩したら、また鬱病が出るから（笑）。でも親父は倒れてから最後の五年間は、一番病から癒されていたと思うね。

小熊　それは厚生大臣を一度やったから、もう満足されたということでしょうか。

鶴見　いや、そうじゃない。一番病というのは、大臣になるくらいで満足するもんじゃないんだ。総理大臣にならなきゃだめだ（笑）。ほんとうに治ったんだよ。

上野　お父さまがお亡くなりになったのは、いつですか。

鶴見　一九七三年です。葬式を手伝ってくれたのは、高畠通敏とか吉川勇一をはじめ、べ平連の連中だった。

雑談2　二日目夜

トータル・ヒストリーというもの

上野　これ、わさび醤油でいただくんですよ。やっぱり、おいしく食事を（笑）。

小熊　うん、おいしい。

上野　鶴見さんはお体があまりよろしくないって聞いていたんですけど、昨日の夕飯、ほんとうにおいしそうに食べておられて、安心しました。こんなに健啖家でいらっしゃったかと思いましたよ。

鶴見　鶴見家から自由になったからね（笑）。それからはおいしく食べられる。

小熊　でも、上野さんはあまり食べませんね。頭を使う人って、痩せの大喰らいが多いでしょう？

上野　私は、親の介護で体を壊してからちょっと少食に。昔はすごい大喰らいだったんですけど。

鶴見　富山に帰っていたんですか。

上野　金沢です。東京に住みながら、遠距離介護を一年半ばかりやりました。

鶴見　それはたいへんですね。

上野　もうガタガタのボロ雑巾状態になりました（笑）。

鶴見　大事にしてください。

上野　ところで今回、鶴見さんのお話を聞いていても思うんですけれど、歴史というのは「公」の歴史だけでは書けませんね。「私」の歴史を入れないとね。

鶴見　そう。そういうものを全部入れて書いていくことで、トータル・ヒストリーというのは成り立つんです。ふつう歴史学が書いているのは、骨組みだけ。

上野　社会史でいうトータル・ヒストリーも、「公」

の歴史ばっかりですよ。

小熊　しかし書くとなると、むずかしいですねえ。

鶴見　だけど、小熊さんの今度の『〈民主〉と〈愛国〉』は、トータル・ヒストリーに近い。思想史の関係で、トータル・ヒストリーに近い方法を実行できたというのは、珍しい例だと思う。

上野　小熊さんの今度の作品は、「大河小説」という印象を持ちました。

鶴見　私がとても感心したことの一つは、昨日から私が言っている「ぼんやりした確かさ」っていうことが、あの本のなかではちゃんと守られていること。「民主」とか「愛国」とか「ナショナリズム」という言葉の意味が変わっていくんだけれども、無理に一つの定義に追い込まないで、時代時代の意味をそれぞれに尊重して捉えていくという方法をとっている。細やかなんですよ。面白いもんだ。「あとがき」でお父さんの戦争体験を書いて、一種の種明かしみたいなふうに、ぼんやりと伝えているのもいい。

小熊　ありがとうございます。

上野　鶴見さん、あの厚い本をどのくらいでお読みになったんですか。

鶴見　初めは一日でざっと。それからゆっくり読んだら、三日かかった。

上野　一日ですか、それは早い（笑）。頭から順番に読まれましたか。

鶴見　二度目に読んだときはそうです。一度目のときは、このテーマについてこの著者はどういう結論をもっているのかっていうことを中心に、それぞれのセクションを読む。それから、註ですね。だいた

上野千鶴子

い、学者で擦れてくると、どうしても註から読むんです。どういう本を読んでいるのかってね。註を読むと、その著者の力量とか本の出来はかなりわかるんです。目次と註から読む。まあ、学者の速読はそんなもんですね。

上野 そうですね。

鶴見 文学者の速読っていうのは違うと思う。漱石なんかは、本をパカッと開けるんですよ。そして、偶然に目に入ってくるものを見るわけ。その開けたところで、目を撃つかどうかですね。『草枕』にも出てくるでしょう。

小熊 そういうものですかね。

鶴見 あの『〈民主〉と〈愛国〉』は、近代日本のなかで、ある位置を占めると思う。いまの日本でトータル・ヒストリーを書ける人は、若さと実力の両方からいって、小熊さんだね。

小熊 そんな。

上野 鶴見さんがおっしゃる気持はよくわかるわ。若さっていうのは、時間があるということですよね。

鶴見 ヒストリーというのは時間がいるんだよ。

上野 時間と体力と節制。小熊さんは節制もおできになるしね。

小熊 自宅にテレビがないとかのことですか。節制は私にとってみると欲が深いというだけで、テレビを見たりするよりも、資料を読んでいる方が……。

上野 快楽が深い？（笑）

小熊 そうですね（笑）。

上野 しかしだんだん仕事のハードルが高くなりますね。あなたの場合は、本もどんどん厚くなるでしょう。

小熊 別に厚くするのを目的に書いているわけでは（笑）。それにあんまり自分にハードルを課さないことにしているんです。だいたい毎回、「今回の本を書いたら引退しよう」と思っている。

上野 小熊さんのいう引退というのは、どういうイメージですか。

小熊 とにかく何もしない。ただ寝ているとか（笑）。

鶴見 私も最近は、寝るのが最大の楽しみです。日野原重明さんによると、人間は五時間眠ればいいんだそうです。だけど私は、さらに三時間とか五時間を、趣味で寝ている（笑）。日本も不景気なんだから、むだな快楽を追わないで、そういう快楽を追うようになればいいと思うね。

上野　私はまだその境地には至りません（笑）。

鶴見　明治維新を、幕末の助走からずっと書いていって、今日まで還流するものまで書いたら、すごい本になると思うね。われわれはそういう本を必要とするし、そういう本はない。明治維新史というと、遠山茂樹とか井上清、羽仁五郎の書いたものがあるけれど、いずれもそういう本じゃない。小熊さんに書いてほしい。

上野　鶴見さん、ここでも編集者をやっておられますね（笑）。

小熊　頭に置いておきます。明治はいずれはやりたいとは思っているんですが、先に高度成長をやるべきかとか、いろいろ考えているんです。

鶴見　大きなトータル・ヒストリーを書くには、助走がたいへんだけれどもね。助走にあたるものを、端から書いていけばいいんだ。丸山さんの書き方はそうだった。

あるとき私が、丸山さんと同じ講座の巻に原稿を書いていて、締切りが同じ日だったことがあるんだ。駿台荘というところに一緒にカンヅメになって、私が「丸山さん、どこまで書いたんですか」って聞くと、「いやぁ、うーん」とか言って、まともに答えないんだよ。それで丸山さんの部屋に行ったんだ。そうしたら、いろんな隅っこに原稿の塊があって、こっちはこれについて、あっちはこれについてっていうふうに、断片を別々に書いて置いてあるんだよ。そして最後に、そういう断片をやーっと組み合わせて仕上げちゃうんだ。「ああ、こういう書き方をする人なのか」と思った。だから、何枚書いたんですかと聞かれても、答えられないんだ。

小熊　私も書けるところから書いていって、最後に再構成します。だから連載とかはできないし、「いま何を研究しているんですか」とか聞かれても答えられないですね。最後にどうなるかわからないから。

鶴見　いままでの大学教授は、明治維新をクロムウェル革命に擬したり、フランス大革命に擬したりして、これは不徹底だとか言っていたんだ。スキームができちゃっていて、それにあてはめて評価しようとするんだから、きちんと捉えられない。あれは、そういうものを目指してやったもんじゃないんだ。そういうものとしてトータル・ヒストリーを書けたらすごいよ。

上野　最近、フランス革命史の研究も、変わってきていますよ。民衆の生活文化とか、ポピュラー・カルチャーとか、私領域も全部含めて書いていこうというふうに。

鶴見　ドイツ史の一八四八年革命について、良知力がそれを目指していたんだ。当時のビラをいっぱい集めてね。良知は死ぬ前に、藤田省三に言っていたそうだ。自分は私生児だから、どうしても自分にはあのときの上流階級の意識が書けないんだってね。だけど上流階級の動きを書かなければ、ドイツ革命の歴史なんて書けない。そこが彼の悩みだったんだ。最後はガンで死んだんだけれども、藤田は何度も良知のところへ行っているんだね。『青きドナウの乱痴気』（平凡社）という本があるけれど、あれは良知の書こうとした、トータル・ヒストリーの残欠だね。

上野　小熊さんは歴史家というより、思想史家だと思うな。ジョン・ダワーの『敗北を抱きしめて』（岩波書店）などだと、占領史を扱っていても、大衆文化から政治まであるでしょう。小熊さんはやっぱり、thinkingが好きなんですよね。way of lifeよりは。あなたは女性問題とかは、あまりお書きにならないでしょう。

ゴシップの交差点

鶴見　ははは（笑）。それでは女性問題で一つ、けっして私が書いていないことをお話ししよう。

上野　どきどき（笑）。

鶴見　桑原武夫というのはすごくゴシップの好きな人で、彼のところにはゴシップが集まるんだよ。それで聞いたことなんだけど、高見順が、戦争中に徴用作家にされてビルマに行かされる前の日、桑原さんが呼び出されたっていうんだ。大阪の天王寺前にね。そうしたら、高見に女性がくっついているんだ。高見はその女性をまきたいんだよ。日本で過ごす最後の夜なんだから、一人で気ままになりたかったんだ。だけど女性のほうからすると、もう生きて帰ってこないかもしれないから、一生懸命なんだ。

それで桑原さんが天王寺まで呼び出された。そこは私娼窟のあるところなんだ。そして高見は、「やあ桑原くん。この女性をよろしく」と言って、トントンっと私娼窟に上がって行っちゃった。女性のほうは、それを追っかけていくわけにいかないでしょう。だけど私娼街に女性を一人で置いていくわけにもいかないから、桑原さんを呼んだわけだ。それで桑原さんはその女性と取り残されたんだけど、昔からの知合いでもないし、困ったと言ってたよ。

この話は、私は文学史に残るエピソードだと思う。ビルマに行くと、死ぬかもしれない。日本で過ごす最後の夜を、自分が好きでもない女の子と義理で調子を合わせて過ごしたくないんだよ。全然知らない私娼と一緒に過ごすほうがはるかにいいんだ。そういう話はね、日本文学史には出てこないんだけど、文学的真実があるんだ。

だけど、桑原さんはこの話を書かなかった。なぜかというと、高見夫人が生きていたからなんだ。高見夫人は去年亡くなった。桑原さんもその前に死んでいる。だから、この話を私は高見順を考えるうえでもとっても大切な話だと思って、残しておきたい。

上野　それは桑原さんご本人から聞かれたんですか。

鶴見　そう。面白い話だと思うね。

上野　そのあと、桑原さんはどうなさったんですか。普通そういうときには、男としては引っ込みがつかなくなるっていうじゃありませんか。

鶴見　非常に困ったと言っていた。なんとかかんとか、適当に調子を合わせてサヨナラしたそうです。

上野　桑原さんをダシにつかったのは、うまいやり方ですね。高見さん、そこはやっぱり達人ですね。

鶴見　そういうゴシップを、桑原さんはたくさん溜めていたと思うんだけど、相手に害になることは書くことなく終わった。桑原さんの偉大さというのは、まさにそういうところにある。

上野　ブラックホールのような人ですね。鶴見さんご自身は『思想の科学』なりその他のサークルのおつき合いで、そういうブラックホールみたいな役割はしてこられなかったんですか。いろいろ相談を持ってくる人たちは、多かったでしょう。

鶴見 狂人にはやる。

上野 というと？

鶴見 そのグループのなかの狂人。ある種の、精神病的な傾向を持っている人。たとえばべ平連なんかだと、そういう人は小田実のところにはけっして相談に行かないんだよ。小田は過剰に健康な人だから。吉川勇一のところにも行かない。私のところに来るんだよ。どんなに組織が大きくなって、相手がたくさんいるはずだってことになっても、そういうものなんだ。大学で教えていても、そういう人が来る。大学に勤めたくないのは、一つはそれなんだよ。京大でも同志社でも、困ったね。

小熊 みんな相談に来ちゃうんですか。

鶴見 相手もね、私が狂った人間であると、なんとなく確信をもつわけ。話ができそうに思うんだろう。

上野 ある程度有名になると、ほとんど必ず発生する現象ですよ。

鶴見 私は有名じゃないときから、その現象が発生している。

上野 鶴見さんご本人の自己認識はともかく、鶴見さんはずっとカリスマだったと思いますよ。

小熊 上野さんのところにも相当来るでしょう？

上野 来ます。私は、「来るものは拒まず、去るものは追わず」の人なので、来るんです（笑）。しかも拒む作法を知らない。

小熊 私だって多少は来るくらいですから。

鶴見 だから高見順は、桑原武夫にくっつけちゃったんだよ（笑）。そういうことは私はできないね。

上野 なるほどね。他人に回すという作法がありますね。

鶴見 あるとき、京大人文研の裏にあたる学生下宿で昼寝をしていたら、自分の寝台のそばに男が一人坐っていて、ニタニタ笑っている。そしてふわーっと腹巻のなかから長い手紙と名刺を取り出したんだよ。名刺には「文学博士・会田雄次」と書いてあった。手紙のほうの宛名には、私の名前が書いてあって、「困っている人です。助けてあげてください」とか書いてあるんだ。無責任な男だよ、会田雄次というのは（笑）。彼はノーマルな人間なんだよ。それが、私が精神病質の人間だってことを知っていて、おっつけてきたんだ。どういうことを考えているか聞いたんだけれども、本当に困った。そういうことがあるんだよ。生きることは苦しいと思う。

上野　さきほどから、人の生き方という話を聞いていると、生き方が許せれば政治的にはどの方向に向いていてもかまわないという考えに鶴見さんは近いですよね。でもプラグマティズムっていうのは、心情の倫理ではなくて結果責任で問おうというものでしょう？　そこは矛盾していらっしゃいませんか。

鶴見　矛盾していない。

上野　そうですか（笑）。

鶴見　桑原武夫はプラグマティストだ。でも私は、プラグマティストじゃないんだよ。はっはっはっは（笑）。

上野　こういうご発言は、初めてじゃないですか（笑）。

小熊　昨日も話しましたけど、鶴見さんがお母さんのことを書かれた「私の母」というエッセイでは、純粋でありさえすれば究極的には許されるという考え方は、不完全だと思うが、「私にとっては精神の故郷である」と書いてらっしゃいますよね。

鶴見　おふくろはそういう人だった。たとえば彼女は、有島武郎のことはけっして悪く言わなかった。情死するところまでいったからいい、という考えなんだよ。

上野　至純の気持を貫けばいいわけですね？

鶴見　あそこに打算的なものはないでしょう？　おふくろは、打算とか、汚らしい感じを好きじゃないんだ。

小熊　しかし純粋でありさえすれば方向は問わないというのは、政治的な観点からすれば、少々あぶないというか、ナイーヴじゃありませんか。

鶴見　至純な人ってのは、軽率な人が多いんですよ（笑）。

上野　鶴見さんは、自分は悪人だ、としょっちゅうおっしゃるでしょう。悪人というのは、裏も表も一応見抜いたうえで、悪事をやる人のはずです。悪と知ってやるのが悪人だから。気がついたら悪をやっていた、というのはほんものの悪人ではない（笑）。

鶴見　だから私は悪人なんです（笑）。そうでない犯罪者は好きですよ。計画的な殺人とかは、悪人性を持ってなきゃできないけれど、衝動的な殺人をする人は、だいたい感情的にはきれいなんだ。困った人でもあるけどね。私がアメリカの留置場でつき合った殺人犯は、そういう人だった。

逆にある程度の善行をなしうる人間っていうのは、悪の側面を持ってなければできない。そういう意味じゃ、桑原さんというのは、自分が手がけた仕事は、ほとんど全部成功した。相当な悪人だった（笑）。

上野　奸智に長けていたと？

鶴見　それだけじゃないんだよ。桑原さんは登山も相当やった人なんだけど、山登りの勘なんだ。山登りでは、「ここで引きかえす」とか「これなら行けそうだ」とかいう判断が重要でしょう。

山登りの人としては、今西錦司さんほどの人はいないんだけれども、桑原さんも事態を見極める勘がある。共同の仕事をやったときに、桑原さんの勘はだいたい当たっていた。失敗した例を聞かない。私みたいに、勝つも負けるも、突っ込んでやろうというのと違うんだ。

歴史の文体

鶴見　話は変わりますが、日本でヒストリーを書いた人で、すぐれた文体を持っている人は誰ですか。私はね、この質問を丸山さんに聞いてみたかったんだ。だけど残念なことに、聞けないうちに丸山さんは亡くなってね。丸山さんの代わりに、小熊さんに聞いてみたいんだ（笑）。

小熊　私にお答えする力量があるかどうかはわかりませんけど、文体ということでいえば、まずは丸山さんでしょう。申し訳ない答えですが（笑）。

鶴見　ははは（笑）。日本に限定しなければ、たとえば私は、まず司馬遷だと思うんですよ。そしてもう一人は、ギボンだと思うんです。その二人っきりしか私は思い浮かばないんです。

上野　司馬遷やギボンに当たるだけの、文体を持った日本の歴史家がいるか、という問いですね。

小熊　歴史学者で、ということですか。

鶴見　私は「歴史家」というものを、「史学者」とは区別するんです。史学者というのは、文体はなくていいんですよ。これは社会科学の一部なんですから。だけど歴史家の仕事というのは、社会科学の淵には触れていても、これは一種の文学だと思うんです。

上野　そういう基準なら、『太平記』の作者なんかは、立派な歴史家じゃございませんか。

鶴見　そうね。私は語り物としては、『平家物語』と『太平記』は入ると思う。

小熊　でも近代の歴史学となるとどうでしょうね。歴史学と文学の関係というのは、戦後の歴史学者はけっこう考えていたんですけれどね。色川大吉さんなどは、そういう問題に対してかなり自覚的で、文体とかも工夫なさっていた。

上野　歴史記述はいかにあるべきか、と論じていらっしゃいますね。

小熊　そうでないと、『明治精神史』(講談社学術文庫) みたいなものは書かないでしょうから。でもその後は、そういう文体の工夫とかをすると、歴史学界のなかでは評価を得にくいことになっていったようですね。

鶴見　それが問題なんです。学界とか大学とかの制度のなかで一番になりたいと考え始めると、大胆な線が引けなくなって、細かい仕事になってくる。小熊さんは、あの本を書かれたときは大学にいたんですか。

小熊　『〈民主〉と〈愛国〉』ですか。大学で先生をやっていましたよ。

鶴見　それにしては大胆ですねえ。私はあれは、大学に籍がない人であって初めて書ける本じゃないかと思っていた (笑)。大胆な線が、ずっと引いてある本です。

小熊　よくわかりませんが、あまり学会とか行かないし、学界の動向を気にしたこともないですけどね。

鶴見　そのほうがいいですよ。北里柴三郎なんかもそうですが、日本の学者は若いときとか、ヨーロッパに留学に行っていたときはいい仕事をするんだけど、日本に帰ってくると創造力がなくなる。学界や大学で責任を持たされたり、論壇に巻きこまれたりすると、細かい仕事しかできなくなるんだ。宴会とかにたくさん出なくちゃならなくなったりするしね。彼らだって、急に頭が悪くなったわけじゃないんだよ。

小熊　ああ、それは私も出版社にけっこう長くいたから、よくわかりますねえ。

鶴見　ところで、さっきの私の質問に答えてくれますか。私は司馬遷の『史記』は、最高の歴史書だと思うんです。だけど日本で考えると、どうも優れた史学までなんですよ。内藤湖南の『日本文化史研究』とかは、すごく面白いんですが、あれは史学でしょう。

小熊　文体のある日本の歴史家ねえ。誰になるかなあ。私はあんまり目標にしている人とかいないですから……。そう、柳田國男の著作を歴史と考えれば、叙述の文体として面白いと思います。

鶴見　『明治大正史世相篇』ですか。

上野　一冊挙げるとしたらそれですね。『木綿以前の事』もいいですが。

小熊　田口卯吉とか山路愛山とかも史書を書いていますけど、あれはやっぱり漢文の美文調の定型に沿っているという感じがありますよね。福沢諭吉はけっこう独自の文体をつくろうとしてがんばったと思うし、ある種のリズムのある批評文を書いたけれど、独自の文体での歴史叙述となると、私が思いつくのは柳田でしょうか。

鶴見　それは、面白い答えだなあ。一つの答えですね。

小熊　鶴見さんご自身の仕事、たとえば『日本の百年』のシリーズに入っている明治維新とか、戦後史とかの巻は、どう評価なさっているんですか。

鶴見　まあ、ある程度の仕事ですね。丸山さんが『昭和史』と比べて、『日本の百年』の方を評価してくれたのは、楽しい記憶ですよ。

小熊　でも、あのエピソードを並べた書き方というのは、一つの手法だと思いますけれど。

上野　鶴見さんがご自分で代表作と思われるものって何ですか。これは自分が力を尽くしたとか、これは歴史に残るだろうとか、鶴見をわかりたかったらこれを読んでほしいとか思われるものは？

鶴見　私ですか。仕事としては『転向』三巻でしょう。

上野　そうですか。でもあれは、鶴見さんの単著ではありませんよね。

鶴見　私は人と一緒にやる仕事と、自分個人の仕事を、あんまり区別しないんですよ。どっちかといえば、人と一緒にやる仕事の方が愉快なんですよ。

上野　なるほどね。

鶴見　つまり、仁義のある人びととの、楽しい経験なんですよ。桑原さんと一緒にやった『百科全書』なんていうのも、楽しかったですよ。あのときは、若いころの梅棹忠夫が力を出して、一人で一章全部書いたんですからね。

小熊　『転向』三巻についていえば、編集者としても最高の仕事をしたと、鶴見さんは思ってらっしゃるんですか。

鶴見　そうですね。

小熊　私も編集者をやっていたことありますが、「編集者としてのいい仕事」というのはありますよね。私は自分で書くようになってからは、編集者としての自分が計画を立てて、書き手としての自分を駆り立ててやっているような感じですけれども。

上野　一人二役ができるんですね。

小熊　それでお聞きしたいんですが、鶴見さんのなかでは、編集者としての自分と、書き手としての自分というのは、どういう関係になっていますか。

鶴見　私はどちらかというと、編集者として生きたいと思っています。だけど、編集者っていうのは、年齢制限があるので、なかなか難しいものなんですね。

書き手っていうのは、きちんとタネを見つけて、過不足ない表現を与える文章を書いていくということなら、年をとってもできる。だけど時代に沿って、新しい書き手のよさがわかる感性を保つのはたいへんなんです。この一三〇年の近代日本を考えても、優れた編集者のほうが、優れたライターより少ない。それも司馬遷が既に言っています。「千里の馬は多し、伯楽は少なし」ってね。目利きの方が少ないんです。

上野　それはわかります。

鶴見　優れた編集者は、たとえば滝田樗陰《ちょいん》がいますね。だけどそれだけの編集者は、この一三〇年のなかでどれだけいたのかな。

小熊　鶴見さんはあまりご縁がなかったと思いますが、平和問題談話会を組織した『世界』編集長の吉野源三郎なんかは、どう思いますか。

鶴見　吉野源三郎は偉いですよ。彼は『君たちはどう生きるか』で、あれほど平明な文章で哲学的な深みのある文章を書いた。しかも彼はあれを、思想犯として逮捕されて、出獄してから書いた。子どもたちに未来を託して書いたんですね。だから平明なのに切迫感がある。近代日本の一つのピークをなす作品です。

だけど編集者としてはどうかな。吉野さんは五〇年代の後半だったかに会ったんですけど、「あなたが私の知っているいちばん若い書き手です」とか言うんだ。それで「吉本隆明はどうですか」と言ったら、知らないんだよね。まあ当時は吉本もそんなに有名じゃなかったけど。吉野さんは『世界』の編集者としても、平和問題談話会の組織者としても偉いんだけれども、私は『君たちはどう生きるか』の著者としてのほうを評価する。

小熊　なるほど。

鶴見　林達夫も、ライターとしての林達夫のほうが、編集者としての林達夫より上だな。滝田樗陰は自分の書いた文章もあるけれども、やっぱり滝田樗陰が編集した『中央公論』のほうがすごい。室生犀星とか、ほんとうに無名のライターを、ぱっとつかまえる。すごい人だと思います。人が伸びるか伸びないかを判定するのはたいへんに難しいことなんですね。

上野　難しいですね。

鶴見　桑原さんなんて勘のある人なのに、小説家の将来予測については自分は全部失敗したと言っているんだ。大岡昇平が桑原さんの後輩なんですが、「君はもう小説書くのをやめろ」って言ったらしいんだよ。

上野　へえー。

鶴見　それから、三島由紀夫もだめだと思ったし、田宮虎彦もだめだと思ったらしいんだ。だから、小説家の将来性予測については、自分はダメだと言っていたね。学者の品定めなら自信があるけどどって

（笑）。今西錦司が彼の同級生だったんですけど、これは天才的な学者だと思っていて、それは当たった。普通は同級生というと、ジェラシーとかライバル意識があるんだけど、桑原さんは虚心の人間だから。

上野　戦後の名編集者といえば、鶴見さんと、『暮らしの手帖』の編集長だった花森安治さんでしょう。お二人はどう考えても歴史に残りますよ。消せない業績です。

鶴見　いやいやどうも（笑）。編集者としての仕事は、私は率直に好きなんですよ。なぜかというと、間違って自分を偉いもんだと思い込んできた三歳、四歳というのは、非常につらい記憶なんですよ。だから贖罪をしなきゃいけない。編集者というのは、人に尽くす仕事でしょう。だから愉快な仕事なんです。だから、『転向』の共同研究とかは、愉快なんですよ。

小熊　私も編集の仕事は好きだったし、今回の企画を立てさせていただいて、喜んでいるんですが。

鶴見　もう率直にいって、今度の『〈民主〉と〈愛国〉』はいい仕事です。もう揺るぎないです。私はヨイショしているわけじゃありませんよ。

小熊　いや、そう言っていただけるのはうれしいですが、この座談会の企画のことですよ（笑）。私が企画を立てて準備したんですから。これはあとに残る企画だと思いますよ。

「饅頭本」としての詩集

上野　この企画は歴史に残るかもしれません。が、私は自分の書くものは消耗品だと思っています。

小熊　その場かぎりで消えていく消耗品だと思いながら、書きつづけることができますか。

上野　はい。

鶴見　それは面白いね。桑原さんと、こんなやりとりをしたことがあるよ。私が京大で一緒に仕事をしたとき、私は桑原さんに、「歴史に名を残すなんてことは考えてませんからね」と言ったんだ。桑原さんは、「えっ？」ってびっくりして、「それじゃあ君、何のために学問してるの？」と言ったんだよ。

上野　ああ、桑原さんはそういう方でしたか。

鶴見　私のほうは、いまのダイナスティに生きている。戦争に生き残った人間というのは、そういうニヒリスティックな感覚を持っている。桑原さんのような、明治末生まれの楽天的な気質と違うんだよ。

小熊 なるほど。

鶴見 しかし残念ながら、私の仕事より、親父の仕事の方が残ると思う。四巻だての『後藤新平伝』は、もう既に七〇年残っている。あと百年は残りますよ。

小熊 たしかに私も、歴史的資料として『後藤新平伝』は利用させていただきましたけれども。

鶴見 あれは私の仕事より残るんです。確かに彼は有能な男だ。文筆家として親父は私を超える。残念ですが（笑）。

小熊 ただ、私はあれを「鶴見祐輔編」だということはほとんど意識せずに、単に『後藤新平伝』として読みました。

鶴見 そうですか（笑）。

小熊 でも鶴見さんの仕事でも、『転向』三巻と『思想の科学』は絶対に残ると思いますよ。

上野 それはそうです。私の消耗品の文章とちがって。

鶴見 でも私のなかで、上野さんの俳句集『黄金郷（エルドラド）』（深夜叢書）、あれの評価は高いんですよ。

上野 あ、突然の逆襲でどぎまぎしますね。あれは、まことにパーソナルなドキュメントにすぎません……。

鶴見 いや、あれは高いんです。

上野 もうそれは、忘れたい過去ですから、話題にしないでほしいです（笑）。

鶴見 私は戦争中、ジャワでずいぶん俳句を読んだんです。鈴木六林男とか三橋敏雄とか、俳人とのつき合いもある。上野さんのあの句集は、よく書いたと思います。

上野 三橋さんの句は格調が高いです。私は西東三鬼のほうに、影響を受けました。

鶴見 三橋さんの句で、「新聞紙　すつくと立ちて飛ぶ場末」っていうのがあるでしょう。あれは、すごいと思うんだ。三面記事は忘れられたものだけれども、それがすっと立って風の中に飛んでいくんだよね。戦争中だと、「雪山に　雪の降り入る　夕べかな」というのに感激した。これはジャワにいて、玉砕計算なんてやっていると、沁みるんですよ。

上野　短歌に行かずに俳句に行くっていうのは、詠いたいのに詠えないかわいそうな魂なんですよね（笑）。和子さんは和歌を詠んでおられますが、鶴見さんは詠わないんですか。

鶴見　自制している。

上野　そうですか。でも、そんな自制心はもう……（笑）。

鶴見　いや、もっぱら読むだけ。

小熊　ちょっと無粋な介入をすると、桑原武夫さんは、敗戦直後に俳句は「第二芸術」だと言っていましたよね。戦時中の金属供出運動に鮮やかにスローガン俳句を提供した俳人が、戦後もやはり俳壇のボスをやっている。俳句というのはそういう前近代的なジャンルなのだと。あれは鶴見さんはどう評価なさいますか。

鶴見　桑原さんは、俳壇のことを批判するかたちで、日本社会の権威主義を批判したんですよ。芭蕉なんかくだらないとか、そういうことは言っていないんだ。

上野　俳句で戦争協力はできないですよ。短歌のほうがやりやすいと思う。俳句はシニシズムを含んでいますから。シニシズムで戦争参加はできません。

小熊　そうですかねえ。事実として、戦争協力俳句というのはありますよ。

上野　どんな業界にも、マジョリティというものはいますから。

小熊　そんなものは俳句じゃないと？（笑）

上野　俳句は陶酔もできないような詩型ですから、戦争は煽れません。

小熊　いや、私は無粋なんで、よくわかりませんが。

上野　さきほど歴史家の文体のことが話題になりましたよね。文体と記述という問題を考えていくと、極限まで切りつめた表現の領域になれば、何を指示対象にしているのかは問題でなくなる。文体それ自体が、表現として自立してしまうんです。俳句なんてそういうものです。「言葉はモノである」と思わざるをえなくなります。

小熊　やっぱり、上野さんは小林秀雄と吉本隆明の愛読者、という感じがしますねえ（笑）。だけど桑原さんの「俳句＝第二芸術」論というのは、まさに俳句というのは思想や内容が関係ない表現様式であって、だから思想的には簡単に転向できるんだ、という話ですよ。

上野 鶴見さんが戦後に書かれたものには、平明な文体が採用されています。それは自分が文章で指し示したいものを、できるだけ明晰に示したいという気持から始まるわけですけど、文体が自立すれば「指し示したもの」というのは、かえって関係なくなっていきます。鶴見さんが今度出された、あの『もうろくの春』（SURE）という詩集も、詩集というよりアフォリズム、箴言集のようなものですね。象徴性がきわめて高くて。

鶴見 あの詩集は、黒川創が苦労して選んで、出版までしたんだ。私はなにも手を加えていない。

上野 黒川さんの鶴見さんに対するたいへんな愛情の産物ですね。

鶴見 題だけ私の希望を入れた。私は饅頭本のつもりだったんだ。私が死んだあとの葬式のときに、饅頭の代わりに配る（笑）。

上野 黒川さんの愛ですよ、愛（笑）。

鶴見 愛なんて言葉、よく使うね（笑）。

上野 こういうときに使わないで、いつ使うんですか。男女の間は「欲」と言うんです（笑）。

鶴見 そうですか（笑）。

上野 持ってきたんです、『もうろくの春』。サインしてください（笑）。このチャンスを逃がしては、こんな無理をお願いできないので……。

鶴見 ええ？　サイン？

上野 もう、この座談会の話が出たときから準備して、持ってきました（笑）。

小熊 いや、そこまで頭がまわらなかったな。

上野 今日の日付けも入れてほしいなあ。

鶴見 これでいいですか。

小熊 「鶴見俊輔こと狸男」ですか。「俊輔」は仮の名だと（笑）。

上野 ああ、うれしゅうございます〜。うれしいわあ。この本を、「いつ出そう、いつ出そう」と、タイミングを計ってましたのよ（笑）。

三日目

六〇年安保

予想しなかった盛上がり

小熊　今日は六〇年代以降ということで、六〇年安保からうかがいましょう。

六〇年安保は、一九五九年から抗議活動はありますけれども、一気に盛り上がったのは一九六〇年五月十九日に岸信介首相が強行採決をやったことからだった。その後は、「安保粉砕」と、「岸を倒せ」が重なり合うようなスローガンになりますね。

鶴見　岸信介は、団十郎です（笑）。悪役のスター役者です。岸だったから、あれだけの反対運動が起こったんです。たとえば石橋湛山や池田勇人が首相だったら、起こりませんよ。

だって彼は元A級戦犯で、東條内閣の商工大臣で、開戦の詔勅に署名して、東大出の元高級官僚で、満州国をつくって、追放解除のあとは病気で退いた石橋に代わってのし上がってきた。それが、アイゼンハワー大統領が訪日する日程に合わせて、おみやげにするために安保を強行採決。あれ以上の悪役というのは、日本の近代史にどれだけいたのかというくらいですよ。

上野　役者に不足はなかったわけですね。あの運動の盛上がりが、「反安保」だったのか、それとも「民主主義を守れ」という戦いだったのか、という問題はどう解釈なさいますか。

鶴見　私はどちらでもないと思うね。あのころは、戦争の記憶が生々しかったんですよ。戦争が終わってまだ一五年だった。家族とか戦友とか、死者の記憶がそれぞれ自分のなかに残っているんですよ。そして相手が岸だから、盛り上がった。戦争の記憶のエネルギーです。

とにかく満州事変いらい、国民は、政府から「この政策でいいか」という相談をまったく受けなかった。ことに女性は、参政権もなくて、完全にシャットアウトされていた。そのうえ、戦争の終わり方についても、相談を受けていない。それが一九三一年から三〇年ちかくずっと続いてきて、まだ記憶の蓄積が生々しい。

そして戦後は、名目上は女性も参政権があるし、学生も投票年齢が二十歳に下がったおかげで参政権を相当に持った。そこで、「政治には自分の意見も聞かれるべきだ」という感覚ができていた。そういう意識と、戦争の記憶の両方が交差したところで、岸が出てきたんです。

上野　しかし、「なんで私に相談しなかったのか」というのは、「民主主義を守れ」ですよ。そして「なんで戦争を起こしたのか」というのは、「反安保」に結びつくわけでしょう。六〇年では、どちらに比重があったと思われますか。

鶴見　それは「民主」だったと思います。みんなは、安保というものについてよく知らないから。でも、明確に区別できるような感じでもなかったでしょうね。

小熊　私は調べていて、いろんな要素が端境期《はざかい》のように、重なったんだなという印象を受けました。

戦争の記憶はまだ生々しい。民主主義の観念も浸透している。さらにいえば、ようやく復興が進んで生活が安定してきているのに、これをまた戦争で崩されてたまるかという気持もあった。

鶴見　そういう意識の広がりについては、甘く見ていたんです。岸はもちろん、アメリカも、われわれも甘く見ていたんです。

私自身の経験からいっても、今度も盛り上がらないだろうと思っていたんですよ。『思想の科学』で声明を出すときだって、仲間でも最右翼の石本新という記号論理学者に書いてもらった。彼は加藤シヅエの息子なんですが、彼が書いた声明というのは、安保反対とかじゃなくて、慎重に審議してくださいというものだった。ところが、強行採決でしょう。それでもう、最右翼から何から、自動的に全部が岸への抗議に巻き込まれたんです。

しかし私は、それでもまだ甘く見ていたんですよ。強行採決のあとも、相撲の千秋楽を見に行っていたんです。

上野　国技館に行っておられたのですか。

鶴見　喫茶店に出かけて、そこのテレビを見ていたんです、そっちの方が、画面が大きかったから。そして家に帰ってきたら、家の方に小さいテレビがあったんだけど、そこで竹内好さんが岸信介に抗議して、東京都立大学の教授を辞職したというニュースが出ていたんですよ。

すごくびっくりした。竹内さんは、強行採決のあった五月十九日の昼に、文化人集団の請願ということで岸に面会に行って、抗議をしているんですよ。ところが、岸はその夜に強行採決した。竹内さんは、岸のもとで公務員はやれないということで、すぐに辞表を出したんです。

私は、なんというかなあ、打ち込みが深いというか、仁義で結ばれた人が何人かいるんですよ。竹内さんはその一人です。それで、竹内さんは家庭を持っているのに辞職する。私は独身だ。そして、竹内さんは辞めるのか、じゃあもちろん私も辞めなきゃいけない、と自動的に考えた。それ以上はなにも考えないで、当然のように私も当時勤めていた東京工大に辞表を出した。私としては、『思想の科学』の声明もあったんだけど、竹内さんの辞職で自分が巻き込まれたんです。

小熊 五月二十五日くらいのことですね。

鶴見 私が辞表を出して、それが報道されたら、竹内さんがすぐに電報をくれたんだよ。「共に歩み、別れてまた歩まん」とか、そういう電報だったね。

小熊 竹内さんらしい。

鶴見 意外とそういう、青春的な表現を平気でする人なんだ。純真な子どもの魂を持っている人なんだ（笑）。竹内さんにとって、自分の辞任だけで終わらないで、後に続く者がいたというのが嬉しかったんだろうね。

それで辞表を出して、いきなり職がなくて自由になった。だから、それから一ヶ月ほど、ひたすら国会の周りにいるっていうふうになっていった。

「声なき声」とテレビの効果

鶴見 そして六月四日には、小林トミが「誰でも入れる声なき声の会」というプラカードを持ってビラをまいて歩いたら、どんどん人が隊列に加わってきた。

「声なき声の会」というのをつくったきっかけは、前の日に少年刑務所に『思想の科学』のグループ（「主観の会」というサークル）で行ったことだった。そのときにトミさんと一緒だったんだけど、トミさんがデモをしたことがないって言うから、そういう人が入れるものをやろう、という話から「声なき声の会」が起こったんです。それまでは、共産党とか総評とか、組織のデモしか見当たらなかったから。

これはかなりの反響があって、数日のうちに、われわれとは違う「声なき声」が出てきた。のちのべ平連のときも、いろんなべ平連が勝手にどんどん出てきたんだけど、それの先触れですよ。そういういろんな「声なき声」を合わせて、国会周辺にだいたい一万人くらい集まった。これは驚いたね。そういうことができるってことに驚いた。

小熊　テレビの影響というのも、無視できないですよね。

鶴見　あのときが、テレビが活用された最初の大衆運動だったと思います。家に帰ってご飯を食べてテレビを見ていると、うわーっと人が集まっている場面が映るでしょう。そうすると、俺もやらなきゃ、行こう、という感じになるんですよ。竹内さんの辞任がテレビに出て、私がもった反応と似ているんですよ。

小熊　そういう意味でも、戦争の記憶というそれまでの部分と、民主主義の浸透やメディアの普及という新しい部分が重なって、端境期に出てきた運動だなと思ったんです。また当時は、テレビの映像というものが、いまよりもずっと新鮮なものとして受け取められたということもあったのでは？

鶴見　テレビの持っていた力というものは、いまよりずっと大きいです。テレビが発火力として働いたんです。いまは、いろいろな場面が映っても、なんとなくそれを見てゆっくり過ごしている、という感じでしょう。当時はそうじゃなくて、いったん家に帰ってご飯を食べた人間たちが、テレビを見てご飯を早々に済ませて、また国会周辺に出てくるんですよ。

声なき声の会のデモ（1960年。左隣は渡辺清夫人）

そのなかで、学生とか労組だけじゃなくて、もう管理職になって組合から動員されない位置にいる人間とかも、国会周辺に出てきてうろうろしているんです。信用組合の管理職だった本多立太郎なんかがそうですね。そういう人が、総評や国民会議のデモに入ったり、「誰でも入れる声なき声の会」という旗を見て隊列に入ってきた。

上野　その前の段階で、そういう事態が起きるという期待はなかったんですか。

鶴見　ありませんでした。私は大正十一年から生きているし、竹内さんだと明治末年から生きている。丸山眞男は大正四年から生きていますね。だけどそうやって過去の日本を見てきた経験からいえば、こんなに大きな自発的な運動が起こるなんて、見たこともないし、考えられもしなかった。それが起こったというだけで、私も竹内さんも丸山さんも、もう半ば満足しちゃったんだ。

上野　そのあたりは、やはり世代差があるでしょうね。

鶴見　だから、そこがブント（共産主義者同盟）の若い学生たちとはちがう。彼らは、安保が自然承認されたあと、阻止できなかったから敗北だったと言った。でも私たちは、そんなに期待していなかったから、予想外にこんなに大きな運動が起こったじゃないかと考えた。

運動の盛り上がった原因についても、考え方がちがっていた。ブントの学生たちは、自分たちの綱領が支持されたから運動が盛り上がったとか、あと一歩で革命だったとか、空想的に考えるでしょう。だから、阻止できなかったとなると、がっかりする。

だけど私からみれば、ブントそれ自体は、大きな集団じゃない。全国で何千人とか言っていたけれど、ほんとうに熱心な活動家は一〇〇人くらいでしょう。ただブントという、あの共産党から除名された一〇〇人くらいの学生たちが、政治の不正に向かって突っ込んだのがきっかけになって、次々に連鎖的に火がついていくっていう、不思議な状態が起こった。そこを彼らはわかっていなかったんだよ。純情でいいけどね（笑）。

小熊　ブントの学生たちは拙劣だったけれど、その純情さが共感を呼んだようですが。

鶴見　そうなんだ。桑原武夫さんに聞いたことなんだけど、桑原さんには、銀行の頭取くらいの友達も多かった。そしてそういう人たちのご夫人たちと話をすると、ほとんどが学生運動やブントの学生を応援していたっていうんだ。彼らの綱領のとおりに革命になったら、ご主人がやっている会社なんてなくなるのに。

なぜかというと、彼女たちは自分の旦那がどんなにいい加減な暮らしをして、政治家に取り入ったり、妾を持ったりしているかをよく知っている。だけど、あの学生たちは純真だと。そして、自分たちの子どもも、そのなかにいたりするんだ。それが彼女たちの希望なんだ。

上野　確かにそういう関係はありましたね。夫より息子に同一化する、という。

小熊　学徒出陣や予科練など、戦中の少年兵の姿や、戦死した自分の兄弟や息子の面影を、学生たちにだぶらせて応援するという人たちもあったようですが。

鶴見　それはあったと思う。とにかく戦争の記憶がまだ生々しい時代だったし、実現するはずもないプログラムを掲げて、とにかく純情に突っ込んでいく姿が、そう思わせたよね。

とにかくブントの連中は、純真だった。その後に中核派にいった北小路敏にしても、経済学者になった西部邁にしても、私はその後に個人的にも多少のつき合いがあったんだけど、いい奴なんだ（笑）。もちろん西部があとで書いたように（『六〇年安保』文藝春秋社）、彼が東大教養学部の自治会委員長になったとき、選挙で票を入れ換えて当選したとか、そういうこともやっていた。だけどそれをあとで書いちゃうところが、いい奴だと思う。

樺美智子が死んだ日

小熊　そういえば、六月四日に安保改定阻止国民会議の統一行動で打たれた交通ストのとき、ブントの学生たちを鶴見さんたちが説得したという事件がありましたね。朝の時限ストを、国鉄労組の労働者たちが解除しようとしたとき、学生たちがスト貫徹を唱えて、線路に坐り込んだ。そのときに、鶴見さんや竹内好さんが、説得してどかせたという話ですが。

鶴見　あのときは、朝、藤田省三から電話がかかってきたんです。藤田は『転向』の共同研究にエネルギーを割いていて、私は非常に近しい関係だった。

そして藤田が言うには、吉本隆明が全学連の学生たちを率いて、今日の急行を止めると言っている。これをやれば怪我人が出る、やめさせなければいけない。それで、吉本をつかまえて説得してくれっていうわけ。吉本も『転向』の研究がらみで、私はよく知っていたからね。

ところが、吉本がどこにいるかわからない。それからいろんなところに電話をかけて、ついに吉本をつかまえることができたんだ。

小熊　どこにいたんですか。

鶴見　どこにいたんだっけなぁ。自宅じゃなかった。彼が入っていた六月行動委員会のあった出版社で通じた。

それで電話で話したんだけど、吉本は「そういう噂がありますか」なんて言って、否定はしないんだな。そして、「僕はブランキストですから、その場に行ってみなきゃ何をするかわかりません」って言うんだよね（笑）。

これはまずいと思って、また藤田に電話をかけたんだ。藤田は、そういうときにものすごく動揺するタイプなんだよ。それで、止めに行かなきゃいけない、現場に行こうということになってね。私はついていったんだ。

そのあいだに藤田はいろんなところに電話をかけて、記憶が間違いなければ、橋川文三・安藤英治・高畠通敏なんかが一緒に行った。松沢弘陽もいたんじゃないかと思う。みんな転向研究の関係で、藤田なんか分担の論文をまだ書き上げてなかったんだよ。

そのメンバーで、品川駅まで行った。そこには、明治大学と早稲田大学の全学連グループが集まっていて、もうプラットフォームの中にいて、それぞれのグループが車座をつくっていたんだ。それで私は、そこに行って、「線路に突っ込むっていう話があるそうだけれども、いまここで死者なんか出さない方がいい」と言ったんだ。ところが明治大学も早稲田大学も、私は教えたことがないから、学生たちにとっては初対面なんで、なかなかうんと言わないんだよ。それで膠着状態になっちゃった。

その前に私たちは、荏原駅だったかに行って、同じように説得していたんだ。そこは、東京工大の反戦学同の流れが、同じように車座になっていた。彼らは私が教えていた大学だから私を知っているし、とくに私が辞任したあとだったから、私の説得に応じたんだよ。つまり、抗議の辞任をした人間というので、株が上がっていたんだ。

ところが品川では、なかなか聞いてくれない。吉本はもう既に、その学生たちのなかにいたんだ。それで彼は、自分はこの教授たちとは違う者である、大学に所属などしていない独立的な存在だ、というようなことを誇示していたね。

小熊　吉本さんらしいですね。

鶴見　そのうちに、ラジオ局の人たちと一緒になって、竹内好がやってきた。それで説得を続けたんだけど、竹内さんと私とはもう大学教授をやめているから、いくらか説得力があった。ラジオ局が、それを即時放送していたけれど、明け方までかかった。そして結局、その車座になっていた学生たちは、学生のリーダーたちが集まって、最後に「引こう」と言ったら、さっと立ち上がって引いた。それはもう一糸乱れずだった。最後は彼ら自身の相談ですよ。われわれの説得が、どれだけ効果があったかわからない。

上野　何時間くらいかかったんですか。

鶴見　もうたいへん長い間、夜中から明け方までいた。明け方に彼らは腰を上げて、急行が入ってくる前に引いた。吉本は、学生たちがそのようにして立ち上がったときには、まったくそれを止めようとはしなかった。一緒に去っていった。それが六月四日の顚末だね。

小熊　六月十五日に、ブントが指導していた全学連主流派のデモ隊が国会に突入して、樺美智子さんが亡くなったときはどうなさっておられましたか。

鶴見　あのときは、「声なき声の会」と一緒に、デモをやって国会まで行ったんです。そうすると、国会通用門の前で、雨の中で学生がたくさん倒れていたんです。機動隊にやられたんだ。それで、その学生たちが「行かないでくれ」と言うんですよ。国民会議のデモは、共産党や国民会議の方針で、新橋に向かって流れ解散していって、学生たちが孤立していたからね。

そのとき、「声なき声の会」のリーダーは大野力だった。しばらく止まっていたけれども、やがて新橋で流れ解散するために、その場から流れていった。「声なき声の会」には女性も年寄りもいるし、機動隊と衝突なんかできない。だけどその途中で、すごく怒った声が聞こえた。名指しで私を呼んで、「われわれを見捨てて行くのか」と呼ぶ奴がいるんだ。それは六月行動委員会の連中だった。吉本たちは、そっちに入っていたんだ。

私は「帰ってくる」と言ったんです。それで新橋に行ってから、もういっぺん私は帰ってきたんです。そして国会通用門の前に行ったら、吉本がいた。私とは、五、六メートルしか離れていなかったと思う。彼はその日、国会に学生たちと一緒に突入して、演説をやったあとだった。

そしてついに夜中になって、もうすぐ催涙弾が撃ちこまれるという情報を、誰かが伝えてきた。私はそのへんの学生に、みんなにそれを伝えて気をつけろと言ったんです。その場には、ブントの組織員とは別に、自由参加の学生たちもたくさんいましたからね。

そのとき私は、もう気分からいって、ここで殺されても結構だ、と思っていた。あの戦争で死なかったんだから、戦争のときなにも立ち上がれなかったんだから、ここで死んでもいい。自分が信じていない戦争で死んだらやりきれないけれど、安保の反対運動は自分の意志と一致しているんだから死んでもいいと思ったんだ。

そのうち催涙弾が撃たれて、機動隊がうわっと襲いかかってきた。吉本は私とちがって体力があるから、私よりもう少し門に近いところにいたんだけれども、ものすごい急いで走って、まちがってとなりの警視庁の中に入って、逮捕されちゃったんだ。私のほうは、無理をしないでゆっくり歩いていったら、機動隊は襲いかかってこなかったんです。

講談みたいな話だけど、そのとき私は二人の女性を助けた。機動隊にやられた女性を背負って歩くという、不思議なことをやったんだ。自分の人生でこれまでになかったことです。とくに片方の人は、もう靴もなにも全部ダメになっちゃっていたから、私はそばのＴＢＳまで連れて行って、「サンダルを貸してくれ」と言ったんだ。それで彼女は家へ帰っていった。
ゆっくりゆっくり歩いていけば、そういうこともできたんだ。だけど、吉本は体力があるから、走っていって捕まった。

小熊 なんだか象徴的な話ですね。

鶴見 まあ、偶然なんだけどね。

負け方が次を準備する

小熊 六月十八日深夜の、新安保自然承認成立のときはどうでしたか。

鶴見 あのときも国会前にいました。だけどさっきも言ったように、もともと期待が低かったから、そんなに敗北感はありませんでした。

上野 でもブントの人たちにとっては、敗北感が非常に大きかったでしょう。

鶴見 あのとき、ブントの書記長の島成郎《しげお》とかは、全力投球して力尽きちゃっているんですよ。それで敗北感も大きい。でも私についていえば、日本人に対する絶望感というものを、戦争中から強く持っていた。だからもう、日本でもこんなことが起こるのか、という高揚感のほうが大きかった。

上野 なぜ予想を超えたそういうことが可能だったのかについては、思想家としてどうお考えになりました？

鶴見 黙っている人間は、ただ黙っているだけじゃなくて、沈黙のなかの記憶というのはあるんだ、ということですよ。

満州事変からずっと、少しずつ動員されて、大勢の人が死んでいる。その記憶が集積されて、一九六〇年に爆発点にきたんですよ。貯蔵されていた映像が感光したんですよ、ついに。

上野 もしそうなら、小熊さんの『〈民主〉と〈愛国〉』の分析のとおりですね。

鶴見 近いと思いますね。

小熊 記憶の問題についていうと、敗戦直後よりも、一五年という期間を経た方が、より記憶というものが明確な像を結びやすくなったという側面はありますか。

鶴見 そうです。敗戦後二、三年というのは、栄養失調でへたりこんでいて、なにもできなかったんですよ。だから当時は、共産党の集会とかも動員が主で、六〇年安保みたいに個々の人がどんどん自然発生的にやってくるという感じではなかったと思う。

小熊 一五年という時間を経て、生活も多少安定した時期の方が、記憶のかたちとしてかえって喚起力を持つようになったということですか。

鶴見 そういえるでしょうね。

上野 そのゆとりがあるから運動ができるということもありますが、生活保守主義という側面もあの当時から出てきておりましたね。

鶴見 既に出かかっていたんですが、みんなが国会周辺に出て行っているという感情、みんなと一緒という感じが、それを消してしまうんですよ。何万の大衆が国会の周りを取り巻いている、俺も行かなきゃ、という感じになって、組合から動員されたなんていうのとは全然違う仕方で出て行くんですよ。

上野　六〇年安保の敗北を最後にして、そういうエネルギーがなくなったという考えがありますが。

鶴見　ところが私の細君、彼女は「声なき声の会」のオルガナイザーをやって、安保のあとに私と結婚したんですけど、全然感想がちがうんですよ。

彼女の言ったことには、これだけ突っ込め突っ込めとアジテーションが行なわれたのに、よくもこの自然成立の瞬間に、まったく静かでありえたと。国会を取り巻いた群衆がうわーっと泣くとか、駆け回るとか、そういうのがまったくなくて。彼女はそのときに、力を感じたっていうんです。自己制御の力ですね。

私はもう、一ヶ月のあいだ駆け回っていたから、疲れ果てていたんだけれども、彼女の考えの方が、新しい捉え方だったと思うね。たしかに、あそこには力があった。だから、あれから五年たって、べ平連につながったでしょう。

小熊　なるほど。

鶴見　もういっぺん立ち上げるだけの力が、あのなかにあった。その力は六月十八日の、じっとした自己制御のなかにあったというのが、彼女の評価なんです。なるほどなあと思った。

あの六月に、竹内さんが、「四つの提案」という演説をしたでしょう。私が重要だと思うのは、あの四番目の項目、「下手に勝つくらいならうまく負けるべきだ」というものです。負けっぷりのいい負け方が、次の波を準備する。そのとおりになったんです。

藤田省三の査問と女性史の評価

藤田省三の査問

鶴見　六〇年安保のあととなると、藤田省三が共産党から査問を受けたことについて話したい。これは微妙なことなんだけど、言い残しておきたいんだ。

藤田はとにかく、『転向』の共同研究に、研究者としての最良の時間を注ぎ込んだ。しかも彼は、そのころ共産党員だったのに、戦前の共産党員の転向をあつかったあの共同研究に、エネルギーを注いでくれたんだからね。

この問題については、私は藤田が自分で書くのを待っていて、自分では一行も書かないできた。けれども、藤田の看護に行っている人から聞いたところによると、病状がもうだいぶ悪くて、彼は書けないだろう（この座談のあと、藤田氏は二〇〇三年五月に死去）。だから私が言い残しておいたほうがいいと思う。

小熊　はい。

鶴見　藤田はとにかく、何かにつけて電話をしてくる男だったんだ。それであるとき彼からの電話に出たら、動揺しているんだよね。「査問に出て来いと言われた」って。

小熊　原因は何だったんですか。

鶴見　六〇年安保のあと、藤田が「さしあたってこれだけは」という共同声明に発起人として参加したことなんだ。あの声明は、九州にいた谷川雁が起草した。内容は、一組織がア・プリオリに思想の正統性を占有すると称して、他の組織や個人を修正主義よばわりすることは許されないといった趣旨だ。安保闘争やなんかで、共産党とブントの学生なんかが対立した後でもあったしね。それを谷川独特の文体で書いたもので、当時は非常な悪文だって『文藝春秋』で批評された。

谷川雁の考えでは、この声明の発起人は、まだ党にいる者、党から除名された者、党と無関係で安保闘争に加わった者、それらを含めたかたちで署名をしたらいいっていうんだね。それで私と吉本隆明が党に関係ない者、谷川雁と関根弘が除名された者（当時、谷川はそう思い込んでいた）、そして藤田と武井昭夫がまだ党員である者というかたちで、参加したんだ。それで谷川雁が九州から出て来て、私がそのころ下宿していたところにみんなで集まって声明をつくってもらった。

小熊　なるほど。

鶴見　そうしたら党員の藤田に、査問をするって共産党から電話がきたんだよ。党員である彼をひっぱりこんだことについては、私は責任があると思ったから、「じゃあ一緒に行く」と言ったんだ。

藤田は、明らかに動揺しているんだよね。彼は決心をもって共産党に入っていたから、そういうふうに党から切られかねない状態になったのは、たいへんなことなんだ。それで、千駄ヶ谷の駅で待ち合わせて、代々木の共産党本部に行ったんだ。私の生涯で、共産党本部に入ったのはそのときだけだ。そうしたら、むこうでは二人が、査問をするために待っていた。だから一緒に行ってよかったと私は思っているんだ。つまり、藤田が一人で二人と対したら、さらに動揺が激しくなる。

小熊 査問に付き添うということが、可能だったんですか。

鶴見 私が共産党本部に入っていっても、誰も阻止しなかったね。査問をする部屋に行って、藤田が前に坐ると、後ろの方の椅子を与えられて私が坐っていても、「むこうに行ってくれ」とかは言われなかったな。

査問のほうも、口調はていねいだったね。むこうは、「こういうふうに公然と共産党を批判しますと、やがて利用されて共産党の敵陣営に組み換えられることになります」とか、「そういう歴史的傾向があります。そのことをお伝えしたかったんです」といった調子で、穏やかなんだ。

そのころ共産党は、除名や分裂があいついでいたんだ。構造改革派がそのあと除名されていくし、のちにべ平連の事務局長になる吉川勇一も、原水爆禁止運動の内紛でこのあと除名だよね。しかも藤田の査問から半年くらいしか経たないうちに、査問をやった当人から私に連絡が来て、「雑誌を出すから来てくれ」と言うんだよ。それで私が行ったらその二人がいて、「この前は失礼いたしました」と言うんだ。彼らも共産党に改革について進言したんだけど除名されて、新しい機関誌を出したいって言うんだよ。

上野 ああ、もうほんとにそういう状況なんですねえ。

鶴見 その一人は内野壮児で、もう一人は内藤知周だ。

小熊　藤田さんは、査問のときに、どのようにお答えをなさっていたのですか。

鶴見　藤田は反論しなかった。とにかく私は、その査問の初めから終わりまで、そこにいて聞いていた。三〇分足らずだったと思う。

小熊　藤田さんや武井さんは、その後除名されてしまったわけですね（この声明に賛同署名した針生一郎氏の藤田省三氏追悼文「独住思想家の光芒」『みすず』五一〇号によると、針生氏は査問の呼び出しを無視し、新日本文学会の有志で同様の趣旨の意見書を提出したところ、一九六二年一月に武井昭夫・関根弘・花田清輝・安部公房・大西巨人・針生一郎など一八名が除名されたという）。

鶴見　そうです。だけど藤田はあの査問を受けて、しばらくは首がつながったんじゃないかな。最後は党から離れたけどね。山田宗睦なんかも、発起人じゃなかったんだけど、あの声明に賛同の署名をして、あとで除名されてしまった。柳田謙十郎は、賛同署名したことを後悔していて、あとで葉書で取り消してきた。

小熊　その前の、『転向』のお仕事をなさっていたときは、藤田さんに共産党からなにか言ってきたというのはなかったんですか。

鶴見　それはなかったと思う。少なくとも査問とかはなかった。『転向』の第一巻に対しては『赤旗』に長い書評が出て、私は下らない書評だと思ったね。共産党には別の転向論があって、私たちの共同研究は、そこから外れたものだというふうに見ていたと思う。だけどそのことでは、党員の執筆者を処罰したりはしなかったね。それがあの声明のほうがとがめられたのは、ブントの連中の肩をもったと思われたのが理由じゃないかな。

私はこの藤田の査問については、事実として証言する値打ちがあると思っている。だけど、藤田が書くべきだと思っていた。ショックを受けた当事者が言うことと、立ち会った人間の言うことは、ちがうからね。だから、藤田が私の証言を正気で読んだら、「これはちがう」と思うかもしれない。でもこの話は、もう私が話しておかないと、消えてしまうからね。

国民的歴史学運動と女性史

小熊 ところでちょっと話が一九五〇年代にもどりますけれど、『思想の科学』ではサークルを重視しましたね。やはり五〇年代にサークルでの運動をやっていた石母田正さんらの国民的歴史学運動や、谷川雁さんの「サークル村」などの活動については、どう思われていたんでしょうか。

鶴見 和子は石母田と一緒に活動して、職場サークルで『母の歴史』とか『エンピツを握る主婦』とかの文集発行をやっていた。私は直接には交差しなかったけどね。だいたい和子は、敗戦直後は共産党に入党していたから。

毎年の敗戦記念日に三人交替で坊主頭になる（1962年８月15日。右から山田宗睦，鶴見，安田武）

上野 和子さんは、いつごろまで党員だったんですか。

鶴見　その後、共産党が一九五〇年に分裂したりした時期までに、やめたと思う。敗戦直後は、共産党が戦争に抵抗したということが圧倒的に信頼を集めていたから、知識人で入党する人は、とても多かったんだ。中井英夫まで入党したんだから。

だけど私は、基本的には懐疑論者なんだ。科学的に決定された法則に沿って歴史が動くということを信じていない。だから共産党にも入らなかったし、石母田正たちがやっていた民科（民主主義科学者協会）には、違和感があった。

小熊　国民的歴史学運動は、共産党の内紛や方針転換にふりまわされて、サークルを通じた動員数の拡大だけ押しつけられるようなかっこうで挫折してゆきますよね。石母田さんは、それを後悔していたようですが。

鶴見　石母田正は、いい人間だった。五〇年代のいつだったか、石母田は『思想の科学』と民科を対比して、「あなたがたの方が立派だった」とまっすぐに言った。共産党の公式路線からいえば、『思想の科学』のサークルは思想性もなにもない、ということだったはずなんだけどね。

小熊　それを石母田さんは、五〇年代に言っていたんですか。

鶴見　彼は自分から言ったんです。ものすごく誠実な男だ。共産党の方針だけじゃなくて、石母田の歴史哲学にもまずいところはあるんだ。石母田にも責任があるのは確かなんだ。責任に対して、はっきり自分で認めるのは、まっとうじゃないか。

民科のフラクションの長だったもののべ・ながおきという人も、ある種の誠実さがあったね。彼が民科の運動を政治的に引き回した人なんだけど、彼はそのことを反省して、六〇年代の末に『朝日ジャーナル』に書いている。これは重要なドキュメントだ。そして彼は、ベ平連に入ってきた。

上野　私も石母田さんの誠実さは、小熊さんの『〈民主〉と〈愛国〉』の記述のなかで、印象に残りました。

鶴見　ずっとあとの八〇年代の話なんだけど、ある賞の選考委員をやっていたことがあるんだ。選考委員は年寄りが多くて、そのときのいちばん若い委員が司馬遼太郎で、その次に若いのが私だった。それで八十歳以上の委員なんかは、最終選考に残った本なんか読んでいなくて、おまけに早く帰りたいものだから、けっこう私の意見が通っていたんだ。

それであるとき、例年どおり賞をあげる本を二つ選んで、賞のスポンサーの会社の人が受賞者に電話をしたら、一人が受賞を断わってきた。もう大先生の委員は帰っちゃって、また集めるわけにいかないから、今年は受賞作は一つだけということになった。しかしそのあと、私はその断わった人と対談をしたんだ。それが、網野善彦なんだ。

小熊　そうですか。それがあの『歴史の話』（朝日新聞社）ですね。若いときの網野さんは石母田さんのもとで、国民的歴史学運動の活動家をしていた。

鶴見　そう。それで彼に、いろいろ聞いたんだよ。「網野さんの先生は誰ですか」と聞いたときに、ふつうは「誰々の弟子です」とか、先生の系統を言うでしょう。彼は、「強いていえば自分です」と言ったんだよ。

しかもそれは、こういうことなんだ。国民的歴史学運動の時代に自分の書いた論文は、政治に引き回されたなかで、その図式に乗って書いたもので、「歴史学の論文として問題にならない」と。それを「自分の前に置いて、冷や汗を流す。これが自分の先生である」と言うんだよ。これは驚いたね。えらい人がいる、と思ったんだ。

考えてみると、国民的歴史学運動というものは、そのような形で実りを残した。網野は中世史について、日本史について、新しい道を切り開いたんだけど、そのもとは民科の運動にあるんだ。そして彼が道を切り開けたのは、負け戦をちゃんと見ていたからだ。負け戦のときに目を開いていることはたいへんに重要で、それが次のステップにつながるんだ。

上野　勝ち負けも大事だけど、負けたときにどういう負け方をするかが、もっと大事なんですね。

鶴見　さっきも言ったように、竹内さんなんかも、六〇年安保のときに、「下手に勝つくらいならうまく負けるべきだ」と言っているでしょう。

そういうところまで見ている点が、小熊さんの『〈民主〉と〈愛国〉』の国民的歴史学運動の整理は、いいと思ったね。単純に民科を擁護するっていうんじゃなくて、まちがいをよく見た上で、その後につながったことを書いている。藤田省三が『戦後日本の思想』(中央公論社)でやった民科の位置付けよりも、こちらのほうがいい。藤田のは、民科の運動が失敗した直後の時期だったこともあるんだけど、批判だけが前面に出てしまったからね。

小熊　ありがとうございます。私は一昨年に、網野さんと長い対談をしまして(網野善彦対談集『〈日本〉をめぐって』講談社に所収)、いろいろな経緯を聞き、それを『〈民主〉と〈愛国〉』の国民的歴史学運動の章の記述に反映させました。

上野　あの章は絶品でしたよ。

鶴見　民科のサークル運動についても、まったく自生的なものや、面白い記録がある。『母の歴史』なんかも、内容は悪くない。石母田は、高学歴の父親ではなくて、学歴を持たない母親が自分を支えたという視点を持っていたから、ああいうものを打ち出せたんだ。問題なのは、それを政治的な支持を増やすことだけに持っていっちゃったことだね。

だけどそれは、それじたいとしては失敗だったけど、次につながったんですよ。民科の影響で、一九五〇年代にはたいへんな数のサークルが方々にできていた。それが六〇年安保の「声なき声の会」につながったり、ベ平連のときに各地にいろんなグループができるもとになっているんだ。ベ平連のときは、もう共産党に強制力がなかったから、かなり自由な展開ができた点もよかった。

小熊　『母の歴史』をはじめとした聞き書きによる女性史とかも、その後のフェミニズムにつながっていくといえば、そうもいえますからね。

この時期に女性労働者とサークルをやっていらした鶴見和子さんの著作を読むと、文章をうまく書けない女性労働者の声を知識人が代弁していいのだろうかとか、声を持たない民衆が声を持つにはどうしたらいいだろうかといった問題を書いている。私はあれを読んで、ガヤトリ・スピヴァックの『サバルタンは語ることができるか』（みすず書房）に刺激されて最近論じられているようなことの少なくとも一部は、和子さんが五〇年代に言っていたんだな、と思ったものです。

谷川雁と「サークル村」の女性たち

上野　五〇年代の国民的歴史学運動のなかで、すでに聞き書きによる女性史や民衆史が注目されていたということは、私も小熊さんの著作で教えてもらったことなんですが、そういうかたちで民科が試みたようなことが、六〇年代の後半から再び盛んになってきますね。あのころから、地方史と女性史のなかで、聞き書きがどんどん行なわれるようになって、草の根の女性運動の核の一つになっていきました。

ただその人たちのなかで、国民的歴史学運動が先駆者として意識されていたかといえば、そうではなかったと思うんです。むしろ共産党系の歴史学者の犬丸義一さんなどからは、当時の女性史は「理論の衰退」として批判されていました。

小熊　犬丸さんは共産党の分裂期には国際派で、所感派主導の国民的歴史学運動に批判的だった人ですから、そこは一貫しているといえば一貫しているんですよ。歴史学界のなかでも、五〇年代後半以降は、国民的歴史学運動のようなやり方はだめだ、とされていくわけですし。

上野　ミクロに見ればそうですけど、マクロに見れば、共産党の影響力が低下したからこそ、女性史が台頭できたとも言えると思うんです。あの当時、リブも何もなくて、手探りで何をやっていいかわからないという状態のなかで、各地にまず最初にできたのが、女のルーツを探るという女性史のサークルでした。

当時は女性史の本といっても、井上清さんが敗戦直後に書いた『日本女性史』ぐらいしかない。あれはあまりに公式的で、読みたくない。そこで読むものがないというときに出てきたのが、六八年から刊行された理論社版の高群逸枝の全集だったんですね。そのあと、とにかく先輩の女性に聞こうということで、聞き書きという手法が出てきました。

そこでそういう女性史の担い手たちのなかで、先駆者として意識されていたのは、九州で谷川雁さんが組織していた「サークル村」にいた女性たち、つまり森崎和江さんや石牟礼道子さん、河野信子さん、それに中村きい子さんなどだった。彼女たちは、いわば五〇年代のサークル運動と、六〇年代のリブを橋渡ししたような存在だと思います。鶴見さんは彼女たちのお仕事についてはどう見ておられますか。

鶴見　評価していますよ。中村きい子は『思想の科学』に投稿してきて、その初めの投稿がよかったんだ。地元のおばあさんとの対話の記録だよ。七十歳くらいになって離婚して、一人で掘っ建て小屋をつくって、下らない旦那に引き回されない最後の年月を生きたという女性でね。女と女が語らうなかで生まれた、女の哲学なんだ。

谷川雁も、おもしろい人だったね。高慢な男で、人を人とも思わないところがあったけど、詩人としての力はあった。

上野　倣岸な人だったということは、よく聞きますね。

鶴見　谷川雁に初めて会ったのは、日高六郎の学士会館の宿でだったと思う。いつもいばっていてね。桑原さんなんか、京大文化祭の控え室で雁を初めて見たんだけど、「私に目もくれない奴がいたけど、あれが谷川雁だったんじゃないか」と私に聞いてきたくらいだ（笑）。チョムスキーも、来日したときのシンポジウムで雁に会っているんだけど、「Strange Poet」とか言っていたそうだ。これも桑原さんから聞いた。おもしろい男だよ。

谷川雁は、人に点数をつける。「一番中村きい子、二番森崎和江、三番石牟礼道子」とか、そういうふうに私に教えてくれた。

上野　そうやって、ライバル意識をかきたてたんでしょうね。

鶴見　私だったらそんなことは言わないよ。それぞれにいいんだから。それに谷川雁ってのは、いろんな女性に手を出すという意味でも、とんでもない奴だったんだよ。

上野　そうですね。森崎さんと同居なさったわけですけれど、石牟礼さんにも気があったそうですし。

鶴見　石牟礼道子の『西南戦争覚書』なんかも、『思想の科学』に投稿してきたものです。これも谷川雁に勧めを受けてね。そういう意味ではとても世話になっているんだけど、むこうも世話をかけた（笑）。谷川雁と付き合っている女性が私のところに隠れているっていう誤伝まで出て、別の女性が追いかけてきて、雁を奪還したいと思って私を脅迫したりなんかして、それはうるさかったね（笑）。無茶苦茶な男なんだよ。

上野　谷川さんは五〇年代には共産党員だった方で、石牟礼さんも一時は党員だったはずですけれど、石牟礼さんや森崎さんはあまりマルクス主義とは関係なくご自分の文章をつくっていったと思います。

鶴見　やっぱり思想的にどうこうより、谷川雁という強烈な個性に、触発されたっていうことはあったんじゃないの。森崎和江なんか、ほんとうにそうだよ。

森崎は植民地の朝鮮で生まれて、そのころから朝鮮の少年たちに同情を持っていて、日本人のなかで孤立していた。学校の先生だった森崎の父親は、朝鮮人の少年を守ろうとして孤立していた。それで戦争に負けて、九州に引き上げてくるんだけど、九州では引揚者あつかいだし、もう朝鮮にももどれないから、どこにも故郷がなくなる。そのなかで弟が、進歩的な学生たちのなかに入っていって、自殺してしまう。そういう何重もの衝撃のなかで、自分が持っている点のようなものを開いてくれたきっかけが、谷川雁なんだ。

だけど彼女が書いたものは、最初は谷川の影響が強すぎて、谷川の模倣に終わっていたんだ。何度も投書してきたんだけれども、森崎の文書は掲載しなかったんだ。ところがあるときから、谷川の影響からも離れていって、仕事が良くなってくる。文体が独立してくると同時に、内容も変わってきた。それからの森崎は、すばらしい。

中村きい子と石牟礼は、初めから雁の模倣じゃないんだ。自分の文体を持って出てきた人だよね。これは、自分の女性としての体験そのものに根があるっていう感じがするんだ。

リブの評価をめぐって

小熊　鶴見さんは、七〇年ごろから出てくるリブについては、どう思っておられたんですか。

鶴見　自然発生的なリブというのは面白いと思うね。そうじゃなくて、アメリカには完成した理論があるとか思っている人は、一応うかがっておきますっていうことになっちゃうんだよ。

上野　あのね鶴見さん、日本のリブは輸入リブではないですよ。理論が導入されるのは七〇年代の半ばになってからで、日本のリブというのは自前の思想です。

鶴見　そうなの？　まあ私は、田中美津さんは面白いと思っているんです。

小熊　日本のリブの草分けとされる方ですね。

鶴見　彼女はまったく地生えの人だから。メキシコに行ったり、自分でいろんな擦り傷をつくったりしながら、そこから考えや人生のコースを変えていくからね。あれは、面白い人だなあと思う。

上野　それだけじゃないですよ。リブはね、あの当時の学生運動というか、全共闘運動に対する深い失望から出てきていると思います。

鶴見　そうなの。

上野　田中美津さんも、リブを始めたり、メキシコに行ったりする以前に、ずっと学生運動と同行してきましたからね。一九六〇年代末に全共闘が解体した後で、初めて女だけのデモがあり、それが日本のリブの産ぶ声でした。そのとき、田中美津さんの書いた、有名なビラの文章「便所からの解放」が登場します。

鶴見　私は、田中美津は自分で考えた人だと思っています。

上野　そのとおりです。ですが、それに加えて、彼女が新左翼の活動家で、男の活動家と一緒に大義を信じて運動をやってきてみたら、こんなに裏切られたと言っていることに、自分と大きな共通点を感じます。彼女のリブは、「エリートの男子学生が自己否定と言う。しかし自己否定するほどの何が女の自分にあるだろうか。何故私は自分を否定しなくてはならないか。肯定されたことなど一度もなかった私が」ということが出発点になって、始まるわけです。

鶴見　そういうことは知らないんだよ。

上野　私もそんなにつき合いがあるわけじゃありませんし、彼女は東京、私は京都で、世代も少しずれているし、細かいことは知りませんが、読めばそう書いてありますもの。大義を掲げて同行していた男たちに対する批判と、裏切られてえらい目にあったっていう気持があると思います。

鶴見　うーん。

上野　だからリブは、日本で女性運動が、大義や正義を掲げた男の運動から自立した最初の運動だったんです。それまでは、社会主義婦人解放運動にしろ民科にしろ、男と同行してやってきたわけですからね。「もうアンタとは同行しない」と言ったのがリブだったと。こう、つい力が入りますねえ(笑)。

鶴見　いや、私は田中美津とは接触がないんだよ。

上野　でも著作は読まれたのでしょう？　森崎さんにも、谷川さんの影響下で「サークル村」で男たちと同行して、炭鉱労働者の支援活動をしていた時期がありました。だけど森崎さんは、活動仲間の女性が、男性の活動家によって強姦された事件をきっかけに、谷川さんから離れます。運動の団結を乱さないために、その事件を表ざたにしないことを選んだ谷川さんと訣別した。女の強姦よりも大義が大事だという男と、そこで道行きを訣《わか》ったわけですよ。私はそれから、彼女自身の、もの書きとしての活動が始まったと思っています。

鶴見　そう。それは知らなかった。

上野　森崎さん自身がそう書いていらっしゃいます。ですから、女が女としてものを書いたり、女が思想の主題になるということは、男との同行を絶つということでもあるんです。

田中美津さんたちの行動に刺激をうけた女性たちが集まって、リブの運動が起きます。自分たちは男に裏切られた被害者であるといって、運動を始めた。ピンク・ヘルメットの中ピ連は典型でしたね。そういう動きをどう思っておられました？

鶴見　私のなかからは、「女なんて」とかいう言葉は、口が裂けたって出てこない。だけど女性については、自分が不良少年出身だっていうことがネガティヴに作用するんですよ。女性に接近しないようにしているんだよ（笑）。

上野　ということは、そういう運動が起きたときも、できるだけ触れないでおこうと。

鶴見　女が新しい歴史をつくるというテーゼは、私はまったく賛成です。私の家族にしたって、私の親父じゃなくて、私のおふくろが結局は真っ当なんだ。だけど、私は散々おふくろの被害を受けた。まったく殺されるに近いところまで追いやられたけれども、とにかく生き残ったから、私は敵に対して手を差し伸べるっていう感じなんだよ。

それから、親父に対しては、なんとなく、弱いものいじめをするのは嫌だっていう感じなんだ。つまり一番病の奴というのは、人間的にも倫理的にも弱いんだよ。だから親父のことは書きたくない。親父が偉い人だから書かないんじゃないんだ。親父は私との関係でも、おふくろとの関係でも弱者なんだよ。

だって親父は世俗的な人だから、自分の細君が自分を引き上げてきてくれたことを知っている。親父はほんとうに貧乏学生として、頭脳一つの力で一高までは来た。それで、新渡戸稲造が媒介者になって、後藤新平の娘をもらったでしょう。ところが、ここで私は後藤新平を買うんだけれども、親父には高い地位の世話をしてやらなかったんだ。親父はそういうことに不満だったんだけれども、とにかくそういう娘の婿にしてもらえて、急に階級的に上昇して世間の扱いも違ってくるから、感謝していたね。

だからそういう関係のなかで、親父は弱者なんだよ。そしてもともと親父は弱い人間で、社会的には偉くなったけれど、おふくろはものすごく愚かな人間で、だけど真っ当な人間で、真っ当な人間の強さを持っていた。これは人を圧迫するんだ。だから、私に対しても滅茶苦茶な圧迫をした……。

上野 そうすると鶴見さんは、ご自分の生活体験のなかでは、女が弱いとか被害者だとかという感覚を、まったくお持ちじゃないわけですね。お父さまよりもお母さまのほうが強者だったと。

鶴見 うーん、だから、私もおふくろのことを我慢した。親父もよく我慢した。お互いよく我慢したなあという、そういう感じ(笑)。だから最後に、親父とは和解できたんだよ。もう強者に対する戦いは終わった、握手しようという……。

上野 もう一つおうかがいしたいのは、鶴見さんは若いころ放蕩をやってこられた。そういうときに、金で買われる女に対して、彼女たちを被害者として考えるというか、彼女たちの弱さや悲しさなどは、感じられましたか。

鶴見 感じていました。だけどそれは、逆転していく。あるときに気がついたんだ。結局、この女性たちが俺を受け入れてくれたのは、自分が裕福な階級からきているからだったたってね。そういう疑惑が自分のなかに、十五歳くらいで生じた。そうすると、「もうこれはだめだ」と思ったんだ。それが、放蕩から足を洗おうっていう気になった理由でもあった。

上野 やっぱり鶴見さんの若いころは、階級の差がすごく大きいわけですね。男女のちがいよりも、階級のちがいで強者と弱者の差が出てくる。高度成長の末期にリブが登場したのは、そういう階級差があるていど平準化して、男女の差のほうが目立つようになったという歴史状況が背後にあったからだと私は思っています。

まあそれはそれとして、くどいようですけれど、リブの女たちが自分は男社会の被害者だって言いだして運動を始めたことは、どういう気持で見ておられました？　女が自分は被害者だと言うと、「そんなバカな」という気持を持たれます？

鶴見 あのねえ、私の観察では、強い人間とあんまり強くない人間がいるんですよ。親父は強くない人間で、おふくろは強い人間だった。一番病の人間っていうのは、大体強くない人間なんだよ。たとえば清水幾太郎なんかを見てても、強い人間だとは思えないんだ。そういう弱い親父が、よくあのおふくろに耐えたなあっていうことは感心する。

吉本隆明という人

少年兵の世代の思想家

小熊　ところで鶴見さんは、吉本隆明さんのことは、どう評価なさっておられたんですか。

鶴見　吉本より年長の世代の知識人については、私は戦争中に見放してしまった。戦争になれば戦争の旗を振って、アメリカに負けたらアメリカの旗を振るのか、とね。

そして吉本の世代のほうにも、全然期待していなかった。だって彼の世代は、六歳ぐらいから満州事変で、軍国主義教育で塗り固められているでしょう。この世代からは、なにも出てこないだろうと思っていたんだ。ところが一九五五年に、吉本が書いた「前世代の詩人たち」という評論を読んで、とても感心した。

小熊　共産党系の詩人たちが、戦争協力の詩を書いたことを隠蔽していたことを暴いた評論ですね。

鶴見　私は発表の時点からちょっと遅れて読んだんだけれども、これは、と思ったんだ。

あの評論では、まったく独特のやり方で左翼の戦争責任に切り込んでいるわけ。共産党員である壺井繁治が、戦争中は鉄の供出を称える詩で「南部の鉄瓶」に兵器になって戦えと書いて、戦後は同じ「南部の鉄瓶」が民主主義のもとで民衆生活を支えているという詩を書く。同じメタファーを平気で使える。詩人はこれでいいのか、という趣旨なんだよね。

これはつまり、言葉に対する潔癖さの問題なんだよ。ほかから普遍的な権威を借りてくるとかじゃなくて、そういう独自の批判の足場をつくっている。しかも、相手をはっきり名指しで批判した。私はとても感心して、その後は吉本が書いたものはなるべく読むようにした。それでさかのぼって、彼がその前に書いた『マチウ書試論』とか『固有時との対話』とかを読んで、独立的な権力批判の場が現われたと思った。それから一貫して私は吉本に好意を持っている。

だから、吉本が丸山さんを批判したり、花田清輝と論争したのには、相当にまいった。

小熊　まいったというと？

鶴見　だって、丸山さんも花田も、私は評価しているんだから（笑）。

小熊　吉本さんが丸山さんを批判したのは、六〇年安保闘争後の「擬制の終焉」という有名な論文と、そのあと一九六二年に発表した『丸山眞男論』ですよね。民衆から遊離した特権的なインテリで、戦争を傍観者としてすごし、日本共産党に結果として同調しているという趣旨です。丸山さんはなにも反論しなかったけれど、全共闘の学生たちにその批判が受け入れられて、相当気にしていたようです。

鶴見　丸山さんへの批判については、一点の根拠が吉本にあると思った。だって丸山さんは講演で、ファシズムというのは亜インテリがつくった。皆さんは東大に入られたんですから亜インテリではありませんと言ったんだ。それはまさに私が反対している思想なんだよ。

小熊　ちょっとちがうと思いますが、そういうふうにも読める表現ではありましたね。まあ私も、丸山さんの気負いや孤高癖が鼻につくというのは、わかる気もしますが。

鶴見　ああそうか、正確にはちがうんだったたっけ（笑）。私は自分の偏見に沿って丸山眞男をねじげているな。

まあとにかく、吉本は丸山さんのそういうところに怒ったんだと思う。だって吉本は船大工の家系の出身で、一貫して在野の詩人であり評論家なんだ。だから吉本はもう、あいつを殴っちゃわなきゃしょうがないという感じになったわけでしょう。だから、吉本と丸山さんの対立でいえば、丸山さんが九点とって吉本が一点だとしても、私は吉本の一点に対して支持する。そういう気分なんだよね。

上野　吉本さんにいちばん最初にお会いになったのは、いつなんですか。

鶴見　「前世代の詩人たち」を読んでとても感心して、『思想の科学』の研究会に呼んだんだ。その頃の『思想の科学』は事務所を持っていなかったんで、明治大学の部屋を一つ借りた。わりと小さな部屋で、集まりも少なくて、十数人くらいだったかな。そこに吉本を呼んで、話をしてもらったんだよ。それが初対面。吉本はそのときに、花田清輝をもっと評価しなきゃいけないっていう話をしたんだ。それは活字になっていない。

上野　へえー。花田の『復興期の精神』には、私も魅了されました。十代の頃、書くならこんな文章を書きたい、と思いました。

小熊　吉本さんは、最初は花田の『復興期の精神』を高く評価していましたからね。一九五六年に座談会で対立してから、花田批判を始めた。

鶴見　そう。そのあと、吉本・花田論争が起こる。だけどあの論争というのは、私は全然興味がなかった。

小熊　ほとんど内容のない罵倒合戦でしたからね。

鶴見　それで、私は吉本批判を書いたんだ。臼井吉見の編で筑摩書房から出ていた、『現代教養全集』の月報にね。こんなくだらない論争をするくらいなら、吉本は文筆をやめて、相撲取りになれって書いたんだよ（笑）。

上野　それはそれは（笑）。

鶴見　だけどそういうことを書いても、吉本は私には怒らないんだよ。丸山さんに対するように、メチャメチャに怒ってくるかと思ったら、全然だった。吉本の私に対する態度は、意外に礼儀正しく控えめなんだよ。

上野　なぜでしょう？

鶴見　ヤクザの身振りに対する共感じゃない（笑）。つまり、体を張って動いている者どうしの共感。六〇年安保の六月十五日だって、私と吉本は五メートルくらいしかちがいはない。私は、あそこで殺されても結構だと思っていたからね。それを吉本は認識していたと思うんだ。

だから六〇年安保のあとに、吉本とか谷川雁とか埴谷雄高なんかが共著で『民主主義の神話』（現代思潮社）という本を出して、吉本は「擬制の終焉」をそこに書いて、丸山さんを叩いた。でも私にはなにも言わない。黒田寛一もあの本に書いていたけれど、彼でさえ、私を名指して悪口は言わない。

小熊　なるほどね。

鶴見　六〇年安保みたいな、ああいう波があったときに、やっぱりやっている人間と、動かない人間はちがうんだよ。そういうことだと思う。ヤクザってそういうものなんですよ（笑）。

あと吉本というのは、信義に厚いんだ。彼は敗戦直後に東京工大の化学科を卒業したんだけど、私は時期はちがうけれど東京工大にいたわけだから、いろいろ彼の学生時代のことも聞いている。あの大学にいた遠山啓が、吉本を非常に高く評価しているんだよ。

遠山のいうには、学生時代の吉本たちが勉強したいといって、敗戦直後の食糧難の時期に、自分たちで牛肉を手に入れて持ってきて、遠山啓を招いて量子力学について話をしてもらった。そしてそのあと、牛肉ですき焼きをして一緒に食べたという。物でお礼をしたんだね。吉本というのは、そういう世間的な義理堅さがあるんだよ。

それでそのあと、吉本が就職した東洋インキの組合活動で彼が会社を追われたときも、就職口を探してやったのは遠山啓なんだ。長井長義の息子がやっている特許事務所に吉本を世話してね。吉本は非常に真面目にそこで勤務しているというので、長井が喜んでいると遠山啓は言っていた。

そういう知合いの情報で、吉本は非常に信義のある男だということが、私のところに伝わってきていた。だから、時代の風向きであっちに旗を振ったり、こっちで大言壮語したりするような人間じゃないと思ったんだ。それで、「前世代の詩人たち」を読んでから、会ってみようと思ったわけ。

全共闘と吉本

上野　そのあと六〇年代に、吉本さんは若者たちのカリスマになっていきました。そのことはどう評価されますか。小熊さんの『〈民主〉と〈愛国〉』には、吉本さんも一章割いて取り上げてありますが、私は小熊さんの吉本さんに対する見方が冷たいなあと思いました。吉本さんの思想の内容よりは、いわば景気のよさというか、権威を蹴飛ばしてくれるような威勢のいい姿勢が共感を呼んだという、わりと実も蓋もない評価ですね。

鶴見　それは事実でしょう。

上野　そうですか（笑）。でも六〇年代にあれだけの影響力を獲得して、その影響力が一〇年は続きましたからね。それをどういうふうに見ておられます？

鶴見　一〇年というのは、何年から何年と考えているんですか。

上野　六五年から七五年くらいまでですね。七〇年代の後半からは、吉本さんは大衆文化論に急速にシフトして、それで吉本さんへの評価は割れていきます。

鶴見　私が吉本の著作をおもしろいと思ったのは、五五年の「前世代の詩人たち」から一〇年くらいなんです（笑）。吉本は変わっていきますからね。六〇年安保のあとは「政治集会に行くくらいなら昼寝をします」と宣言して出てこなくなるし、六六年の『言語にとって美とはなにか』とかあの辺りになると、あんまりおもしろくなかった。

だいたい吉本は、学問的な仕事を読んでいないんだ。言語についても、マルクス主義者の言語観しか知らない。ブルジョワ言語学と呼ばれるものがどれだけのことをやってきたか、知らないんだよ。だから『言語にとって美とはなにか』で吉本が言っていることは、間違ってはいないけれど、マルクス主義に対して新しいものを付け足したという評論です。だから、吉本に信仰をもっている若い学生みたいに、うわっと驚くということはなかった。

上野　そうですか。

鶴見　それよりは、むしろ吉本の最近の仕事を評価するね。介護とか、老いとのつき合い方とか、生活の知恵について書いたもの（笑）。吉本が言うには、杖をつくとそれに依存して体がなまるっていうんだ。だから今日も吉本理論を応用して、杖を持たないできているんだ（笑）。

上野　『共同幻想論』についてはどうでしょうか。六八年に出て、全共闘の学生たちに衝撃を与えました。

そのなかで「対幻想」という概念をつくり出して、男女の関係というものが、国家と同じくらい考えるに値する問題だということを打ち出した。これに私も、大きな影響を受けました。

『共同幻想論』は、国家は幻想だ、と言ったことが何より最大のアピールでした。国家による呪縛を、あんなに簡単に蹴飛ばしてくれたものはなかった。後になって、岸田秀さんの『唯幻論』のような焼き直しが出てくるんですけども、国家を共同幻想だと言い切ってくれたというところに多くの男たちがしびれた、というのはよくわかります。

鶴見　なるほどね。

上野　だから、ベネティクト・アンダーソンの『想像の共同体』（NTT出版）が出たときには既視感がありました。アンダーソンの本は八〇年代末に日本でも翻訳されましたけど、外国の輸入思想を今どきもてはやすよりも、一〇年も二〇年も前に、日本では吉本という思想家がこんなことを言ってたぜという感じが、一部の人たちにはありましたね。

鶴見　『共同幻想論』は、『言語にとって美とはなにか』よりは面白い。自分の暮らし方の問題と、『古事記』やなんかをつなげているところが、面白いと思う。

小熊　私に言わせれば、国家や民族は近代資本主義の産物だというのはマルクス主義の常識だったわけで、日本の歴史学でも一九五〇年ぐらいまでは、天皇制も「日本国民」という意識も、明治になってからできたんだと言っていたわけです。アンダーソンの『想像の共同体』も、どちらかといえば、そういった常識的理解の延長で出てきたと思います。出版印刷がナショナリズムをつくったということも、マーシャル・マクルーハンが一九六〇年前後から言っていた。

それを考えれば、吉本さんの『共同幻想論』は、むしろ国家や民族の起源を、わざわざ古代までひっぱった著作です。それなのに当時の学生が、「初めて国家の呪縛を蹴飛ばしてくれた」と思ったとすれば、それは彼らがものを知らなかっただけのことではないですか。私からみれば、ナショナリズムを近代の産物とみなすアンダーソンと、古代にこだわる吉本さんの『共同幻想論』が、どうして上野さんにとっては並列に評価できるのか理解に苦しみますね。

上野　ご講義をありがとうございます。私にも言い分はありますが、ここは、鶴見さんのお話をうかがう場ですから反論は控えましょう（笑）。

鶴見　『共同幻想論』が全共闘に人気があったのは、よくわかっていたけれど、ちょっと困ったものだと思っていたね。

たとえば全共闘運動のときは、私は同志社大学にいたんだけど、大きな立て看板が同志社大学にかかっていて、「幻想の大学を捨てて真の学問を黄金の我が手に」なんて書いてあったんだよ。私の立場からいえば、どうにもしょうがない幻想だ。「真の学問」が大学にあると思っているのかね。だいいち君たち学生は、そんなに勉強してるのかと。

当時の私は、大衆団交なんかでひな壇に立たされて、学生を相手にしたときに、言うセリフは決まっていたんだ。「あんな立て看を立てて、そのうちに君たちは閻魔さまに舌抜かれるぞ」って（笑）。だけど学生の方は私をなかなか指名しないんだ。しゃべらせないんだよ。「舌抜かれるぞ」とか言われるかもしれないと思うから（笑）。まあ彼らにとっては、ベ平連を敵に回すと自分たちの味方が減って共産党に負けちゃうという、政治的な計算もあったとは思うんだけどね。

上野　たしかに、「真の学問を」というのはナイーヴすぎると思いますけど、全共闘というのはもともと、幻想の解体のあとに何をつくるかまでは、あまり語らなかったんですよ。何かを獲得するという手段‐目的型の運動というよりも、異議申し立ての感情をあらわす表出型の新しい社会運動でしたから。

だからその立て看板でも、前半の「幻想の大学を捨てて」なんていうボキャブラリーは、吉本さんから借りてきているわけですが、そういう点でも、吉本さんの影響力は非常に大きかったですね。

鶴見　そうそう。だから当時、吉本に会ったときにね、「あんたの本がこんなスローガンのもとになったから困る」って言ったんだけれども。だけどよく考えると、吉本には責任はない。

小熊　先ほど鶴見さんは、吉本さんは時流にのって大言壮語をするような人間ではないと思ったから信頼した、とおっしゃいましたね。しかし六〇年代後半になると、それまで著作を書いても数千部くらいの売行きだった吉本さんが、いきなり万単位で売れる書き手になって、カリスマに押し上げられてゆく。

おそらく吉本さん自身も、何だかわからないうちにご自分の影響力が巨大化してゆく状態にとまどっていたと思うんですが、七〇年前後の著作には、だんだん大言壮語が混じってきた感じがあった。あるいは吉本さん自身がそう思っていなくても、当時の学生たちがスローガンとして受け入れていったという部分がある。そのへんはどう考えてらっしゃったんですか。

鶴見　私は吉本式マスカルチャーというのは、とても困ると思ったね。

上野　吉本さんがマスカルチャーを論じるようになるのは、もっと後ですが。

鶴見　いやつまり、吉本がマスカルチャーになっちゃったんだよ（笑）。「幻想」とか「自立」とか、スローガンとして流行ってね。

真の「自立」なんて、私は自殺しかないと思うよ。自殺することに決めてその道を歩いていけば、真の自立は、最後のわずか何分間かはあるでしょう。私の考え方はそうだ。だから、吉本のつくりだしたスローガンについては、相当に疑惑があるね。

谷川雁の方はスローガンのつくり方が吉本よりもっと詩人的で変幻自在だから、マスカルチャーはついていけない。谷川雁にくっついて「原点、原点」なんて唱えながら歩いていけないんだ（笑）。

だから、詩人としての変幻の面白さは、谷川の方があると思ったね。

小熊 吉本さんにはそれはあまりない？

鶴見 そう思うね。逆に、じっと同じところに坐っている強味はある。

誠実な人間として

上野 鶴見さんの評価では、吉本さんが六〇年代にカリスマになったのは、時代に押し上げられたなかで、引っ込みがつかなくなったということでしょうか。

鶴見 押し上げられたというのは、そうだろうね。ただ彼がちゃんとしていると思うのは、そういうものを振り切って歩いていく道を選んだことですよ。だって生活の知恵の本を書くなんて、「引っ込みがつかない」とか思っていたらできないよ。だから彼が最近書いているものは、杖を使わない方法にしても、吉本思想のなかで私は活用している（笑）。

上野 その変転の途中経過はどうですか。七〇年代後半以降、日本が消費社会的な雰囲気に呑まれていったころに、吉本さんはあたかも時代に迎合するかの如く、マスカルチャー論にシフトしていきましたね。

鶴見 八〇年代に、ブランドの服を着るのがいいことかとか何とかをめぐって、埴谷雄高と論争しましたよね。吉本はブランドの服を着て、グラビアに写って。ああいうのは、やっぱりいただけないな。私が評価する吉本の著作は、「前世代の詩人たち」から一〇年くらいと、最近のものです。

上野　その中間は評価されないと。

鶴見　でも一人の人間として、戦争中からある種の誠実さをもって生きている人としては、評価している。そういう人は日本の知識人には少ないですよ。

たとえば私は、西部邁なんかも好きなんです。彼はとんでもない話をちゃんとするから。六〇年安保のとき自治会選挙でズルをやったとか、息子と包丁を持ってケンカしたとき細君に止められて助かったとか、そういう話を彼は書くでしょう。タテマエだけで威張っている人間と違うから、面白い奴だと思うんだ。

どこを切っても「公」のことを憂いているようなことしか出てこない人間というのは、好きじゃないんだよ。方解石という鉱物は、いくら叩いても両面体にしか割れないんだけど、そういう感じでどこを叩いても「公」のかたちが出てくるっていうのは嫌いなんだ。そういうタイプの知識人は、まったく明治以後の学校教育の賜物だと思っている。若槻礼次郎みたいに、「私は捨て子でした」とか言える人がいいんだよ。

上野　しかし丸山眞男さんなんて、どこを叩いても「公」しか出てこないような文章を書いていたと思いますが。

鶴見　書くことはね。彼は書くとなるとすごく慎重で、抑えていたから。だけど昨日も言ったけれど、丸山さんは内側に狂気を抑えこんでいた人なんだ。だから藤田とか橋川みたいな狂人ぽい奴がいると、わざと遠ざけることになるんだよ。

丸山さんは、私のことも狂人だと思っていたんだ。たまたま私は丸山さんの弟子じゃなかったから、破門されなかったんだよ（笑）。もちろん私に直接、「君は狂人だね」なんて言わないよ。だけど私が六〇年安保のあと結婚したとき、私の妻にこう言ったっていうんだ。「もうこれで彼も、原稿が書けないからぼくの家に火をつけるなんて言わないでしょう」ってね（笑）。私にとっての丸山さんというのは、そういう存在（笑）。

上野　鶴見さんからみて、吉本さんは狂人でしたか。

鶴見　一途な一刻者の男だけど、常識は豊かだな。私の評価でいえば、吉本よりも谷川雁のほうが狂ってるし、谷川より藤田省三の方が狂ってるよ。丸山さんはもっとかもしれない（笑）。

小熊　さきほど鶴見さんは、戦争中に十代末から二十歳くらいだった「戦中派」世代から吉本さんみたいな人が出てきて驚いた、とおっしゃっていましたね。鶴見さんが戦争中に、とてもこのなかからはろくなものが出てこないであろうと思った皇国少年の世代から、こんなものが出てきたと。

鶴見　驚いたことは確かだ。吉本と私を比較した場合、敗戦のときに吉本は完全に思想的な基盤を崩されて、膝をついちゃったわけですよ。それでしばらく動けなかったでしょう。そのしばらく動けなかった者が、もういちど立ち上がってくる強さというものがあって、それが吉本の強味だと思うね。それは私にはありません。

小熊　私が思うに、その位置づけというのは、鶴見さんが戦争中にも、また戦後の戦犯裁判などでも一貫してこだわっているというか、ある意味で後ろめたさを抱いていた少年兵の世代から、こういうものが出てきたということに対する感情じゃないでしょうか。

つまり、自分は知識があったのに、戦争に抗議して立ち上がるということをしなかった。でもなにも知らなかった少年兵たちは、献身的に死んでいった。そのことへの後ろめたさがある。そして吉本さんは、その少年兵の世代から出てきて、戦争を批判するだけの知識があったにもかかわらず転向した人間の矛盾を突いた人だ、というふうに見なしたのではないですか。

鶴見　そうです。『戦艦武蔵の最期』を書いた渡辺清なんかも、その世代から出てきたんです。だから、私の盲点というか、痛いところをずばり突いたという感じだった。

小熊　なるほど。おそらくそれは、一九五五年に吉本さんが「前世代の詩人たち」や『高村光太郎』で出てきたときに、年長の世代の知識人たちが示した、ある意味で典型的な反応だったと思うんです。しかしそれは、上野さんの世代の吉本さんの受け取り方とは、全然ちがいますね。

鶴見　そうでしょうね。

小熊　両者に共通点があるとすれば、吉本さんは戦中に疑うことを知らない皇国少年で、一途に死ぬつもりだったというイメージです。そういう「純粋」な地点から、転向した知識人の「欺瞞」とか「擬制」、あるいは共産党の無謬神話の「幻想」とかを批判した。

しかしこれは『〈民主〉と〈愛国〉』で書いたのですが、吉本さんの著作をよく読んでみたら、「死を恐れぬ皇国少年」というイメージはほんとうは吉本さんが抱いていた理想であって、彼は実は死にたくなくて、父親の説得で大学に進学して兵役を免れたことがわかった。戦後はそれが心の重荷になっていたからこそ、「死を恐れぬ皇国少年」という自画像を書いていたと思うんですね。鶴見さんは、吉本さんの兵役問題についてはご存じでしたか。

鶴見　知りませんでした。あなたの本を読んで、初めて知った。

小熊　そうですか。彼の著作をよく読めばわかるはずなのに、なぜ当時のみなさんはそれが目に入らなかったんでしょうか。

鶴見　ただねえ、戦争中に兵役を待っているというのは、たいへんな重圧なんですよ。私は一九四二年八月に帰って来て、すぐに徴兵検査、その後に海軍の軍属に志願して南方に出てゆくのは次の年の二月だったけれども、その待ち時間というのはたいへんな苦痛だったね。

小熊　それはそうでしょう。

鶴見　吉本もその重圧のなかにいたわけで、彼は揺れていたんだよ。彼の親父が説得しなければ、吉本は兵役に行って死んでいたかもしれない。彼が迷うのも当然で、迷ったことを断片的であれ書き残しているのは、吉本は正直だと思う。

小熊　正直だと思いますし、私は兵役を免れたことを批判する気は全然ないんですよ。しかしたとえば『高村光太郎』で「死は怖ろしくはなかった。反戦とか厭戦とかが、思想としてありうることを、想像さえしなかった」とか書いたりしたのは、物書きとしてどうでしょうか。それから、ご自分は兵役を免れたことに罪責感をもっていたのに、丸山眞男さんを「陸軍一等兵として戦争に協力した丸山」（「情況とはなにか」）とか批判したり、野間宏さんの『真空地帯』に対しても「戦後作家が、戦争体験を内部に検証することを怠った盲点をしめす、まことに好個のエグザンプル」（「戦後文学は何処へ行ったか」）といった非難をしたわけですよね。

それでも通用していたのは、吉本さんが「死を恐れぬ皇国少年」だったというイメージをまとい、年長の世代が抱いていた少年兵たちへの罪悪感を、結果としてであれ利用できたからだと思うんです。

ああいう姿勢は、とても私はいただけないと思ったんですが。

鶴見　まあ吉本は、とにかく自分がこのままじゃ耐えられないと思うと、もう殴っちゃうんだね。いっぺん殴り始めたら、とことんまで殴りつづけるんだよ。そうやってしか、進路を開けない奴なんだ。だから私は、それなら相撲取りになってしまえ、なんて書いたんだけどね（笑）。だけど吉本本人も、後悔しているんだよ。

上野　そうなんですか。

鶴見　九八年だったかな。共同通信が新年対談を準備するという企画で、吉本が私に会いたいと言ってきたんだ。それで、東京に行ったんだよね。そうしたらもう吉本は、「お呼びたてしてすいません」とか、初めからそういう姿勢なんだよ。そして彼は、体調が悪いと言って、対談が終わったら飯も食わないですぐ帰っちゃった。そしてそのとき彼が言うには、「僕がいまこんなに苦しいのは、若いときにさんざん人の悪口を言ったからじゃないか」って。

上野　ははは、それはおかしい（笑）。身から出た錆ですね。

鶴見　ほんとうなんだよ。面白い話でしょう。だけど私は、「そうだ、ざまあみろ」なんて言えないじゃない。

「一刻者」の評価

小熊　鶴見さんによれば、吉本さんは頑固で一途な「一刻者」だと。鶴見さんは一貫して、そういう人を評価なさいますね。器用な世渡り上手の優等生とは、対極にあるようなタイプを。

鶴見 そう。とにかく一番病の人はだめ。

小熊 ブントの純真さへの評価も、それに近いですよね。

鶴見 そうです。あとで中核派の幹部になった北小路敏なんか、あるとき逃げ回っていて行き場がないとき、私の家に泊めたこともある。中核派の活動を評価したわけじゃない。私はヤクザな奴が好きなんだ（笑）。いい奴なら、別の派の奴が来たって助けるよ（笑）。

そういえば北小路は、去年だか一昨年だかに手紙をくれた。彼の細君が死んだときなんだ。あの細君は、ほんとうに北小路をよく支えた。女給とか、そういうことをやってね。北小路は彼女を終わりまで看取って、すごく悲しんで、私に手紙を書いてきたんだ。だから私も、彼に手紙を出して、率直に書いたんだ。私はブントの中執（中央執行委員）としてあなたがやったことよりも、あなたが自分を支えた妻を失ったことをほんとうに悲しんでいるその気持の方が、ずっと私の心に近いって。

私はブントの綱領が正しいとも、実現できるとも思ったことはない。だけど北小路に対しては、いい感じを持っている。彼は世俗の方にいけば、非常に高い地位に行けるだけの能力を持った人間なんだよ。それがそういうコースを捨てて、運動をつづけた。

ブントの連中はそういう奴が多かった。委員長の唐牛《かろうじ》健太郎は、六〇年安保のブントがなくなったあと、飲んだくれて早死にした。書記長の島成郎は、沖縄に渡って精神科医になった。いつだったか沖縄に行ったときにむこうから連絡してきて、沖縄そばをごちそうしてくれたことがあったけど、彼も最近死んだ。彼らはいい奴らだったね。

小熊　西部邁さんはどうですか。「新しい歴史教科書をつくる会」の理事をやったりして、保守論者になっていますけれど。

鶴見　西部も悪い奴じゃない。けれども、左翼運動に幻滅したあと急にチェスタートンとか担ぎ出して、保守だとか言い出したわりには、チェスタートンをあの頃にちゃんと読んでいたとはとても思えないし、いまもまともに読めているとは思えないね。むしろ彼は、『蜃気楼の中へ』（中公文庫）というアメリカ紀行とか、ああいうエッセイのほうが面白いんだよ。

上野　あれはいい文章ですね。

鶴見　文章もうまいし、たとえばパースについても、ポイントをつかんでバッと短く書いている。だから彼は、そういう実力はある男だと思う。

小熊　あの人は、大衆社会を批判したりしているんですけれども、当人は北海道の庶民家庭の出身で、東京のインテリ階層の出身じゃない。そういうところも、鶴見さんにとってはポイントになりますか。

鶴見　そう。庶民から出てきた人は、肩を持つね。

小熊　私も西部さんは、基本的にはいい人で、それなりに能力のある人だ、というのはそうだと思うんです。しかし、それがどうして「つくる会」なんでしょうかね。

鶴見　まあはっきりいって、あいつは軽率だね。

上野　たしかに（笑）。

小熊　西部さんもそうですし、それから先ほど話の出た上坂冬子さんなんかにしても、庶民出身で鶴見さんが高く評価する人が、どうして鶴見さんの志向とはちがって、保守に行ってしまうんでしょうか。

鶴見　まあ上坂冬子が現在到達している地点は、一刻者は好きだ、そうでない奴は嫌いだ、というだけなんだ。それだけが彼女の評価の基準なんだよ。保守とか革新じゃないんだ。

上野　その一刻さが向かう方向は、問わないという感じですね。

鶴見　いまはそうなっちゃってるね。

上野　人間の評価を、政治的な方向じゃなくて、その人の構えで見ていくというのは、その気分もわからないではありませんが、じゃあどっち向きでもかまわないのかとなると……。

小熊　鶴見さんは小林よしのりさんも、一時は高く評価なさっていましたよね。庶民から出た学歴社会への批判であると。あの人も、あっちに突っ走り、こっちに突っ走りという人ですが。

鶴見　あはは。申し訳ありません（笑）。『東大一直線』に感心したのでね。

小熊　まあ一途な一刻者というのは、軽率なものなのかもしれませんけど、そこが私はちょっと気になるんですね。

もともと、「嘘は嫌いだ」の純真さで押していくと、保守に行ってしまうという必然性がないでもないと思うんですよ。なぜなら、左派は理念を掲げているけれど、やっぱり政治でもあるので、嘘というか、理念とのずれが目立つ。それにくらべて日本の保守は、理念はなくて本音丸出しの金儲け主義だから、とりあえず嘘はなさそうに見えるという（笑）。

理念があれば現実とのずれがあるのは当然で、それが嘘にみえるから耐えられないといったら、本居宣長みたいに「からごころを去って、清き明き心へ帰れ」となるしかない。それは当然、「現実」

とか「伝統」とか「生活」の前で人間の理性の小ささを知れ、という主張になる。そうなれば、政治的には保守になりやすいと思うんです。私のみたところ、感性がよくて純真というか、ナイーヴな人は、若いころは「大人世界の嘘」を攻撃する過激な姿勢をとるけれど、年をとると保守になるというパターンが少なくないですね。

鶴見　だからまあ、あんまり固い、思いつめた姿勢じゃなくてね（笑）。軽率なのは愛すべきなんだけど、嘘は全部だめだとか、思いつめたのはよくないって（笑）。ほんとうに嘘のない状態に帰ろうなんて、現実には無理ですよ。やるなら自殺するしかない。

小熊　そこは鶴見さんの最大の矛盾ですよね。昨日の話に出た、戦争に純真に献身している少年兵と、適当にごまかしている老兵とでは、どちらが好きですかという問題と重なります。そもそも鶴見さんは純真な人がお好きだけれど、じつはお父さん譲りの政治的センスもあって、軽率には走らないでしょう。

鶴見　だから、私は悪人なんだよ（笑）。そこが矛盾しているといえばそうなんだけど……。

上野　小熊さんは解釈を急いでおられますね。昔の私を見るようだ（笑）。

小熊　ごめんなさいね。まだ若いんでしょう。

上野　いまのやりとり、面白かったでしょ（笑）。

鶴見　ははは（笑）。

小熊　上野さんは、そういうことを自分が言わねばならない立場になったことについて、どう思ってらっしゃるんですか。

上野　ああ、歳をとったなあ、と（笑）。ポジティヴな意味ですよ。

小熊　そうですね。歳はとりたいものですね。

上野　ええ。若い頃は恥ずかしいことをしてきたなあと……。ちょっと休憩しましょうか。和菓子を買ってきたんですけど、いかが？

アジアの問題と鶴見良行

戦後思想の空白項

小熊 おいしいお菓子ですね。今回は上野さんに、ずいぶんこまやかな配慮をいただきまして。

鶴見 ねえ。あの上野千鶴子さんに（笑）。

上野 私にも、身体化されたジェンダー規範がございましてね（笑）。それに私も、編集者能力がないわけじゃないんです。『女性学年報』（日本女性学研究会）や『ニュー・フェミニズム・レビュー』（学陽書房）を編集していたんですから。小熊さんも元は編集者だし、鶴見さんは『思想の科学』のベテランで、今回は編集者が三人集まっちゃった感じですね。小熊さん、お茶いただける？

小熊 いや、私も昔はずいぶんお茶を汲みました（笑）。座談会とか研究会とかで、偉い先生が来るでしょう。日高六郎さんとか山住正己さん、坂本義和さん、阿部謹也さん、そのほかたくさんの方にお茶をついでいましたよ。

鶴見 私も昔、二十代初めのとき、偉い人たちの横に坐っていたな。そのときに、大宅壮一は偉いと思った。人間の岩床というか、ボトムのほうで大宅壮一を見たわけ。金とか名声での評価とは別にね。

小熊 私もかつて、知識人と呼ばれる方たちが十数人並んで、会議室でお茶を出したり弁当を出したりしたときに、誰が自分で弁当の後片付けをするか、誰が私が行くまで片付けないかとかいうことを、いまでも覚えています。

上野 なるほど（笑）。お茶を入れたら、目を合わせて「ありがとう」と言ってくれるかどうかとか。

小熊 やっぱり二十三、四歳くらいの下働きの人間にとっては、そういうことが印象に残るもんですね。この人は無名の人間にどう対処するタイプなのか、ということでもあるし。

鶴見 それは大事なことです。人間の核に関わります。

上野 さて一九六〇年代の話の続きですが、全共闘やべ平連に行く前に、六五年には日韓条約が締結されました。植民地のことは、まだ昨日から話が出ていませんから、そこから行きましょう。

小熊 ちょっとさかのぼりますけど、敗戦直後には、かなり一般的に朝鮮人との接触が多かったですよね。小田実さんなんかも、闇市に行って朝鮮人と遊んだとか、そういう体験がその後の朝鮮との関係につながっている。鶴見さんはそれを体験なさったんですか。

鶴見 汽車のなかで一緒になったことがあるね。日本人が、誰か男性を馬鹿にするようなことがあったんで、私が立って擁護したら、それが朝鮮人だったんだ。

それで私はかばったつもりだったんだけど、その朝鮮人の男性は、「私も戦う術《すべ》は知っております」と言ったんだよ（笑）。まあ感謝はしてくれたんだけど、そのときはまいったね。つまり彼は、殴り合いをすれば勝つ自信があったんだろうけれども、自制していたわけだ。

小熊　なるほど。なかなかいい話ですね（笑）。

上野　朝鮮人の慰安婦と船底で会ったという話をお聞きしましたけど、日本が植民地としてアジアを支配している状況については、戦時中はどう思っておられました？

鶴見　大東亜共栄圏というのは、ナンセンスだと思ったね。そんなものは、それこそ日本が朝鮮や台湾を支配しているという状況を解体しなきゃできないっていうことを、どうしてわからないんだろうと思ったよ。ジャワで聞いていたニューデリー放送がよかったのは、放送を計画していたジョージ・オーウェルが、そういう矛盾に気づいていたからなんだ。

どういうことかというと、インドの独立運動のチャンドラ・ボースが、イギリスとの対抗上ドイツに渡って、ベルリンで自由インド放送を流したんだ。ボースはイギリスに留学していて、英文学がよくわかる。そしてフォスターの『インドへの道』を、ノーカットで連日放送したんだよ。それが説得力があって、英語のできる教養のあるインド人は、それを聞いてしまう。オーウェルはそれで困って、フォスターのところに行って、なんでもいいから英文学の作品を一つとって単純に話をしてくれって頼んだんだ。そういう対抗関係と矛盾のなかで、オーウェルは放送の質を高めていたんだけど、日本はそういうことがなかったんだ。

小熊　その絡みで聞いておきたいのは、鶴見さんのお祖父さんである後藤新平のことです。後藤は台湾総督府の民政長官として、新渡戸稲造を起用したりして、台湾統治の基礎をつくった人ですよね。鶴見さんは一九六〇年の「日本の折衷主義」という論考では、新渡戸稲造をかなり高く評価しておられる。台湾統治にあたって新渡戸が出した『糖業意見書』は、甘藷の強制作付を主張したものですが、

『後藤新平伝』に載っているこの意見書の採用にあたってのエピソードも、肯定的に言及なさっておられますね。やはり五〇年代の鶴見さんには、あの台湾統治の暴力性という問題は、目に入っていなかったということでしょうか。

鶴見　それは、そう言われても仕方がない。台湾は行ったことがなかった。つまり避けていたんだ。ついこ十数年前にようやく行ったんだから。そのときに、一九三三年の霧社事件があった霧社にも行って、彼らが高砂族のなかでも最も気位の高い立派な文化を担う人たちで、だから日本人の巡査による侮辱に耐えられなくて蜂起したんだということはよくわかった。

だから、昔は避けていたことは事実。東南アジアには、いまだに行けないんだけどね。

小熊　やはり朝鮮人の問題とか、朝鮮や台湾の植民地支配の問題が、明確に考えなければならないものとして意識されてくるのは、六〇年代末からだと考えてよいでしょうか。

一九六六年に韓国人兵士の金東希《キムトンヒ》が、ベトナム戦争に行きたくないといって、平和憲法のある日本に亡命しようとした事件があった。そのとき日本政府は、密入国ということで彼を九州の大村収容所に収容してしまった。鶴見さんはこの事件にかかわったあと、朝鮮の問題にずっと取り組まれる。しかしそれ以前は、それなりに気にはしていても、大きな思想的問題と考えてはいなかったというふうに、思ってよろしいですか。これは日本の思想全体にそういう傾向があったわけですから、鶴見さんだけの問題ではないのですが。

鶴見　そう言ってもよいです。それまでは、日本の同時代の知識人に対する評価というテーマに、主に心を奪われていた。そこで朝鮮や台湾の問題が落ちていたことは、一九五〇年代にやった『転向』

の共同研究にも表われているんだ。

つまり日本の知識人の転向を研究するにあたって、ナチス政権下でのドイツ人との比較、あるいはイタリア人との比較というのはやった。それから『転向』下巻の座談会でも、主としてヨーロッパ、アメリカの知識人の転向には言及している。だけど中国やインド、朝鮮との比較はない。もちろん台湾との比較もないんだ。

ところがあれを書き上げてから、全然面識がなかった金達寿《キムタルス》が、彼が書いた『朴達の裁判』という本を送ってきたんだ。これにはびっくりした。あの本には、韓国で警察につかまって、簡単に転向の宣言をして、それで出てきたらまた活動をやってということを、何度でもくりかえす朝鮮人が出てくる。ああいうタイプは、日本の知識人にはないものだったんだ。

それで金達寿に初めて会ったときに、面白かったと言ったら、金達寿は「あれは鶴見さんに読んでもらわないと困るんですよ」と言うんだ。つまり、彼は『転向』三巻に対する一種の批判として、あれを書いているんだよ。別の転向のかたちがあり得る、転向が小刻みになることによって、大きなサイクルでみると非転向になっていくという、別のサイクルがあるということだね。体を固くして、純粋さを貫けばいいってものじゃないということだ。それだと、強い力をくらったら、ポキッと折れてしまうんだ。

これは私は、金達寿に非常に教えられた。そういう視点は、あの三巻のなかには生かされていない。大衆やアジアの視点が入ってこなければ、そういう転向論は出てこないんだよ。

小熊　戦後の思想史を調べていて思ったのは、朝鮮や台湾の問題が問題として出てくることが、どうして六〇年代末までなかったのか、ということなんですね。

朝鮮人との日常的接触は、むしろ敗戦直後の方がずっとある。共産党のなかに朝鮮人もたくさんいる。そういう状況にいながら、なぜそれが問題化されなかったのか。もちろん生活も貧しかったし、戦争中の記憶も生々しかったから、他に論じることはたくさんあったにしても、なぜなのか。また一九五〇年ごろから竹内好さんの存在なども注目されてきて、中国というのは早くから問題として出てくるんですが、なぜ朝鮮は出てこなかったのか。

上野　追加しますと、一九五二年にサンフランシスコ講和条約が発効したとき、朝鮮人が日本国籍を喪失した問題があります。それまでは暫定的に二重国籍状態だったのが、日本国籍を選択権なしに剝奪された。そのことも当時、政治的にも思想的にも問題化されませんでした。

鶴見　むしろ占領軍のなかのベアテ・シロタ・ゴードンなんかは、憲法をall natural personsに適用するような条文を書いて、射程としては朝鮮人の問題を含んでいたね。でも日本人の側では、それは意識されていなかった。戦前戦中から、中野重治なんかは朝鮮人の問題を出していたけど、それを大きく広めていくことはできなかったね。

小熊　いまの話でいえば、敗戦後の日本で、これは政治勢力としても知識人のレベルでもそうですけれど、何だかんだ言っても朝鮮人の問題を問題化していたのは、共産党とその周辺だったということは歴史的に事実だと思うんですね。中野重治とか石母田正とかは、一九五〇年前後から朝鮮人の問題に、彼らなりに注目している。彼らは共産党内で朝鮮人と接触があったから当然といえば当然なんですが、しかし丸山さんとか鶴見さんとか、共産党と距離を置いている人たちからは、ほとんどその問題が出てこなかったというのはどうしてなんでしょうか。

鶴見　丸山さんは、戦時期に書いた「『自然』と『作為』」の論文を一九五二年に『日本政治思想史研究』（東京大学出版会）という単行本に収録したが、その英訳序文で朝鮮のことを書いている。日本の儒教の発達史に触れた論文であるにもかかわらず、朝鮮の儒学が日本に与えた影響について触れていないのがこの本の欠落であると。たしか彼は、あのあとこの問題について韓国人留学生と研究している。だけど、それによって何かの論文を書くところまでは行かなかった。

竹内さんは、「中国の問題よりも朝鮮の問題の方が難しいよ」と言っていたね。韓国で死刑になりそうになっていた詩人の金芝河《キムジハ》や、あるいは金大中《キムデジュン》の支援運動で、私が抗議のために韓国大使館前とかのテントの中でキャンプしていたときに、そう言ってお金を置いていったりした。

小熊　しかしそれは、七〇年代になってからですよね。やはり敗戦後から約二〇年のあいだは、問題化しなかった。ご自分でいまから振り返ると、なぜだと思われますか。

鶴見　あんまり言いたくないことなんだけど、朝鮮人に対する差別が明治半ばからずっと日本人のなかにあって、それが左翼・右翼を通じて存在したってことじゃないのかな。

小熊　それは、鶴見さんも含めてですか。

鶴見　そう。だから、そっちの方に深入りしていったのは、私にしても六〇年代半ば以後だ。

小熊　やはり、「差別」の一言に落ち着いてしまいますか。

鶴見　それはねえ、可哀想だとか、差別はよくないとか、そういう感情はそれ以前からあった。だけど単なる憐れみや正義感だけではなく、この問題が心の中に深く入っていくということは、それまでなかったと思うね。共産党員みたいに、ともに同じ運動を担って戦っている同志だという関係ならばともかく、自分の問題だと思えなかった。

韓国との関係と金芝河

小熊　では逆にいえば、六〇年代末から、差別が取り除かれてきたのはどうしてでしょうか。

鶴見　皮肉に考えれば、韓国が裕福になったから。金のない「ヨボ」として朝鮮人を蔑む、あるいは哀れむというのが、昔からの日本人の姿勢だった。だけどそれは、金持の日本人が金のない朝鮮人を蔑むというのもあるんだけど、金のない日本人が自分よりさらに金のない朝鮮人を差別するということでもあったんだよ。

そういうなかでも、戦前に朴烈と一緒になって、獄中で自殺した金子文子みたいな人もいる。彼女は小学校もろくに行っていない。それが、あれだけの獄中手記を書いているんですから、まったく孤立した一人の知識人だね。人間というのは、そういう可能性を持っている。ああいうのが、ほんとうの知識人なんだ。

小熊　いまのお話ですと、韓国がある程度豊かになったことが原因の一つ。それから、「金のない日本人が自分よりさらに金のない朝鮮人を馬鹿にする」という回路が、作動しなくなったということだと。それは実も蓋もない言い方をすると、高度成長で日本が金を持つようになったので、差別で自尊心を支える必要もなくなったということですか。

鶴見　それも言えるでしょうね。八〇年代なんかは、金を持つ日本人が、ほんのしばらくアメリカ人はケチだとかなんとか言って軽蔑していたから、金があれば差別がなくなるというわけでもないでしょうが。でも、また日本人は金がなくなってきたから、差別もひどくなるかもしれないね。だけども、金のない台湾人、金のない朝鮮人というふうに侮蔑することは、消えていくんじゃないの。

上野　韓国も豊かになったから。それでようやく、韓国は日本と競合する外国になったんじゃないでしょうか。それまでは外国として認めていなかった。だから差別できる。

鶴見　そう。日本のなかの、金のない日本人、ちょっと劣った日本人みたいに見るわけだ。ことに、金のない日本人が自由に侮蔑できる対象として見ていたわけでしょう。

小熊　私が総督府や日本政府の朝鮮統治関係の文書なんかを読んだ経験からいっても、一つの異なる国家を統治するんだ、という意識があんまり見えないケースが多かったですね。貧乏で文明に遅れた田舎だと見なしているものが少なくない。同化政策なんていう考えも、そこから出ていたと思います。

鶴見　それはありうると思います。

小熊　ではその類推からいうと、韓国が外国ときちんと見なされるようになったのは、やはり六五年の日韓条約が一つの契機になっているんでしょうか。

上野　そうでしょうね。いや、私が答えることじゃないんだ（笑）。

鶴見　おそらくそう思います。だけど、確信をもって言えることではないね。ただ朝鮮人の問題が意識されるようになったのが、その後からだとは言える。

小熊　しかし鶴見さんは、六〇年代以降も、それほどはアジアという問題を書かなかったという印象があります。竹内さんは一九五〇年前後から、中国からアジアの問題を提起なさっていた。その竹内さんに鶴見さんは一体感を持っていらしたわけですが、それならなぜアジアの問題をご自分ではお書きにならなかったのでしょうか。

上野 そうですね。私もそういう印象があります。

鶴見 私は、自信のないことは書かないんだ。三木武夫が、「信なくば立たず」と言ったでしょう。あれは民衆の支持がなければ立候補しないという意味だろうけど、曲解すれば、自分のなかに信念がないことは書けないということなんだ。アジアについて書くということは、私にはむずかしい。

小熊 なぜですか。

鶴見 自分がそれについて書ける方向性を持っていないから。たとえば、私はガンディーやタゴールに共感を持っているし、関心もある。だけどガンディーについて書いたのは、書評が一つきりだ。

1962年ごろの鶴見俊輔

上野 鶴見さんにとっては、第一の外国はまずアメリカであって、それについては何度も論じていらっしゃいます。しかし韓国については、発言しておられないという印象がありますが。

鶴見 在日韓国・朝鮮人については、何度も書いた。これは六〇年代以降は、自分の問題だと思ったし、いろいろ関わっているからだ。だけど韓国ないし朝鮮そのものについては、あまり書けない。

上野 フランスの知識人にとっては、アルジェリアは喉に刺さった小骨です。でも日本の知識人にとって、韓国はそうなりえているでしょうか。

鶴見 なってきてはいるでしょう。でも大きいとはいえないね。

小熊 ジャワにはたぶん一生行かれないだろうというお話でしたよね。では韓国に行ったのは、きっかけは何だったんですか。

鶴見 小田実が行けって言ったんだよ（笑）。突如として命令を発してきてね。金芝河に会いに行けって。

韓国で金芝河が監禁されていた病室まで会いに行ったら、金芝河は驚いた様子だった。なにも知らない日本人が、いきなり現われたんだから。

それで私は、英語でこう言った。「ここに、あなたを死刑にするなという趣旨で、世界中から集めた署名があります」とね。金芝河は日本語はできないし、英語もたいしてできない。だけど彼は、片言の英語で、こう言ったんだ。「Your movement can not help me. But I will add my name to it to help your movement」（あなたたちの運動は、私を助けることはできないだろう。しかし私は、あなたたちの運動を助けるために、署名に参加する）。

小熊 それはすごい。

上野 まったく対等の関係から出る言葉ですね。相手に頼るでも、相手を見下すでもない。しかも普遍への意志が感じられる……。

鶴見　これはすごい奴だと思ったよ。朝鮮人とか韓国人とか、そういうことを超えて、人間としてすごいと思った。もし私だったら、死刑になりそうになっている自分のところへ、署名をもって外国人がいきなり訪ねてきたら、何が言えるだろう。「サンキュー、サンキュー」ぐらいが関の山でしょう。しかも彼は英語がそんなにできないから、ほんとうにベイシックな英語だけで、これを言ったんだ。まったく無駄のない、独立した言葉なんだ。詩人だと思ったよ。

それで十数年たって、ようやく彼が釈放されて日本に訪ねてきたとき、彼が京都の私の自宅までやって来たんだ。外でちょっと会ってお礼を言うとか、そういうのじゃ気が済まないって言うんだよ。古い儒教的なマナーなのかもしれないけど、そういう仁義もある人なんだ。

そういう人を相手にしていると、抽象的に朝鮮人を差別してはいけないとか、朝鮮人はかわいそうだとかいうのは、まったく超えてしまうよね。そんなことを考えているこっちのほうが、よっぽどかわいそうなんだ（笑）。この人を死刑にしてはいけないという思いが、朝鮮とか韓国とかを超えてしまうんだよ。

だから最初の質問にもどると、私はそういう関係にある金芝河のことは書いたけれど、朝鮮や韓国のことを抽象的に書くことはあまりしていない。そういう書き方は、できないんだ。

鶴見良行という人

小熊　ところでアジアがらみでおうかがいすると、鶴見良行さんをどう思われますか。

鶴見　あんなに偉い人になるとは思わなかった（笑）。

上野　ははは（笑）。

鶴見　彼は従兄弟だから、生まれたときから知っているんだよ。戦争が終わったときはまだ十代で、私のあとをくっついて歩いている若者という感じだった。

小熊　敗戦直後の『思想の科学』では、鶴見さんは良行さんとご一緒に、地下道で寝ている人びとの「哲学」の聞き取りをなさったりしていましたね。

鶴見　そうそう。彼が変わったのは、ベ平連の影響を受けてからなんだ。

小熊　いろいろな人の回想によると、ベ平連に参加した当初は、英語を流暢に話す蝶ネクタイにチョビ髭のキザな国際派エリート、という感じだったそうですが。

鶴見　東大の法学部も出ているし、アメリカ生まれでアメリカ国籍も持っていたし、ロックフェラーが日本の金持と一緒につくった国際文化会館の企画部長をやっていた。英語を話すのが好きで、英語で話しだすと生き生きしてくる。

だけどベ平連に関わることになって、脱走兵援助をやった。脱走兵の声明の映画を撮ったのは、彼の自宅でなんだよ。

上野　そうなんですか。

鶴見　場所が特定できないように撮影をしたんだけど、それがわかったら、彼は国際文化会館になんかもういられない。クビがかかっていたんだ。ベトナム反戦運動をしているということだけだって、アメリカ寄りの国際文化会館のなかでは、相当に風当たりが強かったんだ。そうやってクビをかけて反戦運動に関わってから、彼の書くものが変わってきた。
それでもべ平連の間は、国際関係や反戦運動を論じていたんだけど、だんだんアジアに関心を移していったんだ。それを最初は、国際文化会館の仕事としてやったんだよ。
もともと国際文化会館がやっていたことは、アメリカやヨーロッパの偉い人を呼んで講演させるのがもっぱらだったんだ。だけどベトナム戦争もあって、だんだん東南アジアも重視しなければという流れが出はじめていたんだ。良行は一九六四年から七〇年まであそこの企画部長だったから、その流れをつかんで、日本の優秀な学者を東南アジアに派遣する企画を立てていった。そして自分でも現地に行って調べるということをやっていったんだよ。そうやって仕事と自分の関心を結びつけていったんだね。

上野 そうですね。国際文化会館は、六〇年代まではほんとうにアメリカ親善一辺倒でしたが、八〇年代以降はアジアに目を向けるようになりました。その流れの源が良行さんであるわけですね。

鶴見 それから彼は、国際文化会館を辞めて、アジアを足で回るようになった。それができた一つの要因は、細君がよかったんだ。

上野 アジアとゆかりのある方なんですか。

鶴見 そうじゃないんだけど、あの細君は、「あなた、東大の法学部を出ているんだから、もっと出世してよ」なんて尻を叩くようなことは絶対にしない人だった（笑）。彼がエリート・コースを捨てて国際文化会館を辞めても、なにも言わない。
そして良行が晩年になって、体調が悪くなってからは、アジアの旅にぜんぶ彼女が同行しているんだ。そして彼は、晩年にいい仕事をしているんだからね。

小熊　良行さんのアジア関係のお仕事は、五十歳くらいからあと亡くなるまでに爆発的に書かれていますからね。

鶴見　そう。そしていま刊行されている良行の著作集は、細君が編集を手伝っている。とくにフィールドノートなど。すごく偉い人だ。だけど率直にいって、良行は偉い人だよ。私は彼が若いときに、それを見抜いていたわけじゃないんだ。

上野　いくつになっても、人は変わる可能性を秘めているんですよ。

鶴見　彼の『マングローブの沼地で』という著作は、国家をつくらない集団があるんだということを、現実に示したものだ。世界の歴史を書く上で、無視できない事実を提起したんだよ。

だけどあれは、国家ではないけれども、「くに」ではあるんだ。日本でもいま地方分権とか言われているのは、「くに」の復活だよね。そうした「くに」が国家を超えて結ばれてゆく。羽仁五郎の言葉でいえば、自治都市の連合なんだ。

そういう視野を、良行は竹内好の影響で得ていたんだと思う。通称「良行スクール」とよばれたアジアを知るための自主学校を彼はやっていたんだけど、竹内さんを招いているんだ。竹内さんが「国民文学」とか言うときの「くに」も、そういうものなんだよ。

全共闘・三島由紀夫・連合赤軍

全共闘の時代

上野　六〇年代後半の話ですが、鶴見さんたちのやっていらしたべ平連の若者たちと、全共闘の若者たちは、かなり重なっていたと思うんですね。全共闘もベトナム反戦を掲げましたが、べ平連とはちがって、急激に実力行動に入っていきます。それを見てどういうふうに思っておられました？

鶴見　全共闘も同じ時期に、地から湧いてくるように運動が広がっていったよね。当時の年長者には、あんなものは理論的に脆弱でくだらんとか言って貶める人もいたし、まあ事実として理論的には脆弱だったんだけれど、私はそういう批判の仕方はしなかった。とはいえ、べ平連とは方法も違うし、それに彼らは対象が大学だったから、一種の友軍としての関係を保ったというところだと思う。

上野　協力関係はあったんですか。デモや集会では、共同開催ということも多かったと思いますが。

鶴見　集会なんかでは、共同でやるのはいいんだけど、その場で内ゲバをやられたり、壇上で自分のセクトの宣伝ばかりやるような奴がいるのは困ったもんだと思ったね。

それよりもっと具体的な協力といえば、全共闘運動のなかで、いろんな面白いことをやる奴が増えたわけ。青医連（青年医師連合）というのがあったでしょう。医学部の学生や若い医者が、デモやなんかで怪我をした人を治療してくれる。あるとき京都で脱走兵同士が喧嘩して、流血沙汰があったんだ。ガラスに手を突っ込んじゃって、手術を必要とするようなことになっちゃってね。そのときに、町の医者に連れていくわけにいかないから、私の細君が青医連と交渉して、国民健康保険とかを使わないで手術してもらった。

上野　やはり配偶者が偉いんですね（笑）。でもそういう協力は、記録に残りませんね。

鶴見　それはなんの記録にも残ってない。だけどあれは、学園闘争があって青医連がいて、初めてできたことで、それはとても助かったんだ。

上野　じつは私、京都大学で、山崎博昭君と同期なんです。

鶴見　あの山崎君と？　彼が六七年十月に羽田で亡くなったとき、私も羽田にいて、彼が死んだところを向こう岸から見たんだよ。

小熊　佐藤栄作首相の南ベトナム訪問阻止の第一次羽田闘争での山崎さんの死が当時の学生に衝撃を与えて、六八年のベトナム反戦運動と全共闘運動の火付け役になったと言われていますね。

鶴見　彼が死んだのは羽田への道の途中の橋のところだったけれど、そこに土手が二つあった。彼が死んだとき、私は彼とは反対の土手のところにいたんだ。

小熊　山崎さんの死亡は、機動隊員が撲殺したという説と、混乱のなかで学生が奪って運転していた警察車両に轢かれたという説と両方がありますが。

鶴見　学生と機動隊が入り混じって、とても混乱していたから、私には車が交差したのしか見えなかった。そのあとに、山崎君が倒れていたんだ。

上野　私が生まれて初めてデモというものに出たのは、京都であった山崎博昭君追悼デモでした。その一ヶ月後には、十一月十二日の第二次羽田闘争で、羽田に行っておりました（笑）。

鶴見　へえー。

上野　あんまり、こういうことは話したくないな（笑）。

鶴見　山崎君が死んだあと、京大生が来たんだよ。追悼の集会をやるから、出てくれって。京大の教授を出したらいいんじゃないかと言ったんだけど、誰も応じてくれないって言う。最終的には京大でも、井上清とか何人かの教授は出たんだけどね。しょうがないから、私は京都と東京と両方で、山崎君追悼集会で演説したんだ。

上野　全共闘がその後、過激化していくなかでも、ベ平連とは友軍の関係にあるとずっと見ておられましたか。

鶴見　私は常に友軍と思っていた。でも向こう側は、そう思っていないケースも多いんだよ。ベ平連なんていうのは、プチブル文化人が免罪符を売って、いい加減な生ぬるいことやっているとか批判する奴がいてね。

上野　大学の教師として全共闘と向き合われて、どう思われましたか。全共闘は大学改革を当初は掲げながら、実のところは獲得目標のない運動になって、自己否定とか大学解体とかをスローガンとする表出的な運動になってゆきますね。それを内側から教師としてどう見ておられたのか、ぜひお聞きしたいと思っていました。

鶴見 あのときは同志社大学にまだ勤めていた。当時の東大全共闘に丸山さんが突き上げられたよね。欺瞞的な戦後民主主義の象徴だとか、古い権威主義的な知識人の代表格だとか、そういうふうに見なされて。しまいに丸山さんは体をこわして、七一年には退官するまでになった。だからとても困ったんだ。

だって私にとって丸山さんは、竹内さんと同じくらい、仁義を感じている人なんだよ。竹内さんが大学をやめたらそれに同調するわけなんだから、丸山さんに対してもそうしたかったんだ。だけど丸山さんが全共闘から敵対されているからって、私が全共闘と敵対するってわけにもいかないんだよね。

小熊 なぜいかないんですか。

鶴見 それは、大学教授よりも学生の側に立つというのが、私の立場だから(笑)。大学教授や東大教授はみんな敵だ、という立場に立つわけだ。だから全共闘の言うこともわかるんだけど、丸山さんが非難されるのは困ったなあ。

上野 こいつら甘えるな、という気持はありませんでした?

鶴見 だから、「閻魔さまに舌を抜かれるぞ」とか言っていたんだけどね(笑)。それは、彼らが来ればそう言っていたんだ。でも同志社で学生がつくった自主講座とかには講師として参加して、大学が全共闘に封鎖されていても、中に入れてくれたわけ。その講師グループの長老は、戦前に『世界文化』のグループにいた和田洋一だった。山田慶児なんかもいたな。

小熊 機動隊を導入して全共闘を排除することには反対だったそうですね。

鶴見　そう。だって、いままで教えていた学生なんだよ。教授が自分で殴って、「甘えるな」とか言うならいいんだけど、機動隊を呼んで他人に殴ってもらうなんて、仁義に反すると思ったんだ（笑）。

それで学生からも、まあ嫌われてはいなかったんだろう。全共闘が大学を占拠して、学生が教授たちの研究室をずいぶん荒らしたんだけど、機動隊が導入されて学生たちを排除したあと、自分の研究室に戻ってみたら、私の部屋はまったく荒らされていなかったんだ。

上野　なるほど。

鶴見　それで、こりゃあ揺り戻しが来るぞ、と思った。ほかの教授たちの部屋は荒らされて、私の部屋だけは荒らされなかったとなると、もう教授たちとの関係は復旧できないな、と思ったんだ。それでもう、すぐに辞表を出して、七〇年の三月で退職した。

上野　それは、正しい判断だと思います。

鶴見　だけど自分でもちょっと異常だったね。だってあるとき、教授会に出たら、昨日まで機動隊を入れないとか言っていた教授が、いきなり意見を変えた。そうしたら、いならぶ教授の顔がぜんぶ親父の顔に見えたんだよ（笑）。それで、もうこれは辞めるしかないと。

上野　奥さまの貞子さんは、辞めたことについてどうおっしゃったんですか。

鶴見　私は一言も彼女に相談しませんよ。だけど彼女は、私が「辞めた」と伝えたときに、「辞めなかったらどうなるかと思っていた」と言ったね。つまりそれは、そのままいけば鬱病が起こるからですよ。彼女は私のことをよく知っているんだ（笑）。

あそこで、大学との関係は終わったんです。そのあと、七二年にメキシコに招かれて客員教授を一年やったりとか、カナダで講義したりとか、そういうことはやったけれど、大学の常勤の先生にはなっていない。

上野　それじゃ、全共闘をあまり批判的な目では見ておられなかったということですか。

鶴見　いや、やっぱりしょうがないと思ったね。閻魔さまに舌を抜かれるような、嘘をついている集団だし、またそれができもしないようなやたらと過激なことを言って、べ平連も妨害するところまで行くんだから。そりゃ困ったもんですよ。困ったもんだけど、こんなものから手を引くとか、そういうふうには言わないね。

上野　しつこいようですが、全共闘が具体的な獲得目標のない、着地点を持ちようがない運動になっていったことについては、どう見ておられました?

鶴見　政治運動としては、良くない。だけどブントの連中もそうだったけど、いい奴らもいたんだよ。東京医科歯科大学でも医学部闘争があって、その火付け役が、あとで『思想の科学』を自腹を切って出しつづけてくれた上野博正だったんだよ。彼は「大学解体」とかいう全共闘の主張に義理を立てて、あんなに優秀なのに、死ぬまで博士号をとらなかったんだ。そういうきちんとした責任意識というか、ヤクザの仁義がちゃんとしている人はいいよ。

三島由紀夫と死者への評価

小熊　お話をうかがっていると、政治として拙劣だろうが、獲得目標があろうがなかろうが、ブントも全共闘もいい奴ならいいという。

それで前半の戦争の話とむりやり結びつけると、死を覚悟して純真に突っ込んでいく少年兵には無条件に肩入れするという傾向が、鶴見さんの姿勢にはありますよね。死んでいく少年の純粋さにくらべて、純粋さを保てないで生きている自分が申し訳ないと。先ほどの山崎博昭の死についても、当時から鶴見さんはいくつか文章を書いておられますが。

鶴見 それは山崎博昭とか、樺美智子とか、そういう人たちは立派だと思う。ファシストの少年兵よりも、よき目的に支えられていたと思う。ブントから部落解放運動に突っ込んでいって、最後は喘息の発作で死んでしまった柴田道子なんかも立派だ。ああいうふうに生きられると、やっぱり申し訳ないね。こっちは生きているんだから。

小熊 やはり申し訳ないという気持ですか。

鶴見 申し訳ないという気持だ。

小熊 では、三島由紀夫が自決したときにはどう思われましたか。

上野 私もそれはぜひお聞きしたいです。

鶴見 あのときは、テレビで見て学生がすぐに家に知らせに来たんだ。それで「ああ、これはマスコミから取材の電話がかかってくる」と思って、私はすぐに子どもを連れて出ちゃったんだ。近くに北野神社があったんだけど、ちょうど縁日だった。だから子どもと縁日の団子を食べるとか何かして、愉快な時間を持てるわけ。それでその辺をうろうろしていれば、新聞記者につかまって「どう思いますか」とか聞かれることはないでしょう。一日やり過ごせば、朝刊の締切りとかの都合で、もうかかってこないから。

上野　なにも言いたくないと。

鶴見　うん。あのときに、若い左翼とかで、口走っちゃったのがいるでしょう。「三島に先を越された」とか何とか。もうあのころの学生には、とにかく純粋に思いつめて、死ぬまで突っ走っちゃうのが偉いんだっていう雰囲気があったからね。

そういうなかで、ものを言うのが嫌だと思った。だから、三島の自決について、私の感想はいっさい出ていません。逃げ切ったんだ。

小熊　しかし、どう思われたか、いまならお話しいただけますか。

鶴見　当時の自分の反応っていうのは、新聞にこう、談話なんか出せるようなものじゃないよ。そりゃあ私は、三島に好感を持ちましたよ。それは、ただの目立ちたがり屋じゃないということを、自決によって証明したっていうことなんだ。それが感想だね。結局、あれはいい奴だったんだなっていうことだよ。

そういえば三島は、晩年に向こうから近づいてきていたんだよ。だけど私は、とにかく振り切っていたんだ。三島の家にも行ったことがない。でも私は、彼の『春子』と『喜びの琴』、それから『近代能楽集』、この三つに対しては、非常に評価が高い。

でもどうして私が三島に好感を持つかっていうのは、日本の新聞雑誌が理解することじゃないよ。そういうなかで仲良くしたら、けっしていいことがない。つまり利用されるわけでしょう。だから親しくならなくてよかったと思っている。

上野　鶴見さんの三島に対するそういう感情は、初めてお聞きしました。

鶴見　私は三島については、まとまったものは書いていない。

小熊　ほぼ同世代の戦中派としての共感はありましたか。

鶴見　そういうのは全然ない。三島の作品でも『憂国』とかああいうのは、好きじゃないんだ。それから三島のくだらないところは、華族とかを美化していることだよ。私が子どものころ華族と呼ばれる人たちのなかにいて見ていた経験からいっても、統計的にいっても、日本の華族はくだらない連中が多いですよ。例外的にポツン、ポツンといいのがいるだけだよね。だけど、三島はそう思っていないんだ。そういうところは、くだらないと思っていた。

小熊　吉本隆明さんは、三島が死んだという知らせを受けたときに、「お前は何をしてきたのか」と突きつけられたような思いがして、特攻隊で死んだ同年輩の青年たちを思い出した。しかしその一方で、政治的な声明文や辞世の句は「くだらない」と思ったという。そういう共感と反発の両面を書いているわけですけれども、鶴見さんはどのように思われたんですか。

鶴見　腹を切って死ぬなんていうのは、ただの目立ちたがり屋のできることじゃないよ。私は少年時代から自殺未遂を五回くらいしたことがあるんだけれども、一〇〇パーセント確実っていう自殺はしたことがないんだ。あの頃だったら丸ビルが高いんだから、丸ビルのてっぺんに行ってバーンと飛び降りれば確実に死ねたんだけど、そういうことはできなかった。手首を切ったって血だらけにはなるけど止まっちゃうし、睡眠薬を飲んだりタバコを食べてみるとかやっても、なかなか恐怖心があって死ねないんだよ。それは結局、生きているのがつらいからやっている、ただのあがきだよね。

だけど三島は、それを超えて、自分で計画して完全に死ぬところまで、演出して実行したでしょう。あれを見ると、自殺未遂しかできなかった自分の立場からいうと、「俺より先にきちんと終わりまでやった。偉い奴だ。いい奴だな」って思うんだよ（笑）。

上野　それを言いそうだった自分を、報道の渦からひき離したんですね。

鶴見　私はずるいんだよ。悪人なんだ。

小熊　それではついでにおうかがいすると、時期は違いますが九九年の江藤淳の自殺についてはどう思われたんですか。

鶴見　江藤淳については、六〇年安保のとき、進歩派の批判を書きましたよね。あれは、私が感じていても書けなかったことを正直に書いたということで、好感は持っていました。ただ、そのあとに書いた国家がどうこうとか、父の復権がどうこうとかいうのは、つまらないと思ったね。

だけど九九年に奥さんの後追いで自殺したことについては、やっぱりいい奴だと思いました。だって、奥さんの後追いで、ほんとうに自殺しちゃうなんて、なかなかできることじゃないよ。

小熊　昨日から参照項として、丸山さんを鶴見さんとときどき比較して考えるわけですけれども、鶴見さんはやはり全共闘を含めて、死んでいく純粋な少年・少女たちというものに強いシンパシーを持っておられる。しかし丸山さんには、あまりそういう部分はない。というか、ご自分のなかにある狂気を誘発するものを嫌って、政治は心情倫理ではなくて結果責任だということを強調する。だから政治行為として、三島の自殺とか、全共闘とかは無意味だ、と考えておられたでしょう。そこがおそらく全共闘への態度を分けたかな、という感じがしますが。

鶴見 そうだね。そう言っていいと思う。

小熊 丸山さんのほうが、政治的にプラグマティストだったということですか。

鶴見 丸山さんは、政治は結果責任だとか、自分はプラグマティストだとか、口ではそう言っていたけど、本人は全然そういう人じゃないんだよ（笑）。

小熊 ああ、それはそうだろうと思います。

上野 いまのは名言でしたね（笑）。

鶴見 丸山さんは、あれで軍歌とかがわりと好きだったんだよ（笑）。

小熊 ああ、やっぱりそうですか。

鶴見 そう。日露戦争の旅順の戦いをうたった軍歌とか、口ずさんでいたな。

小熊 また別の人を比較対象に出すと、大江健三郎さんなんかは、一九六〇年に社会党委員長の浅沼稲次郎を刺殺した右翼少年の山口二矢《おとや》に、シンパシーを持っていたらしいんですね。理性では方向が間違っていると思うけれども、十七歳で死を賭して行動して、見事に自決して果てた、あの見事さには勝てないとおっしゃっている。大江さんも戦中は皇国少年だった人ですから、そのようなものに惹かれてしまうご自分を相対化するために、『遅れてきた青年』とか「セブンティーン」などを書いたと思うんです。鶴見さんは、山口二矢にはシンパシーを持たれましたか。

鶴見 いい人間だという感じは強く持つね。それは唐牛健太郎に対しても、北小路敏や島成郎に対しても同じだ。

上野 それは純真さへの評価ですか。

鶴見　社会的に高い地位に上ろうと思えばできるのに、そうしない。そういう奴は、それなりに偉いと思っている。

上野　方向は問わず、ということですか。同じことを何度も問い詰めてしまっているようで申し訳ないんですけれども、山口二矢でもいいんですか。

鶴見　あたら若い命をそういうことに使うか、という感じだね。

上野　そうすると、目的には価値の高低があるんですね。

鶴見　あります。だから、私の小学校からの友達の一宮三郎が海軍に志願すると言ったときには、私は「急がないほうがいい」と言ったんだ。

連合赤軍と「がきデカ民主主義」

上野　全共闘の退潮期に三派全学連が内部分裂したあと、内ゲバとテロリズムの時代がきますね。あれはどう見ておられましたか。

鶴見　あの段階にくると、逃げるだけの器量を持たなきゃいけないと思うね。偶然だけど、私のゼミにいた学生に、社学同系の全学連委員長だった藤本敏夫がいる。彼の話では、内ゲバの時代に入っていったときに、対立党派で彼を殺しに来る予定の学生が、向こうからサインを出したっていうんだ。逃げた方がいいってね。向こうも、これが不毛な争いだということがわかっているんだよ。

それで、彼は九州に逃げた。結局は警察に捕まって下獄するんだけれども、下獄している間にさらに内ゲバが惨憺たることになって、その渦中から逃れられたんだ。私は、彼が逃げるという思想に踏み切って実行に移したのは、相当の器量だったと思うね。

上野　では、そうやって逃げることをしなくて、ますます自分たちを追い込んでいった人たちをどう思いますか。ハイジャックや爆弾テロをやった過激派については？

鶴見　私は懐疑主義者だから、人間はこう生きなきゃいけないっていう普遍的な思想は持っていないんだよ。だから、そのチェック・ポイントというのは、なかなかつくれないね。

上野　弱者のテロという問題もありますよね。パレスチナのように、テロ以外に抵抗の方法がないという場合とか。

鶴見　一つ言えるとすれば、テロがまったく無関係な個人を巻き込むかどうかをよく見る、つまり殺す相手のことをよく見るということだ。これは、ナロードニキ以来の問題なんだよ。ナロードニキの一部がテロに走ったときに、ロシアの大公を殺すところまでいったけど、大公のそばに子どもがいたんで中止したという話があるでしょう。私はそのナロードニキの決断というのは、たいへん重要だと思う。自分が殺そうとする相手を、ただの人数としてしか見ないという立場じゃなくて、殺す相手をよく見る。そうして、殺さないことにする。人間と人間との関係がそこに成立しているんだ。

上野　実力行動や武力闘争については、そういう見方をしておられるということですね。だめ押しですが、連合赤軍事件についてのご感想を聞かせてください。私たちの世代にとっては、あの出来事はトラウマでした。

鶴見　人質をとって銃撃戦をやったという事件については、いま言ったとおりだよね。そして、彼らが仲間を総括して殺したというリンチ事件は、つまらないね。そういうなかに巻き込まれないように、ふだんから人をよく見ることが重要だと思う。

たとえば私は、竹内さんとだったら一緒に大学を辞めてもいいと思っていた。だけど、親父が大臣になったから一緒に支持しなさいなんてのは、やらないよそんなもの（笑）。私はそういうヤクザなんだ。

上野　そうすると、鶴見さんがあの事件から引き出した教訓は、お互い同志として頼む仲間を見る目がなかった、という話なんですか。

鶴見　見る目がなかった。しかしそうなったときでも、まだ取り返せる。可能な限り逃げるんだ。命令されて仲間をリンチして殺すくらいなら、逃げるんだ。

上野　しかし連合赤軍の人たちは、大義や理念のために、逃げない道を選んだわけです。

鶴見　大義というような抽象的なものによって、決断をすべきじゃない。人間にはそんなことを判断する能力はないんだ。誰となら、一緒に行動していいか。それをよく見るべきだ。

竹内さんと一緒に辞職する判断をしたときだって、大義とかを考える時間はなかったんだ。竹内さんと一緒なら、食いつめてもかまわないと思った。それだけです。連合赤軍が、仲間をそういうふうに思っていたかは疑問だね。そう思っていたら、殺すはずがないでしょう。

小熊　これは今回の座談でずっと思っていたことなんですが、戦後の日本には、「大義のために死んでゆく純真な少年・少女たちを見捨てるな」という倫理があったと思うんです。これは鶴見さんにかぎらず、戦争の記憶がある年長者たちにかなり共通していて、戦後の民主主義を裏から支えていたと思うんですね。だから特攻隊への追悼と、ブントや全共闘への共感が、両立していたと思うんです。

そこでお聞きしたいのは、ある純真な少年たちが、別の純真な少年たちを傷つけていくケースです。内ゲバもそうですけど、六九年に立命館全共闘が、戦没学徒兵を追悼した「わだつみ像」を破壊した事件がありましたよね。あんなものは、欺瞞的な戦後平和主義の象徴にすぎないと。あれはどう思われていたんですか。

鶴見 私は「わだつみ会」の安田武みたいに、全共闘の連中を批判するようなことはしなかった。あれについていえば、像を壊した全共闘を批判するのは共産党寄りの立場だ、みたいな図式が論壇でできちゃっていたわけですよ。だからなにも言いませんでした。

小熊 そういう図式ができたのが、不幸でしたね。

鶴見 わだつみ像があった立命館の総長の末川博さんだって、明確な態度はとらなかったけど、苦しんでいたと思うんだ。ただ私は、壊さない方がいいんじゃないか、とは思っていた……。

小熊 もう一ついえば、「大義のために死んでゆく純真な少年・少女たちを見捨てるな」という倫理が戦後思想の一つの核だったとすれば、それは連合赤軍事件で終わったと思うんです。あの後は、何か理念のために死ぬなどというのは無意味なことであって、「公」のためより「私」のほうが大切だという考え方が広まった。連合赤軍事件の直後に吉本隆明さんが行なった講演(「戦後思想の頽廃と危機」)なんかは、まさにそういう趣旨ですよね。

上野 それと並行して、「男の大義には同行しない」というリブが出てきます。「公」より「私」が大事だという、「女・子ども」の思想としてのリブが。

小熊　そのあと七〇年代に、鶴見さんは漫画の『がきデカ』を評価なさって、「がきデカ民主主義」ということをおっしゃった。あの金と性にしか興味がない少年警察官に象徴される、私利私欲によって支えられる民主主義、大義のために死ぬなどとんでもない、だから戦争にも行かないという思想を打ち出されたわけですよね。鶴見さんのその部分を受けついだのが、「私利私欲の肯定から出発する」という加藤典洋さんだと思いますが。

鶴見　あの『がきデカ』というのは、とにかくおもしろいんだよ。

上野　鶴見さんのあの「がきデカ民主主義」に対する評価は、つまるところ日本人に期待できるのは、金と性にしか興味を示さなくて、だから戦争にも行かないという、その程度だということですか。

鶴見　私は日本人への期待は低い。そういう日本のなかから、『がきデカ』みたいなものが出てきて、人気を集めているのがおもしろいと思ったんだ。それに私は、知識人が民衆を叱る姿勢が好きじゃないんだよ。

小熊　しかし鶴見さん、「日本人の自画像」として「がきデカ」が広く受け入れられるというのは、かなりむずかしい要求だと思いますよ。自分が金と性にしか興味のない権威主義者だという自画像を進んで受け入れる人は、そんなにいないでしょう。

それには耐えられないから、いまは『がきデカ』のような漫画よりも、小林よしのりさんの『戦争論』みたいに、特攻隊を賛美して、「公」のために死ぬのは美しいとかいう漫画の方が、人気を集めているわけでしょう。小林さんの『戦争論』というのは、彼自身は意識していないと思いますが、「がきデカ民主主義」への反動として出てきたものだと思いますよ。

上野　吉本さんも七〇年代から、半ばアイロニーを込めてでしょうけれども、大衆消費社会の肯定に向かいますよね。それはある種の生活保守主義の肯定だし、結果として高度成長のもたらした繁栄への追随でした。私にはこの欲望ナチュラリズムの意図的な肯定も、どんな公的な大義もなくなったことによって登場した、一つの思想だと思えます。鶴見さんが同じ時期に「がきデカ民主主義」を評価なさったのは、やはりある種の現状追認になったと思うんですね。それがもたらした結果は問わないまでも、鶴見さんが「がきデカ民主主義」を唱えた意図は何でしたか。

鶴見　私は『がきデカ』はおもしろいと思ったけど、みんなが「がきデカ」になるべきだと言ったわけじゃない。私は知識人を批判するけれど、庶民への説教は任ではない。一九三〇年代には、「がきデカ」のような日本人の自画像が現われる余地がなかった。遅ればせながら、こういう自画像が出てきたことは、日本人の自覚が一九三〇年代よりもあると思う。それだな。それだけでうれしい。

上野　知識人が庶民を叱る姿勢が好きじゃない、というのはよくわかります。しかし鶴見さんは逆に、庶民を過剰に持ち上げる傾向があるように思います。

鶴見　そうですか。

上野　庶民なんてものは、そう大したものじゃなかろう。それは、私が自分を庶民だと思っているから言えるんです。

鶴見　丸山さんの私への批判に似てくるね、そりゃ。

上野　丸山さんのような方じゃなくて、私のような「女・子ども」にそう言われたら、どうお答えになるかと思って。

鶴見　そもそも私は懐疑主義者だから、普遍的な倫理はない、他人にも説かないという立場なんだ。川本隆史などの倫理学者とちがうのは、その点なんだ。私はこういうふうに生きようと思っている、こういうふうに生きてきた、というふうにしか言わないんだよ。それ以上のことは言わない。ましてや、大義を掲げて人を殺すということは、避けたいんだ。

上野　そうすると、連合赤軍への道への鶴見さんのチェック・ポイントは、「殺すな」ということですか。戦争中にも、人を殺さなければいけない立場になるくらいなら自分が死のうと思っていた、それが最後のギリギリのチェック・ポイントだった、とおっしゃいましたよね？

鶴見　それも、私が私に対して選択したことです。他人には絶対の倫理としては、要求できない。だけど、それが私がベトナム戦争に反対した、最低限の理由だったんだ。社会主義になったほうがベトナムが幸せになるとか、そういうことではない。国家にひき出されて殺す立場になるのはいやだ、それには反対する。それが理由だった。

べ平連と脱走兵援助

小田実との出会い

小熊 それでは、その「殺すな」を掲げたべ平連についておうかがいします。連合赤軍と「がきデカ民主主義」についてお聞きしましたし、『思想の科学』や『アメノウズメ伝』の話も昨日までに出ていますから、七〇年代以降はもうよろしいですか。

上野 けっこうです。

小熊 べ平連の開始については関係者の方々がいろいろ書いておられますが、鶴見さんはあの運動の始まりをどう考えておられますか。

鶴見 うーん……。あえていえば、小田実の『何でも見てやろう』にあるあの広がりの感覚が、ベトナム戦争をよそごとにしなかった、ということなんじゃないの。

上野 とおっしゃいますと？

鶴見 つまり小田は、植民地を持っていない日本人なんだよ。アメリカやヨーロッパにはへいこらして、アジアには威張り散らすという人間じゃないんだ。それが現われているのが、『何でも見てやろう』だ。
あれは小田がフルブライト留学でハーヴァード大学に行って、その帰りに世界旅行をした記録なんだけど、それまでの留学日記とはちがう。日本人の留学日記は、ヨーロッパやアメリカの大学で苦労して成績がよくなったとか、その逆に差別されてナショナリズムに目覚めたとか、そういうのが多いでしょう。
だけど小田は、アメリカでもイギリスでも、平気でブロークンの英語で渡っていく。ハーヴァードやオックスフォードの英語じゃなくちゃだめだ、なんてのじゃない。むしろブロークン英語こそが世界共通語なんだ、という姿勢で世界中を渡っていく。ホテルに泊まれなけりゃ道路に寝ちゃう。そうやってアジアを回って、マラリアになって日本に帰ってくる。

小熊　小田さんが書いてらっしゃる言い方だと、自分たちは「三代目日本人」であると。つまり、明治の「一代目」が欧米に対して劣等感をもち追いつけ追い越せ、戦前の「二代目」がナショナリズムに目覚めてアジアに対して夜郎自大、だけど「三代目」は初めから対等の関係で相手を見るという。

鶴見　そうそう。彼はそれで一九六〇年に日本に帰ってくるんだけど、マラリアで寝ていて、六〇年安保に参加していないんだ。
一九六五年にアメリカの北ベトナム爆撃が行なわれたときに、高畠通敏と私が相談して、「声なき声の会」をはじめとして小さな団体を集めて、社会党や共産党とは独立のベトナム反戦運動を起こそうということを考えた。そのときに、「安保のときにリーダーじゃなかった若い人を中心にしよう」

と私が言った。それで小田を選んだんだ。

上野　面識はおありだったんですか。

鶴見　対談で一度会ったくらい。つき合いはなかった。

それで小田の自宅に電話したら、当時の細君が出てきて、彼はいないと言う。西宮のお姉さんの家にいたんだ。それでそちらに連絡したら、小田は「やる」と言うんだ。それで三日後に、東京の新橋の喫茶店で、高畠と私と三人で会った。そのとき、もう小田は、最初のデモの呼びかけ文を書いて持ってきた。

小熊　もっと面識のある若い人を選ぼうとかは、考えなかったんですか。

鶴見　面識があるといえば、羽仁進なんかは知っていた。彼もそうだが、そのほか、安保のときの「若い日本の会」にいた人たちは、けっこう知っていたよ。でも安保のときにリーダーじゃなかった人がいいというのと、それから自分となるべく関係のない人を選びたかったんだ。新しいステップを踏み出そうとしたんだよ。

上野　それは戦略的な判断だったんですか。『何でも見てやろう』がベストセラーになった小田さんなら、若い人に人気が出そうだとか。

鶴見　偶然に当たったんだよ（笑）。人生には、予測を超えたことが起きるんだ。

上野　でも安保でリーダーでなかったとか、新鮮さがあるとか、新しい日本人のタイプであるとか、戦略的に考えておられたんじゃないですか。

鶴見　私の実感でいうと、こういうこと。浜辺を歩いていたら、ビンがころがっていた。好奇心でビンのふたを空けたら、もくもくと煙が上がって、巨人が出てきた（笑）。そういう感じだよ。

上野 なるほど。では偶然だったとして、やりやすい相手でしたか。

鶴見 すべての点で、私の期待を上回る人だった。そんなに期待していなかったんだ。名前だけ貸してくれれば上々、くらいの気分だったんだから。

上野 鶴見さんは、生涯に何回かそういう出会いをなさっていますよね。

鶴見 うん。だけどその巨人が、私を使いまくったんだよね（笑）。もう肉体的にも「あっちで講演しろ、こっちでデモしろ、そっちの国へ行け」だし、財政的にも収入の六割以上は毎年注ぎ込むことになったし（笑）。

小熊 そんなに引っ張りまわされて、やめようとか、スピードダウンしてくれとか、そういうことを言いたくなったことはなかったんですか。

鶴見 疲れたねえ（笑）。

上野 いまのお言葉は実感がこもっていました（笑）。でもやめようとはなさらなかった？

鶴見 だって、やってくれるんだから（笑）。だいいち彼は、私が引っ張り出した人なんだよ。それに高畠は、そのあとイエール大学に留学しちゃって、小田を引っ張り出した人間は私しか残っていない。そうなったら、逃げるわけにいかないでしょう。そこで逃げたら、ヤクザ道の風上にも置けないじゃないの（笑）。

上野 そのヤクザの仁義に応えてくれる人だったわけですね（笑）。

鶴見 そう。それに、ほんとうに即興の力がある人だった。即興というのは、できる人とできない人がいるんだよ。

たとえば一九六八年一月に、原子力空母のエンタープライズが佐世保に来た。当時は、佐世保にべ平連はない。そのとき小田は、事務局長の吉川勇一だけを連れて、いきなり佐世保に行ったんだ。

そのときの小田の構想は、ヘリコプターをチャーターして、空母の上からビラをまくという、とんでもないものだった。彼はベストセラー作家で、全集を出していたくらいだから、お金はそこそこある。だから、チャーターできるお金を抱えて、佐世保に直行したんだ。

ところが、吉川が交渉に行った長崎県大村の飛行場にある飛行機会社は、そういうことに飛行機は出せないという。博多や大阪の航空機会社と交渉したけどやはりダメだった。ふつうの進歩的文化人だったら、そこであきらめちゃうよね。ところが小田は、小さな舟をチャーターして、メガホンを買ってきて空母の周りをまわって、「こんなくだらない戦争はやめろ、脱走するんだ」とか英語で叫んでまわったんだ。こんなこと、即興の力がなけりゃできないよ（笑）。

そして小田は佐世保で、社会党や共産党や新左翼のデモにまじって、「どこにも入れるところのない人、一緒に歩きましょう」というプラカードを持って、吉川と二人で歩いた。そうしたら人が集まってきて、それがもとで佐世保のべ平連ができちゃったんだ。

「討入り」気分の脱走兵援助

小熊　それで脱走兵のほうも、ほんとうに出てきたわけですね。

鶴見　そう。でもほんとうに出てくるとは、思っていなかったんだ。その前の時期に、脱走を訴えるビラをつくって、べ平連はそれを横須賀でまいたんだけど、出てくるとはあんまり思っていなかった。ところが六七年秋に、ほんとうに出てきた。横須賀に寄稿した空母イントレピッドから、四人の脱走兵がべ平連にころがりこんできた。それで京都の私のところに、東京のべ平連から電報がきたんだ。当時はまだ電話というのは、そんなに簡単に備えつけられなかったからね。電報の文面は、「ダッソウヘイデタ　デンワコウ　べへイレン」。

われわれ戦中派にとっては、脱走兵というのはたいへんなものですよ。だって日本の軍律では、見つけたら即座に射殺していいことになっていたんだから。私だって脱走したかったのに、できなかった。だからもう、びっくりして電話したんだ。電話したのは、京都の植物園の近くにあった、「オーク」という喫茶店からだった。

上野　何年か前までありましたね、その喫茶店。

鶴見　学生のお客が多い店でね。そこから東京の、当時はお茶の水にあったべ平連の事務所に電話して、鶴見良行と話したんだけど、あんまり「脱走兵」という言葉をくりかえすのはまずい。そこで、「ソバ屋と言おう」と良行が言うんだ。それで「ソバ屋が……」とか電話で話したんだけど、学生たちがこっちを見るんだよ（笑）。

それで、なんでソバ屋にしようなんて言うのかって考えたんだけど、わかったんだ。赤穂浪士なんだよ（笑）。あれは討入りの前の晩に、ソバ屋に結集するでしょう。

上野　おおー（笑）。

鶴見　良行はあれでけっこう、ロマンチストなんだよ。私より三つ年下だし、実は皇国教育を受けて育った世代でもあるからね。

それにあのとき、脱走兵は良行の自宅にかくまわれていたんだよ。彼は国際文化会館の企画部長だったんだけど、それがばれたらまずクビですよ。あのとき彼は、クビを賭けていたんだ。だから討入りの気分だったんだろうな。それで電話のあと、すぐに新幹線に乗って、東京の良行の家に行ったんだ。

それからみんなで、どうするか計画を立てた。とにかく、脱走兵が出たという事実と、彼らの声明、それから自分たちの声明を記録に残したほうがいいということになった。もしつかまったら、存在そのものが消されてしまいかねないし、彼らの動機なんかも適当にでっち上げられかねない。またその逆に、われわれを落としいれるために、どこかの組織から回されてきた人たちだということも、ありえない話ではない。そういうときに、ちゃんと証拠が残っていれば、反論できると考えたんだ。

上野　そういうメディアを活用した戦略は、誰の考えだったんですか。

鶴見　その場にいたみんなで決めたんだけど、アイディアを出したのは小田と久保圭之介だね。わりあいパッと決めたと思う。

上野　そのあたりの感覚のよさがすごいですね。

鶴見　小田は即興の力があるんだよ。そこが彼のいいところだ。

小熊　メディアの活用というのは、べ平連はその前から行なっていますよね。一九六六年の徹夜ティーチ・インをテレビに生放送させたり、『ニューヨーク・タイムズ』に意見広告を出したり。

鶴見　当時のべ平連には、映画監督の久保圭之介がいたから、彼が撮影機材なんかを用意してくれた。そのとき、天佑神助があったんだ。当日は吉田茂の国葬の日だったんだよ。だから警察や機動隊は学生運動なんかの警備に行っていて、映写機材やカメラマンを積んだ車が誰何されなかったんだ。

そして撮影となって、最初に吉川は、べ平連側は小田が代表して、一人で演説するのを写したらいいって言ったんだ。ところが小田は、それじゃだめだと言うんだ。小田はそのときは、そんな映画に出たら、もう逮捕されると思っていたわけ。即興の力はあるんだけど、別に恐れを知らない豪胆な英雄とか、そういうタイプじゃないんだよ。

それで小田は、四人集めて一緒に写れというわけ。それで小田と私に加えて、開高健と日高六郎を夜中に呼び出したんだ。

小熊　開高さんは当時のべ平連の中心メンバーの一人ですけど、なぜ日高さんなんですか。

鶴見　日高はべ平連にそんなに関係があったわけじゃない。東大教授だから入れたんだよ（笑）。東大教授というのは、利用価値があるんだよ。声明を出して逮捕されるときに、メンバーに東大教授が一人いたほうがいいっていうわけなんだ（笑）。

上野　はい。東大教授という看板には、そういう利用価値はあります（笑）。

鶴見　日高っていうのは、お人よしなんだ。カモがネギをしょってくるような奴なんだよ（笑）。だからのこのこ出てきたんだ（笑）。

小熊　でもいい人ですよ。私はお茶を汲んでいましたから、よく知っています（笑）。それに夜中に呼び出されて、逮捕覚悟で出てきたんだから、すごいじゃないですか。

鶴見　そう。いい奴なんだ。お人よしなんだけどね（笑）。
　ほんとうは日米行政協定で、米兵というのは日本の出入国管理にとらわれない存在だから、その海外出国を手伝っても日本の法には触れないんだ。日本の警察は、アメリカ側が要請を出したときに、代行として米兵を逮捕できるだけ。だけどそれがわかっていないから、密出国幇助とか犯人隠匿罪になると思って、みんなほんとうに緊張していた。だからもう、素人の出演者ばかりの映画としては、迫真の迫力が出たんだ（笑）。撮影が終わったら、もう夜明けだったね。
小熊　法的に問題ないということは、いつわかったんですか。
鶴見　それは一週間くらいたってから、角南《すなみ》俊輔という弁護士に教えてもらいました。良行は東大の法学部法律学科を出ているのに、そういうことには役に立たなかった（笑）。

銭湯に入った脱走兵

小熊　その不安な状態のなかで、脱走兵をかくまっていたわけですね。
鶴見　そう。問題はかくまう場所だったんだ。小田は細君と離婚しかけている状態だったから、国内に拠点がない。それで私の東京の家に、四人のうち二人かくまった。それから深作光貞という京都精華大学の学長になった人が、茅ヶ崎に別荘を持っていたんだけど、そこに二人かくまうことになった。
　その深作の細君のすみれさんが度胸のある人でね。だいたいこういう運動は、細君がよくなきゃできないんだよ。

上野　それはそうですね。脱走兵を自宅にかくまったら、生活まるごとまきこまれるわけですから。

鶴見　そうです。それで私は、親父のいる東京の家に、二人の脱走兵を連れていった。親父はそれで脱走兵と握手してね（笑）。

　だけど困ったことに、その二人の脱走兵が喧嘩になったんだ。一人がもう脱走をやめて部隊に帰ると言いはじめてね。

小熊　それで、どうなさったんですか。

鶴見　私は介入しない。そこで「裏切者」とか言っても、仕方がない。それでその晩は放っておいて、次の朝に、「せっかく脱走したんだから、このさい日本で行ってみたいところはないか」って聞いたんだ。そしたら、「銭湯というところに行ってみたい」と言うんだ。アメリカにはそんなものはないからね。

上野　その銭湯ツアーに、鶴見さんはつき合われたんですか。逮捕されるかもしれないのに。

鶴見　そうだよ。だって彼らは日本語もできないし、右も左もわからないんだから。

　それで行こうということになったけど、まだ逮捕されると思っているから、自宅の近くの銭湯では危ないということで、遠くの銭湯まで行ったんだ。そうしたら、まだ銭湯は朝で開いたばかりで、風呂場には日光がさんさんと射し込んでいたんだ。

　そこでお湯につかっていたら、とっても愉快な気分になってきてね。それでお湯から出て、親父のいる家まで帰ってきたら、部隊に帰ると言っていた兵隊が、「やっぱり脱走を続ける」と言ったんだよ。日本の伝統に助けられたんだ（笑）。

小熊　いい話ですねえ。私は風呂が好きで（笑）。

鶴見　それから、いつまでも親父の家に置いておくわけにいかないから、京都の私の家に移したんだ。彼らは日本語はできないから、私とはぐれたらもう終わり。だけどいつ逮捕されるかわからないから、「一緒には歩かないでくれ。少し離れてついてきてくれ」と言って、東京駅に行った。

だけどそうしたら、東京駅で尾崎秀樹に声をかけられてね。事情を説明するわけにもいかないし、もうほんとうに困った（笑）。だけど適当にやりすごして、新幹線の席をかなり離れてとって京都まで行って、私の自宅の近くの旅館に泊めた。食事だけ私の家で食べさせてね。

だけどそうしていると、お金もかかる。そこで考えたのが、「脱走兵の保津川下り」。

上野　何ですか、それは？

鶴見　その当時、ＴＢＳにべ平連のシンパが多くて、脱走兵援助のために職場やなんかでカンパを集めてくれる場としては、いちばん大きかったんだ。当時のあそこは、ベトナム戦争や三里塚の成田空港反対運動の報道なんかでも、「偏向している」とか言われて、たたかれていたくらいだからね。

そしてＴＢＳがカメラを出して、脱走兵に京都の保津川を下らせて、撮影したんだ。そして「脱走兵の保津川下り」という番組をつくって、お金を稼いだ（笑）。

上野　そのあたりの、極秘行動の部分と、メディア戦略の部分のかねあいがうまいですね。

鶴見　それで最終的には、吉川勇一がソ連大使館に交渉に行って、ソ連の船に乗せてスウェーデンに送り出した。脱走兵を受け入れてくれる中立国というと、スウェーデンしかない。そこまで逃がそうということになると、ソ連を経由するしかなかった。

それで横浜から出航してナホトカ、それから鉄道と飛行機でモスクワ、そこからスウェーデンへ行かせた。横浜を出たソ連船が、公海上に出た時間をみはからって、こちらも記者会見をやって、写しておいた記録映画と一緒に公開したんだ。

上野　その当時は冷戦下でしょう。ソ連に頼るということに、抵抗感はなかったんですか。

鶴見　ソ連の側は、この事件を利用した側面があった。モスクワに脱走兵たちが着いたときには、ソ連側からいろいろ働きかけがあって、脱走兵のなかにはそれを嫌った人もいる。でもとにかく、スウェーデンに送り出すことが先決だったからね。

小熊　ソ連に打診してみようという考えは、誰が言いだしたんですか。

鶴見　吉川だった。彼はかつては日本共産党の党員で、原水爆禁止運動の事務局員なんかをやっていた人だ。ソ連や中国の原爆実験の評価をめぐる問題や中ソ対立の影響がもろに運動に持ち込まれたり、原水爆禁止運動が分裂したりして、吉川は原水爆禁止運動を党の利害のために引き回すことに抗議して、共産党を除名された。そのあとべ平連に入ってきたんだけど、ソ連大使館に知合いがいたんだよ。だけどソ連大使館と吉川がつながっていたとかじゃなくて、知合いがいたという程度だ。その後、べ平連がソ連のKGBから一〇万円お金をもらっていたとか、アメリカ情報筋経由で『サンケイ新聞』から言いがかりをつけられたことがあったけれど、吉川によると、そんな事実はまったくない。だいいちその何十倍も、私や小田はつぎこんでいたんだし。

上野　ソ連にあまり頼るのもどうかという議論になりませんでしたか。

鶴見　その後の脱走兵援助では、別の方法もとった。飛行機でフランスに送り出したりもしたんだ。

その手法は、ヨーロッパを放浪していた高橋武智が、第二次大戦の時代に使われていたものだと言って伝えてきた。

そのときに、フランス側で受け入れる人間も必要でしょう。これは私が考えたんだけど、「ホリゾンタル・ソサイエティ」というバッジをつくって、それを付けている人間が迎えにくると脱走兵に教えてね。日高六郎がフランスに別荘をつくって、あっちに渡っていたから、彼に迎えの役をやってもらったんだ。

上野 日高さんがフランスに別荘を持たれたのは、そのためだったとは。

鶴見 ほんとうにお人よしなんだ（笑）。だけど奥方も偉いんだよ。旦那に東大教授の地位を守らせることなんかより、脱走兵援助のほうがロマンティックでいいって人なんだ（笑）。

上野 さきほどからその話がよく出ますが（笑）、やはり配偶者が大切なんですね。

小熊 そういう隠密活動は、自由参加のべ平連とは一応区別して、ＪＡＴＥＣ（反戦脱走米兵援助日本技術委員会）として運営していらした。その後は米軍からの依頼で、日本の警察が脱走兵を捕まえにくるというかたちになりましたね。

鶴見 そうそう。ほかにも六八年の夏には、脱走兵を三人ほど、鹿児島の先の諏訪瀬まで連れて行って、かくまってもらったことがあるな。

上野 諏訪瀬って、あのころヒッピーのコミューンがあったところですね。

鶴見 そうそう。アメリカの詩人のゲイリー・スナイダーが私と知合いで、そこと縁があってね。べ平連の側からは、那須正尚と阿奈井文彦がついていった。

上野　あらゆる手段をとっておられますね。

鶴見　いまとなっては、楽しい冒険みたいだね。

でもある時期からは、脱走してくる兵隊が増えすぎて、こちらの力では限界にきた。かくまうのもたいへんだし、国外に出すのもたいへんだ。だからその後は、ＰＣＳ（パシフィック・カウンセリング・サービス）という組織をつくって、脱走ではなく、軍隊内に留って反戦活動をしたり、良心的兵役拒否の申請をさせて合法的に名誉除隊させるような相談に応じる活動にきりかえた。

アメリカから牧師さんを呼んだり、場合によっては仏教のお坊さんに協力してもらって、脱走してきた兵隊と相談してもらう。そして、この兵隊は単なる命令忌避で脱走したのではなくて、宗教上の信念で戦争から離脱したいんだという証明書のようなものを出すんだ。そのうえで部隊に帰らせると、軍法会議にかけられるんだけど、うまくいって宗教上の理由があるということになれば、良心的兵役拒否者と認められることもありえた。

一時はかくまっている脱走兵がたまってしまって、ものすごく困ったんだけど、そういう活動にきりかえながら、なんとか回転させていったんだよ。

小熊　最盛期は何人くらいたまっていたんですか。

鶴見　そんなに大きな組織じゃないんでねえ。関係者とか、知合いとか、方々を転々とさせながらかくまうわけだけど、一時はいちどに一〇人くらいたまっていたんじゃないかなあ。

上野　それはたいへんですね。脱走兵を自分の家にかくまうのもたいへんだし、かくまってくれる家を探すのもたいへんだし……。

小熊　しかもそれから年中受け入れていたら、もっとどんどん増えてしまうでしょう。

鶴見　だからねえ、これは女性の力で成り立っていた運動なんです。脱走兵をかくまって、向きあって暮らしていたのはそこの主婦だったわけだから。なかにはストレスや緊張で酒を飲んだり、荒れたりする脱走兵もいるし、それはたいへんなんだよ。

それから脱出の指図とか、国外に送り出すさいの見届けとかも、女性がやることが多かったんだ。脱走兵も心を許しやすいし、警戒も油断させやすい。最初のソ連船に乗せたときからそうです。もちろん男性でそれをやったのもいたけどね。基本的に女性と若者が担った運動だった。

べ平連の組織運営

小熊　べ平連は自由参加の原則を打ち出して、誰でも参加できた。しかも本部や支部といった関係ではなくて、べ平連の方式を採用したければ各地で勝手にべ平連をつくってよい。東京の事務所も、「本部」ではなくて「神楽坂べ平連」と名乗る。各地でできたべ平連も、別に東京のべ平連に登録しなくてもよいし、一人で「べ平連」を名乗ってもよい。ああいう組織形態というのは、いわゆるネットワーク組織論の元祖みたいなものですが、誰が考えついたんですか。

鶴見　特定の誰かが原則として打ち出したってことじゃなかったねえ。私も本店と支店の関係というのは、もともと嫌いだし。それに共産党のような、がっちりした中央本部があって、党員の登録があってという組織の弊害は、そこを除名された吉川勇一をはじめとして、みんなよくわかっていたしね。

上野　べ平連は、のちの運動の原則をつくったところがありますよね。私が記憶しているべ平連の三原則というのは、(1)やりたい者がやる、やりたくない者はやらない、(2)やりたい者はやりたくない者を強制しない、(3)やりたくない者はやりたい者の足をひっぱらない、というもので、単純でいながらたいへんよくできた原則です。これは、一九五八年の三井・三池炭鉱闘争のなかで生まれた谷川雁さんたちの大正行動隊の原則を、お手本にしているそうですが……。

小熊　その原則は、もとはちょっと違うかたちで（「何でもいいから好きなことをやれ」「他人のすることにとやかく文句をいうな」「行動を提案するなら必ず自分が先にやれ」）小田さんが一九七〇年くらいになると書いていますが、べ平連の初期から明確に唱えられていたわけではないですね。あんまりどこかの影響があったとか、当初から明確な原則を立てていたとかではなかったと思いますが。

鶴見　だいたいべ平連は、最初はあんなに広がると思っていなかったんだ。高畠と私と小田が、とりあえずデモをやろうって始めたことなんだから。それから小田が即興でどんどん広げていったけど、最初から原則があったとかじゃないんだよ。

それにそういう原則も、べ平連が初めてというわけでもなかったと思う。もともと「声なき声の会」だって、小林トミが「誰でも入れる声なき声の会」というプラカードをつくって歩いたら、同じようなものがたくさん出てきたわけだから。六九年ごろなんて、毎週どこかの街でべ平連ができているような状態だったから、統制なんかできなかったともいえるし（笑）。

小熊　当時のべ平連の会計報告は『べ平連ニュース』とかに公開されていますが、それを見ても、中心になっていた神楽坂べ平連そのものは、共産党なんかとはくらべものにならないくらい小さい集団ですよね。その小さい集団の出した企画が、デモの参加者とか、各地の広がりとかで、大きな現象になっていっている。

鶴見　とにかく、広がっていったんだよ（笑）。全国で何万人も何十万人も広がっていったんだ。

小熊　そういう状態のなかで、火をつけて回っていたのが小田さんで、切りまわしていたのが吉川さんだったわけですか。

鶴見　吉川は、すごく有能な事務能力のある人間なんだ。彼が事務局長になってから、会計帳簿もきちんとつけていたし、手紙を出す住所録の管理とか、デモの届出とか集会の場所の手配とか、とにかくちゃんとやっていた。だから、ソ連から一〇万円もらったとか言いがかりをつけられたときも、吉川は会計帳簿をすぐに出せる態勢で、きちんと反論できたんだ。

小田と吉川というのは、いい組合せだったね。小田は講演して回れば人気があるし、お金は稼いでくるんだけど、帳簿つけとかは全然だめだったから（笑）。小田と吉川の二人がいたから、ベ平連は回転したんだ。

吉川が最初にベ平連にきたのは、六五年に赤坂プリンスホテルを借りきって、徹夜のティーチ・インをしたときに、ベトナムの地図がないのはまずいという話になって、武藤一羊が「地図を書くのがうまい奴がいるんだ」というので書いてもらったのが初めてなんだ。

小熊　中曾根康弘や宮沢喜一といった自民党の政治家から、桑原武夫、久野収、日高六郎、開高健、小田実、坂本義和とか、豪華メンバーで徹夜討論をやって、テレビに生放送させた。天皇の戦争責任に話がおよんだところで放送中断事件がありましたが、いまの「朝まで生テレビ」の元祖のようなものですね。
鶴見　そう。そこから吉川が事務をやってくれるようになって、「事務局長」と呼ばれるようになった。べ平連には正式には本部とか役職はないんだけど、通称でね。小田は一部では「天皇」とか呼ばれていたりしたな（笑）。
小熊　武藤一羊さんが最初に吉川さんを紹介したときは、有能だけど共産党から除名されて、奥さんに食わせてもらって時間がある奴がいるから使わないか、とかいう話だったそうですが。
鶴見　そう。吉川も細君がよかったんだよ（笑）。よい細君がいないと、運動家はダメなんだ。
上野　小田さんは？（笑）
鶴見　前の細君とはうまくいかなくて、その一方で人気があって、女性にもててねえ。それで、いろんなところでトラブルを起こした。吉川と私は、それをもみ消して歩くのに往生した。
上野　小田さんは当時、全共闘のスローガンに同調して、「家族帝国主義」を唱えていましたからね。その後、転向されたようですが（笑）。メディアから狙い撃ちされていたんですか。
鶴見　もうほんとうに参った。そういえば、桑原武夫さんや松本清張に助けてもらったことがあるよ。週刊誌とかの編集部に、松本清張が電話をしてくれるわけ。彼の連載を止められたら、編集部が困るでしょう。それで、小田のスキャンダルも出せなくなるわけだ。
小熊　そんなことまでやってらっしゃったんですか。
鶴見　清張はすごいよ。まあでも、この話はそこまでにしよう（笑）。
上野　松本清張さんともつき合いは深かったんですか。

鶴見　いや、ほとんど面識がないも同然（笑）。でもあの時代って、そういうものなんだよ。だって小田だって、運動になんか縁がなかったベストセラー作家で、こっちとつき合いも全然ないのに、電話一本で出てくるんだから。「脱走兵の保津川下り」なんて番組が、ＴＢＳでつくられちゃうんだからね（笑）。面白い時代なんだよ。

桑原武夫と（1969年，小田実『現代史』出版記念会で）

小熊　高度成長の「いけいけドンドン」の雰囲気と、まだ敗戦後のアナーキー状態が続いているところとがありますね。

鶴見　小田は、その後に韓国人の細君と一緒になったから、うまくいっていると思う。

小熊　ところで吉川さんは、共産党のベテラン活動家だったわけですから、べ平連に既存の組織論を持ち込もうと思えばできたと思いますけれど、そういう傾向はなかったんですか。

鶴見　そういうことはしない。彼はもう、共産党でそういう組織論の弊害を骨身にしみて知って、苦労していたから。原水爆禁止運動が、党利党略で動かされて分裂させられたのに抗議して、共産党を除名されたんだからね。だから彼は、大衆運動が党組織にひきまわされることを、嫌っていたんだ。彼自身は、当時は共産党とはちがう前衛党をつくろうということで、いいだももがやっていた共労党の党員もやっていた。でも共労党の活動は、べ平連にはけっして持ち込まなかった。

小熊 吉川さんはご自分の回想記である『市民運動の宿題』(思想の科学社)なども書かれていますが、「べ平連を共労党から守るのが共労党員としての私の勤めだと思っていた」というふうに考えておられたそうですね。

鶴見 そうそう。それは苦労した結果、吉川が到達した地点だと思う。

小熊 『〈民主〉と〈愛国〉』を書いたあと吉川さんにも話を聞いたんですが、べ平連に来ていた若い人で共労党に入りたいという人がいたときに、「おまえ、党に入るというのは甘いものじゃない。もう一度よく考えてからにしろ」と言ったそうです。

上野 それは当時の左翼の人間としては、珍しい態度ですね。

小熊 少なくとも、吉川さんご自身はそうおっしゃっていました。それから吉川さんの話では、自由参加が原則だから、新左翼の人がべ平連にやってくる場合もあったけれど、べ平連の事務所でほかの若者をオルグしていたりすると、吉川さんが「おい、ここはそういうことをする場所じゃないぞ」と言っていたという。そこから当時の新左翼のなかには、べ平連は小田さんや鶴見さんといった文化人を表に掲げているけれど、裏では吉川さんなど共労党の活動家があやつっているとか、そういう噂を立てる人もいたようですが。

鶴見 そんなことはまったくない。とんでもない話だよ。だいたい本部も役職もないのに、どうやってあやつるっていうの（笑）。

疲労と仁義

上野　本店・支店方式をとらない、統制もしない。でも参加する人が広がると、相当過激な実力行使を、ベ平連の名で行なう若者たちも出てきましたね。それにはどう対処なさったのですか。あるいはベ平連で内ゲバとかはなかったのでしょうか。

鶴見　そういう問題、触れなきゃいけないよね。一九六九年に、小田が書いた『冷え物』という小説をめぐって、暴力沙汰が起きたんだ。

小熊　朝鮮人問題と部落差別問題が描かれていて、差別される者が他の集団を差別するといった問題も取り上げられている作品ですね。

鶴見　それで、こんな小説はけしからん、ベ平連として自己批判しろとか言いだす若い人が出てきて、大もめにもめたんだ。その人たちをベ平連と見るか、ベ平連外と見るか。

小熊　ベ平連のなかで、どうしてもリーダー格になってしまう小田さんや鶴見さん、吉川さんなどを、もっと急進的な行動をとろうとする若者たちが「オールド・ベ平連」と称して批判するという傾向は、それ以前からあった。そういった不満が、小田さんの小説をきっかけにして噴出した、といったところがあったようです。

上野　なるほど。役職を設けない組織をうたっていても、どうしても出てくる問題ですね。

鶴見　それでべ平連で何日にもわたる討論にもなったんだけど、暴力も出たんだ。伊丹べ平連というのが出てきて、私は自宅を二度占拠されている。私は交番にはけっして訴えない主義なんで、朝まで占拠されたけど黙っていて、やがて去っていったんだ。

それに東京の神楽坂べ平連には、殴りこみがあったんだよ。吉川が私に電話してきて、いま殴りこみがあって殴られたと言ったんだ。私はこれは、内ゲバの一種だと思っている。

小熊　吉川さんは、内ゲバではないとおっしゃっていますね。この問題に火をつけたのは関西部落研という、おそらくは新左翼系の団体の一つであると。べ平連では討論はあったけど、内ゲバなどはなかったと吉川さんは言っている。

鶴見　吉川はべ平連を愛しているんだ。だから、共産党や新左翼のような内ゲバをべ平連は起こさなかった、あれは外から来た連中で内ゲバじゃないと主張するんだよ。

小熊　まあべ平連というのは、「俺はべ平連だ」と言ってしまえばべ平連なんですから、「俺たちもべ平連だぞ」といって殴り込まれたらおしまいですよね（笑）。

上野　それで、小田さんはどう対処なさったんですか。

鶴見　小田の対し方はなかなか見事だった。自己批判して絶版にしろとか迫られたんだけど、小田は絶版というのはやらない、批判と併記して出版しようじゃないかと提案したんだ。絶版にして目に触れないようにするんじゃなくて、読者に考えてもらおうと。

小熊　吉川さんの話だと、そう小田さんが提案したんだけど、最初に糾弾してきた関西部落研のほうはいつのまにか消えてしまった。それで小田さんは、部落解放同盟側の批評家の論文と併記するかたちで、出版したそうですね。

鶴見　まあ吉川と私で多少記憶がちがうけど、暴力沙汰があったのはあれだけだ。そのほか、警察のスパイらしいのが入ってきたこともある。事務所があった神楽坂べ平連で、毎週火曜の夜に世話人会を開いて、重要事項を決めていたんだけど、そこも自由参加で誰でも来れる。そうなると、「どうもあいつはスパイじゃないか」というのも来るんだよね。

上野　それで、どうなさったんでしょう。

鶴見　そういうときに吉川は、どうしたらいいだろうかと電話してきたんだ。それで私が勧めて、吉川がとった方式というのは、こういうものだった。

まず、こいつはスパイだとか嫌疑をかけて、集団的に弾劾して吊るし上げるとか、そういうことはすまい。吉川は共産党で、そういう査問をやったあげくにリンチになった事件を知っているし、私も藤田省三の査問とかがあったから、そういうのはやめようと思ったんだ。

そこで金と時間はかかるけれども、事務所では雑談をして、そのあとお店をひたすら梯子して、違うところに行って飯を食うんだよ。そのうちにスパイだと言われている奴は、根負けして金もなくなって脱落しちゃうんだ（笑）。

それで朝の四時か五時くらいになると、もう古くからいる何人かだけしか残ってない。そこで重要な相談、スパイに聞かれては困るような相談を最後にするんだ。食い倒れ作戦だよね（笑）。疲れるけれど、デモクラティックな方法なんだよ。とにかくそれでやったんだ。

小熊　すごいですね。そういう知恵が新左翼とか連合赤軍にもあったら……。

上野　だけど疲れそうだ（笑）。体力がないとできないですね。

鶴見　まだ十分に若かったからできたんだ。古い連中でも三十代から四十代前半くらいだったから。

小熊　暴力を避けてデモクラティックな方法を守るには、労力を惜しんではならないと（笑）。

鶴見　スパイといえば、脱走援助活動のなかに、アメリカがスパイを送ってきたこともあるんだよ。六八年の秋だったけど、脱走兵のふりをして、ベ平連にやってきたんだ。

上野　ありましたね。

鶴見　この件は、私に責任があるんだ。脱走兵だと名乗って、おかしな人間が来るというのはほかにもあったんで、ベ平連のメンバーが面接して、ほんとうに脱走兵なのか確かめていた。そのスパイはジョンソンと名乗って京都のベ平連にやってきて、深作と私が面接したんだよね。

いまから思えば、最初から怪しかったんだ。その男は、自分はなぜベトナム戦争に反対かというのを、筋道を立ててきちんと話すんだよ。それまでの脱走兵で、そんな準備してきたような筋道を立てて反戦思想を述べたてた奴なんていないんだ。

上野　「ぼんやりした確かさ」ではないと（笑）。

鶴見　だけど、私はパスしたんだよ。それがミスだったんだ。東京にそいつを回してから、東京のほうで、スパイではないかという説が出てきた。というのは、オモチャの銃を遊びでチャカチャカやったら、パッと彼が跳びはねたっていうんだよね。警戒しているんだよ。それで私は、それならそこで放したらいいじゃないかと言ったんだけれども、なかなかそういうことができなかった。

小熊　その経緯は、その時期の脱走兵援助活動の中心だった栗原幸夫さんが、回想していますね。鶴見さんに、あいつはスパイじゃないかと言ったのだけれど、鶴見さんは嫌そうな顔をして、「仲間のなかでそういう疑心暗鬼がおこるのは、運動がつぶれるときだ」と言ったと。

鶴見　そう。それで結局、メイヤーズという本物の脱走兵と一緒に、そのジョンソンを北海道まで連れて行って、そこから船に乗せようとした。ところがジョンソンが途中で消えて、アメリカ軍のジープと日本の警察が追いかけてきて、本物の脱走兵のメイヤーズは米兵に引き渡されちゃったんだ。そして、彼らの運搬をやっていた当時十九歳の山口文憲も、適当な理由をつけられて警察に連れて行かれた。

べ平連の脱走兵援助活動のなかで、警察に逮捕されたのは、彼だけなんだ。援助では法律に触れないから、すぐ釈放になったけれど、そういったことで彼は大学へ行くのを諦めてしまった。だから私のミスで、彼の生涯に影響を与えてしまったんだ。

小熊　でも栗原さんは、「鶴見さんは正しかった」と述べていますよ。もしそこでスパイに対する疑心暗鬼が広がったら、査問やリンチの連鎖に発展して、運動そのものが崩壊しただろうと。

鶴見　栗原はそう言ってくれている。でも私のミスなんだ。

そこでつかまったメイヤーズという本物の脱走兵は、ずっとあとに、日本に帰ってきたんだ。彼は反戦の人間としてずっと迫害されたんだけど、シャバに出たあと、日本に来てべ平連について講演会をやってくれた。でも彼の生涯にも、影響を与えたよね。

だから、私にミスの責任はあるんだ。スパイのほうは、理路整然としていた。ほかの脱走兵は、ぼんやりしたことしか言わない。理路整然としたものに常に頼ってちゃダメだ、ということでもあるんだ。

上野　内ゲバやスパイだけじゃなくて、ベ平連の名で実力闘争をやろうという若い人たちも出てきたと思いますが、そういう場合はどうなさいました？

鶴見　そういう面でも、困ったことがあった。六八年八月に、京都の国際会議場を借りて、国際会議を開いたんだ。あそこの館長の高山義三は戦中でもきちんと無実の被告のために闘った人で、自分は普通の自民党員とは違うぞ、という気分を持っていた。そして桑原武夫と松田道雄と奈良本辰也が代表で会合に使いたいと申請したら、認可してくれたんだ。

　ところがその会議のあとのデモで、機動隊とデモの中間に、硝酸の入ったビンを投げた奴がいるんだ。ベ平連の学生も火傷をした。私はデモのなかに勝手に入り込んできた新左翼のセクトがやったんだと思うが、よくわからない。だけど新聞には、ベ平連が硝酸ビンを投げたとか書かれてね。そういうのは、非常に困った。

上野　けれどそういう動きを、統制しようとか、排除しようとかというふうには、されませんでしたね。

鶴見　まあ六五年四月の発足から、七四年一月に解散するまで、八年九ヶ月のあいだでいえば、とにかく逃げ切ったというところです。失敗はあったけどね。

上野　たとえば？

鶴見　六九年ごろは、ベ平連が中心になって、東京で何万というデモができたんだ。そういうときに、そこに入り込んできて、トラックの上とかに乗って、マイクなんかでアジったり命令するのが好きな学生とかがいるんだよ。

上野　ああ、いるでしょうねえ。

鶴見　これは東京の話だから、私は現場にいたわけじゃないんだが、七〇年六月のべ平連や全共闘、反戦青年委員会なんかの共同のデモで、怪しい奴がいるといってある人を若い学生が捕まえて、ヘルメットの学生たちがとり囲んだんだよね。

小熊　当時はデモ隊のなかに、私服の公安警察官がまじっていることが少なくなかったから。

鶴見　それで、おまえは何だ、おまえの家はどこだ、電話番号は何番だ、とか問いただした。だけど彼が言った自宅の電話番号に電話をかけてみたら、誰もいない。彼は、妻は「婦人民主クラブ」でデモに行っています、娘も学生で全共闘のデモに行っていますとか答えたんだけど、嘘を言うなとかいうことになって、若い奴が殴ってケガをさせちゃったんだよ。殴った奴は、ある大学で学生運動の指導者クラスだった奴でね。学生運動も過激化していた一方で、警察の暴力もひどくなっていたから、気が立っていたんだ。殴られた人を助け出したのは、東大全共闘の人と、ある大学べ平連の活動家たちだった。

だけどその人は私服警官なんかじゃなくて、私もよく知っている朝日新聞の記者だったんだ。正確にいえば殴ったのはべ平連のメンバーじゃないとしても、とにかくべ平連がかかわったデモでそういう目に合わせてしまった。それで小田と吉川と福富節男が、病院まで謝りにいったんだよ。

上野　そういうとき、謝りにいくという行動をされるわけですね。べ平連は除名ができるような組織にはなっていないと思うんですが、「うちの若いもんが失礼をいたしました」というご挨拶にはいらっしゃるわけですか。

鶴見 行きます。ヤクザの仁義ですから（笑）。

上野 そういう場合、べ平連は統制はしないし、とれない集団であるから、べ平連を名のる者がなにをやっても責任はない、と開き直るというやり方もありますよね。

鶴見 開き直らない。とにかく責任は負うという立場です。

小熊 つまり、統制はしないが責任は負うということですか。

上野 よくそこまでおやりになりましたね。それは最高の倫理じゃないですか。

鶴見 論理的に考えると変なんだけどね（笑）。まあそれでも八年間はもった。私もヘトヘトだったけど、まあ京都だったたし、大学を辞職したあと七二年から一年はメキシコで客員教授をやっていたからね。小田や吉川とか、そのほかいろいろな人は、もっとたいへんだったんじゃないの。だからパリ平和協定でベトナムから米軍が撤退して、七四年一月にべ平連が解散したときには、ほっとした気分だった。

上野 そりゃそうだと思います。

小熊 よくそんな、統制はしないが責任だけはとるみたいな姿勢で、八年も続けられましたね。そういう情熱は、どこから来ているんですか。やはりそれは、鶴見さんが何回も書いておられるように、戦争中に行動できなかった悔恨を、戦後の行動で取り返してやろうということですか。

鶴見 それはそうですよ。だから、このくらいは当然だと思っていました。
だけどそれだけじゃなくて、その、細君たちにすまないじゃないですか。べ平連の活動をやった連中は、細君にすごく迷惑をかけているんだよ（笑）。とにかくベトナム戦争が終わるまではがんばらないと、それを許してくれた細君たちに、すまないじゃないの（笑）。

上野 ははは（笑）。それも仁義ですか。

鶴見 途中でやめたら、細君たちにすまない。ほんとうにすまない。そう思ったんだ（笑）。

小熊 生き方が試されているという感じですか。でも、しんどくありませんでしたか。

鶴見 しんどかった。だけど、とても愉快な体験だった。

上野 しんどいけど、愉快だったと？

鶴見 その二つは同じことですよ。そういうもんでしょう？ 人生ってそういうものなんだから。もうしょうがないよ、生まれてきちゃったんだから（笑）。

上野 それで、八年間疲れ果てて、何かをやり遂げたという気分におなりですか。

鶴見 日本でこの種の運動ができたということに驚いた。私が非常に低く評価している日本人が、こんなことできたのか、という感じですよ。やってよかったと思う。だけどホントに疲れた（笑）。

雑談3　三日目夕

お開きの場

鶴見　この三島亭は、ゆかりのある場所なんですよ。三高に入ったばかりの大宅壮一がクラス会ではじめて来たそうです。桑原さんも学生や助手を引き連れて、よくみんなで来たんだ。私もここに連れられてきたよ。

小熊　すき焼きの老舗ということで、ずいぶん古いお店みたいですね。

鶴見　だから今回の座談も、ここでお開きにしたかったんだよ。

小熊　座談の整理は基本的に私がやりますが、まとめ方にご希望はありますか。

鶴見　いや、もう信頼しておまかせします。若槻礼次郎が、二十代の私に「おまかせします」と言ってくれたようにね。

小熊　わかりました。心してやります。

上野　鶴見さんは、ほんとうによい先達に囲まれていたんですね。

鶴見　上野さんは学問上の先生にあたる人なんているの？

上野　社会学者の吉田民人さんです。

鶴見　あ、そうなの。

上野　私は、あの方の不肖の弟子です。あの方の仕事とは、似ても似つかぬことをやっていますけれど。学生は、教師が何をやっているかでは見ないんですよ。どんな姿勢でやっているかしか見ないんです。

小熊　なるほど、そういうものかもしれませんね。

上野　教室で民人さんが何を喋ったかなんて、ほとんど憶えていませんが、「学問は博打だ」とおっしゃったことはハッキリ覚えています。そういう姿勢は、見習っていますね。

鶴見　へえ（笑）。面白いことを言うねえ。彼は学問では、カテゴリー区分を非常に厳しくやる人だけど。

上野　整理魔と言われていますが（笑）。結果的に、自分の縮小再生産になるような弟子は一人もつくられませんでした。だから、彼の後継者といえる人はいません。

鶴見　私なんか自分で勝手に威張って世を渡っているように世間では思われているけれども、六五年間、都留重人の弟子として生きているんですよ。やっていることは、都留さんと全然ちがうけどね（笑）。

上野　鶴見さんに対して、同じことを言う方がいらっしゃるとしたら、どなただと思いますか。

鶴見　誰もいないと思う。弟子なんていない。

上野　ご本人はそう思われる。でももしかしたら、加藤典洋さんとか黒川創さんとかが、ご自分でそうおっしゃるかもしれませんよ。

鶴見　でも私の方としては、私が死んだら、私の息子が葬式で門の向こう側に立って、「みなさんよく来て下さいました」って言うだけ。それで、饅頭本として詩集を配って（笑）。

上野　鶴見さんが多くの人に影響を与えたことはまちがいありません。

鶴見　まあ、意図して啓蒙したことなんかないんだけど、偶然に。そしてぼんやりとね（笑）。プライスが言っていることなんだけど、人間はぼんやりと何かを発信しているんだ。ロックからヒュームにいたるイギリス経験論の流れなんかでも、心は閉じられた箱じゃない、「個人」という単位の輪郭はあいまいなものだ、という考え方があるんだよ。そこから、超能力とかテレパシーの問題も出てくる。

小熊　鶴見さんは宗教思想とか、テレパシーとかの問題に、早くからこだわってらっしゃいますよね。

鶴見　問題は、人間と人間のあいだでやりとりされるメッセージというものは、明確なものなのかということなんだ。「ぼんやりして確かなもの」というのがあるんだよ。小熊さんの本でも、「心情」とか言っているでしょう。

小熊　はい（笑）。

鶴見　私はアメリカで、一度だけホワイトヘッドの講義を聞いているんだ。ハーヴァードのチャペルでね。彼はもう年寄りでよろよろしていて、最後に何かひとこと言って、終わってしまった。それが彼のハーヴァードでの最後の講演だった。

何を最後に言ったのかと思って、あとで講義録のコピーをとって、確認してみたんだ。そうしたら、その最後の一言は、"Exactness is a fake" っていうんだよ。

上野　おおー（笑）。

鶴見　それはすごいことなんだよ。そのころのハーヴァードの哲学科というのは、カルナップやクワインが講義していて、論理実証主義がさかんだったんだ。つまり論理的な明確さ、exactnessを追求していたんだ。それに異論を立てたんだ。

上野　最後っ屁というやつですね。

鶴見　精密さというのは、一つのつくりものにすぎない。人間がもっているほんとうのものは、ぼんやりしたものなんだ。それこそが、しっかりした、たしかなものなんだ。そういう人生観だね。

上野　その最後の一言がホワイトヘッドの講義に出たときに、場はどよめきましたか。

鶴見　いや、みんな理解していなかったと思う。あまりよく聞えなかったしね。ラッセルとホワイトヘッドの共著の『プリンシピア』が、当時の哲学の源流なんだよ。その人が当時の最先端に異論を唱えているんだ。

それでもっと面白いのが、そのときの講義の題名。「Immortality」（不滅性）っていうんだよ。

上野　へえー。

鶴見　彼はまず不滅性を定義するんだ。この場かぎりで消えてしまうものがmortal、つまり死すべきものだよね。そして現在を突きぬけていくものがある。それがimmortalityなんだ。mortalなものを突きぬけていくものなんだ。

それは価値を確信して、価値としてこの世界を見るということ。価値だから、この場かぎりで終わらない。また終わらせてはいけないと思う。だから現在を突きぬけていく。それがimmortalなんだ。それは、ぼんやりしているけど、確かなものなんだよ。

この感覚というのは、金子文子と同じだよ。彼女の獄中手記を読むと、自分が自決して死んでも自分の存在がここで終わるものではないと知っている。彼女は小学校しか出ていない。でも獄中で自分の存在を見ているだけで、そういう地点まで人間はくることができるんだ。

個人を超えたもの

小熊　人間が死んだあと、個人の輪郭を超えたものとして、何が残るかですね。それに関連してちょっとお聞きしておきたいんですが、鶴見さんは長く京都に住んでいるのに、まったく関西の言葉を話されないですね。

鶴見　そう。ずいぶん住んでいるけど、ほとんど使わないね。それに私は、子どものころからお神輿《みこし》とかを担いだこともない。私の子どもには、お神輿を担がせたけど（笑）。

小熊　鶴見さんは昨日、「愛国」の「国」が「くに」だったら理解できる、自分はナショナリズムは嫌いだけど、パトリオティズムならわかるとおっしゃった。でもパトリオティズムというのは、ふつうは郷土愛のことでしょう。図式的にいうなら、国家のダム開発政策で村が沈むとかいうときに、国家を支持するのがナショナリズムで、村の立場からダムに反対するのがパトリオティズムですよね。でもお神輿を担いだことのない鶴見さんがおっしゃる「くに」というのは、そういう村とかローカリティとして想定されているものじゃないでしょう。

鶴見　そう。だから「領土なきナショナリズム」と

小熊英二

いう言葉に、共感を持つんだ。そういうものなら、確かに私は持っている。つまりテレビで竹内さんが辞表が出したとなれば、「ああ、俺も辞めよう」となる。あのときも、次の日に鏡を見たら、都留証言のときと同じように、部分的になんだけど白くなっていたんだよ。いかに自分のなかの深い部分に竹内さんとのつながりが入っているかわかった。だから、私のはそういうパトリオティズムです。それは個人を超えているよね。

小熊　そうすると、「郷土愛」というよりは、「ヤクザの仁義」に近いと。

鶴見　そうそう。桑原さんにも、そういう親近感を持っているよ。だから私は、京大の悪口を言わないんだよ。東大教授の悪口を言うようになったのは、丸山さんが亡くなってからだね（笑）。知合いの東大教授が、「鶴見さんが東大の悪口を言うのは、あなたがハーヴァードの出だからでしょう」って言うんだ（笑）。全然ちがうんだよ。

小熊　領土のある国家とか、伝統的に存在する共同体とかへの愛着ではないんですね。しかし実際のヤクザのように親分‐子分のつながりでもなくて、一人の人間としての信頼関係。

鶴見　そう。親分‐子分ではないね。子どものときからそうだった。

小熊　それなら、一種の同志愛でしょう。パトリオティズムというよりは、fraternityに近いんじゃないですか。フランス革命の「自由・平等・友愛」の「リベルテ・エガリテ・フラテルニテ」でいうフラテルニテ。

上野　私にはそんな言葉はぴんとこないですね。それよりは、「縁」とか「知己」と呼びたい。

小熊　フラテルニテというと、共通の普遍的原理のもとに同志愛を築くという感じだから、少しちがいますか。まあ名称や分類は、どうでもいいんでしょうが。

鶴見　私は、マスとしての国家とか世代には、期待しないんだ。私が自分でずっと持っているパトリオティズムの対象は、もっと小さいものなんだよ。それは日本にかぎらず、世界中にそういう場があるんだ。

たとえば留学時代の私を泊めてくれたアメリカの家庭だよね。私はアメリカの国家には批判的だけれど、彼らへのパトリオティズムがあるんだよ。そういう場が、世界中にポツン、ポツンとあるわけだ。それは領土っていうのとは、あまり関係ないよね。

そういうふうに政治的な理想をになう人間のつながりを、自分のなかに持っている。だからアナーキストとしての私と、そういうパトリオティズムは矛盾しない。私は、国家を全部破壊してしまって、アナーキーにしたらすばらしい純粋なものが出てくるなんて、そんな幻想を持っているアナーキストじゃないんだ。

小熊　そうすると、『転向』研究のグループを組織したり、『思想の科学』やべ平連をやったのも、そういう場をつくるというような感覚ですか。

鶴見　『思想の科学』のために、どれだけ泥をかぶってても平気だ。そうやっていると、とんでもないところから同じようになって泥をかぶってくれる人間が出てくる。加太こうじや上野博正がそういう人だった。それがヤクザなんだよ（笑）。

上野　それは、筋を通して生きてきた人たちに対する連帯の感情ですね。

鶴見　そうそう。それが「ヤクザの仁義」。

上野　しかし同時に、それぞれが一人一人、別々の道を歩いておられる。神輿を担いでというような、目に見える共同体みたいなものは、想定しておられないでしょう。

鶴見　そう。私のアナーキズムというのは、そういうものなんだ。

小熊　するとまあ、こうやって私たち三人が集まっていたりするのは……。

鶴見　そうそう、それが大切なものなんだよ。

あとがき

小熊英二さんの『〈民主〉と〈愛国〉』（新曜社、二〇〇二年）は、敗戦後の思想史を大河小説のように描いた大作だが、そのなかには、これまでの戦後思想史の書き手がだれも思いつかなかったひとつの仕掛けが仕込まれていた。それは、語られない戦争体験を光源として、ひとりひとりの戦後思想家の思想を照らし出してみよう、というものだった。その結果、かれの仕事は、戦後に語られた多くの思想の言葉から、寡黙に語られずに終わった戦争体験を、影絵のようにあぶりだすことに成功した。そして戦後のわたしたちは、現在に至るまで尾を曳くこの巨大な影の存在に、今さらのように震撼する思いを味わった。

かれが言及したさまざまな思想家のなかでも、そのひとに向けるかれのまなざしには愛情の濃淡がある。吉本隆明さんに向けるまなざしは冷淡と言ってよいほどだし、かれがついに本書に収録しなかった清水幾太郎さんに対するまなざしは苛烈なまでに辛辣で、わたしは肝の冷える思いをした。なかでは鶴見俊輔さんに対するまなざしが、いちばん敬愛がこもっていて、わたしは救われた思いだった。

わたしは鶴見俊輔さんという人に、十代のころから変わらぬ敬愛を捧げてきた。変わらぬ敬愛というのは、批判がないことを意味しない。むしろさまざまな歴史の曲がり角で、そのひとの立ち位置が、変わらぬ関心の対象になる照準点といったほうがよいだろうか。自由主義者を名のる鶴見さんは——この「自由主義」は、小泉純一郎のネオリベラリズムとも、「自由主義史観」の「自由主義」とも、何の関係もない——実のところ、どんな主義者でもない。どんな教条からも自由な知性として、鶴見さんはことの起きるたびに、この人ならではと思わせるしかたで身を処してきた。そして思想家が長命であるとは、いくども歴史の試練に立たされてきた、ということでもある。時間が暴露する思想家の検証は、あまりに残酷で容赦ない。だがその時間に耐えて、鶴見さんは、わたしにとって、何か事件が起きるたびに、この人ならどうこの事態に対処するだろうかと思いを馳せる準拠となり、そのなにものにも頼らない柔軟で強靭な姿勢に、わたしは敬服しつづけてきた。思えば鶴見さんは、一貫した思想によってよりは、かれ自身が「やくざの仁義」と呼ぶ一貫したその姿勢で、わたしを魅了してきたのだと思う。

だが、小熊さんの著書を読むまでは、鶴見さんという人に戦争体験が落とした影の存在に、わたしは無頓着だった。それはわたしの読書体験が同時代の思想家としての鶴見さんの著作に限定されていたせいでもあっただろうし、この無類に多産な書き手が、戦争中については控えめな書きものしか残していないせいでもあっただろう。わたしは小熊さんによって、書かれなかった体験の持つ書かれたものへの重みに目を開かされた。

その小熊さんが、鶴見さんに会ってみたい、という。会って、かれがじゅうぶんに書き残さなかった戦争中の体験について、聞いてみたいという。『〈民主〉と〈愛国〉』を書き終えたあとで、何人もの思想家を扱ったかれが、なかでもとりわけ関心をかきたてられ、直接その人の口から話を聞いてみたいと思った相手が鶴見さんだった。「本になるかどうか、わかりませんが……」と、かれはわたしを誘い、わたしはこの機会が一期一会になるだろうと予感して、祈るような思いでこの提案を引き受けた。

鶴見さんは成果や損得を念頭に置かないわたしたちの提案に、乗り気になってくださった。どんな出版社とも約束しない、編集者を介在させない、費用をどこからももらわず、謝礼もお払いしないという条件で、二〇〇三年の春の京都で三日間をわたしたちとともにつきあってくださった。それはこのうえもなく濃密で豊かな時間だった。

「残り少ないボクの人生で三日間といえば、じゅうぶんに長い時間です。さあ、何でも聞いてください。お答えしましょう。」……これ以上に深い信頼のことばがあっただろうか。わたしたちもまた、ひそかに急いでいた。高齢の鶴見さんは、いつ、何が起きてもふしぎではない。このところ数年間、心臓をわずらって、体調を崩しておられることを、わたしは知っていた。打ち合わせが始まって実現までに数ヶ月。収録したテープをワープロに起こして構成するのに数ヶ月。運よく版元が見つかったとしても、ゲラを組んでご本人に校正してもらうまでにまた数ヶ月。途中で何かあったら……と口には出さないけれど、誰もがひそかに考えていた。鶴見さんは、「もし、何かあったら……」校正も何もかも、「おふたりにおまかせしましょう」とまで言ってくださった。

鶴見さんは、たくさんの文章をご自分で書いてきた稀代の書き手である。座談の名手であり、数多くのインタビューも受けてきた。わたしたちは、あえて鶴見さんが語ってこなかったこと、鶴見さんの近くにいる人たちにとっては聞きにくいだろうことに踏みこんで、話を聞こうとした。だからこの対話は、長年の崇拝者の追従や、なれあいの賞賛にはなっていない。聞き手としての小熊さんは、わたしの目からは、あっけにとられるほど無遠慮な聞き手だったし、小熊さんの目からは、わたしはあまりに容赦のない追及者だったことだろう。活字の字面にはあらわれないが、対話のなかには苦渋に満ちた沈黙が、しばしば訪れた。鶴見さんは宙を仰いで、ことばを絞り出した。

そういう妥協のない対話のあいまに、春の京都で味わった食事時の座談は、ほっと息をつけるインターミッションだった。その気分は、読者の方々にも体験してもらえるだろう。段組みを変えて幕間の気分を演出したのは、彼自身すぐれた編集者でもある小熊さんのアイディアである。版元は、小熊さんの本を出した新曜社が引き受けてくれた。長らく心にかかりながら果たせずにいた、編集者の渦岡謙一さんとご一緒の仕事が、ようやく実現したのは望外の喜びであった。この本は、何人もの編集能力が関わっている。

鶴見さんの信頼の深さをまえに、わたしはバトンを手渡された気分である。わたしも小熊さんも戦争を知らない。日本では人口の三分の二までが、戦後生まれで占められるようになった。戦争体験は、もはや経験者が語り継ぐものではなくなり、それをまったく知らないものたちが再構成して引き受けるほかないものになった。だが二十一世紀の今日、戦争は少しも過去のものになっていない。あの惨憺たる経験から、わたしたちが学んだことはまだまだ足りない、かのように。

歴史は、それから学ぼうとする者の前にしか姿をあらわさない。歴史という道しるべのない道を、わたしたちの前に立って歩んできた鶴見さんという知性から、学ぶことは多い。わたしたちはいささか性急に、そしてあまりに無遠慮に、かれがこれまで多く語ってこなかったことを引き出したかもしれない。それというのも、鶴見さんがわたしたちに示した寛大さと信頼のしるしであり、それを受け取ったものには責任が生まれる。願わくばその責任を、読者のあなたにも分かちあってもらいたい。そう願って本書を読者の手元へと送り出したい。

二〇〇四年冬

上野千鶴子

ら　行

わ　行

ま　行

や　行

た　行

な　行

は　行

さ　行

人名索引

著者紹介

上野千鶴子（うえの　ちづこ）

1948年，富山県生まれ。

京都大学大学院社会学博士課程修了。平安女学院短期大学助教授，京都精華大学助教授，東京大学大学院人文社会系研究科教授などを経て現在，NPO法人ウイメンズアクションネットワーク（WAN）理事長・立命館大学特別招聘教授・東京大学名誉教授。専門は女性学，ジェンダー研究で，この分野の指導的理論家の一人。

主な著書：『近代家族の成立と終焉』(岩波書店，サントリー学芸賞)，『ナショナリズムとジェンダー』(青土社)，『発情装置』(筑摩書房)，『上野千鶴子が文学を社会学する』（朝日新聞社)，『差異の政治学』(岩波書店)，『家族を容れるハコ 家族を超えるハコ』（平凡社)，『当事者主権』（共著，岩波新書)，『おひとりさまの老後』（法研)，『生き延びるための思想』（岩波現代文庫)，『ケアの社会学』（太田出版）など。

小熊英二（おぐま　えいじ）

1962年，東京生まれ。

1987年東京大学農学部卒業。出版社勤務を経て，98年東京大学教養学部総合文化研究科国際社会科学専攻大学院博士課程修了。現在，慶應義塾大学総合政策学部教授。

主な著書：『単一民族神話の起源』(新曜社，サントリー学芸賞)，『〈日本人〉の境界』『インド日記』（新曜社)，『〈民主〉と〈愛国〉』（新曜社，日本社会学会奨励賞，毎日出版文化賞，大佛次郎論壇賞)，『１９６８』（上下，新曜社，角川財団学芸賞)，『清水幾太郎』（御茶の水書房)，『〈癒し〉のナショナリズム』（共著，慶應義塾大学出版会)，『対話の回路』（共著，新曜社)，『日本という国』（理論社)，『在日一世の記憶』『在日二世の記憶』（ともに共編，集英社新書）など。

写真について

27頁の写真は，世界思想社
51，161，211，235，241頁の写真は，筑摩書房
123，377頁の写真は，晶文社
のご好意をいただきました。